西北大学"双一流"建设项目资助
Sponsored by First-class Universities and Academic Programs of Northwest University

合同法

HETONG FA

主　编　郑　辉
副主编　刘建仓　邵士博

西北大学出版社
·西安·

图书在版编目（CIP）数据

合同法 / 郑辉主编 . —西安：西北大学出版社，2024.4
ISBN 978-7-5604-5284-5

Ⅰ. ①合… Ⅱ. ①郑… Ⅲ. ①合同法—合同—研究
Ⅳ. ①F273.1

中国国家版本馆 CIP 数据核字（2023）第 228086 号

合同法

主　编　郑　辉
副主编　刘建仓　邵士博

出版发行　西北大学出版社
（西北大学校内　邮编：710069　电话：029-88302825）
http://nwupress.nwu.edu.cn　E-mail: xdpress@nwu.edu.cn

经　　销	全国新华书店
印　　刷	西安博睿印刷有限公司
开　　本	787 毫米×1092 毫米　1/16
印　　张	21.25
版　　次	2024 年 4 月第 1 版
印　　次	2024 年 4 月第 1 次印刷
字　　数	363 千字
书　　号	ISBN 978-7-5604-5284-5
定　　价	55.00 元

本版图书如有印装质量问题，请拨打电话 029-88302966 予以调换。

目 录

第一编 导 论

第一章 债与债法 ·· 3
第二章 合同概述 ··· 12
第三章 合同法概述 ·· 21

第二编 总 论

第四章 合同的订立 ·· 35
  第一节 合同订立的一般程序 ·· 35
  第二节 合同订立的特殊程序 ·· 42
  第三节 合同成立的时间和地点 ··· 47
  第四节 合同的内容和形式 ··· 49

第五章 合同的效力 ·· 54
  第一节 合同效力概述 ··· 54
  第二节 合同的无效 ·· 61
  第三节 合同的撤销 ·· 65
  第四节 合同效力的补正 ·· 71

第五节　合同无效、被撤销或确定不发生效力的法律责任 …… 73

第六章　合同的履行 …… 77
　　第一节　合同履行概述 …… 77
　　第二节　合同履行的具体规则 …… 84
　　第三节　双务合同履行中的抗辩权 …… 90

第七章　合同的保全 …… 95
　　第一节　代位权 …… 96
　　第二节　撤销权 …… 99

第八章　合同的变更及转让 …… 104
　　第一节　合同的变更 …… 104
　　第二节　合同的转让 …… 106

第九章　合同权利义务的终止 …… 115
　　第一节　合同终止的概述 …… 115
　　第二节　合同的清偿 …… 117
　　第三节　合同解除 …… 121
　　第四节　抵销 …… 127
　　第五节　提存 …… 130
　　第六节　免除 …… 134
　　第七节　混同 …… 135

第十章　违约责任 …… 137
　　第一节　违约责任概述 …… 137
　　第二节　违约行为形态 …… 141
　　第三节　违约责任的承担 …… 145

第三编　分论

第十一章　买卖合同 …… 157

第一节　买卖合同概述 …………………………………… 157
　　第二节　买卖合同的法律效力 …………………………… 161
　　第三节　特殊买卖合同 …………………………………… 169
第十二章　供用电、水、气和热力合同 ……………………… 173
　　第一节　供用电、水、气和热力合同概述 ……………… 173
　　第二节　供用电合同 ……………………………………… 174
第十三章　赠与合同 …………………………………………… 179
　　第一节　概述 ……………………………………………… 179
　　第二节　赠与合同的法律效力 …………………………… 181
　　第三节　赠与合同的终止 ………………………………… 182
第十四章　借款合同 …………………………………………… 185
　　第一节　借款合同概述 …………………………………… 185
　　第二节　借款合同的法律效力 …………………………… 187
第十五章　保证合同 …………………………………………… 191
　　第一节　保证合同概述 …………………………………… 191
　　第二节　保证合同的法律效力 …………………………… 197
第十六章　租赁合同 …………………………………………… 201
　　第一节　租赁合同概述 …………………………………… 201
　　第二节　租赁合同的法律效力 …………………………… 203
第十七章　融资租赁合同 ……………………………………… 208
　　第一节　融资租赁合同概述 ……………………………… 208
　　第二节　融资租赁合同的法律效力 ……………………… 212
第十八章　保理合同 …………………………………………… 223
　　第一节　保理合同概述 …………………………………… 223
　　第二节　保理合同的效力 ………………………………… 227
第十九章　承揽合同 …………………………………………… 232

第一节　承揽合同概述 …………………………………… 232
第二节　承揽合同的法律效力 …………………………… 234

第二十章　建设工程合同 …………………………………… 238
第一节　建设工程合同概述 ……………………………… 238
第二节　建设工程合同的法律效力 ……………………… 242

第二十一章　运输合同 ………………………………………… 246
第一节　运输合同概述 …………………………………… 246
第二节　客运合同 ………………………………………… 248
第三节　货运合同 ………………………………………… 250
第四节　多式联运合同 …………………………………… 252

第二十二章　技术合同 ………………………………………… 255
第一节　技术合同概述 …………………………………… 255
第二节　技术开发合同 …………………………………… 259
第三节　技术转让合同与技术许可合同 ………………… 263
第四节　技术咨询合同和技术服务合同 ………………… 265

第二十三章　保管合同 ………………………………………… 269
第一节　保管合同概述 …………………………………… 269
第二节　保管合同的法律效力 …………………………… 270

第二十四章　仓储合同 ………………………………………… 273
第一节　仓储合同概述 …………………………………… 273
第二节　仓储合同的法律效力 …………………………… 275

第二十五章　委托合同 ………………………………………… 278
第一节　委托合同概述 …………………………………… 278
第二节　委托合同的法律效力 …………………………… 280

第二十六章　物业服务合同 …………………………………… 285
第一节　物业服务合同概述 ……………………………… 285

第二节　物业服务合同的法律效力 …………………………… 288

第二十七章　行纪合同 …………………………………………… 293
　　　第一节　行纪合同概述 …………………………………… 293
　　　第二节　行纪合同的法律效力 …………………………… 295

第二十八章　中介合同 …………………………………………… 298
　　　第一节　中介合同概述 …………………………………… 298
　　　第二节　中介合同的法律效力 …………………………… 300

第二十九章　合伙合同 …………………………………………… 304
　　　第一节　合伙合同概述 …………………………………… 304
　　　第二节　合伙合同的法律效力 …………………………… 306

第四编　准合同

第三十章　无因管理 ……………………………………………… 313
　　　第一节　无因管理的概念及构成 ………………………… 313
　　　第二节　无因管理的法律效力 …………………………… 316

第三十一章　不当得利 …………………………………………… 319
　　　第一节　不当得利的概述 ………………………………… 319
　　　第二节　不当得利的法律效力 …………………………… 322

参考文献 ………………………………………………………… 325

第一编
导 论

本教材的编写立足于《中华人民共和国民法典》,在内容上清晰界定了债、合同及合同法的基本概念、原理,以及制度体系,熟练运用典型合同的基本内容,使学生能够深入理解社会主义市场经济本质上是法治经济,以及合同及合同法对于市场配置资源的重要作用。在价值引领方面,努力使学生树立合同法价值理念,认同"意思自治、保护私权、公平正义、人格平等、契约自由、利益对价、诚实信用"等理念在社会主义法治国家建设中的价值引领作用,能够理解并认同社会主义核心价值观与契约意识、私法文化的一致性。引导学生理解社会主义核心价值观对规范市场主体诚信经营、公平交易的重要意义。

第一章 债与债法

【本章概要】合同是约定之债,我国《中华人民共和国民法典》(以下简称《民法典》)未设置"债编",而是由"合同编"起到债法总则的作用。因此,学习合同法首先要了解债的相关问题。本章学习债与债法的相关知识,主要介绍债的概念、性质、要素、分类,债法的特征,以及合同法与债法的关系。

【本章难点】债的性质、义务群。

【引　　题】合同双方当事人签订一份技术合作合同,合同中并未约定保密条款。从合同磋商开始,双方都已接触到对方的一些商业秘密。双方是否在合同的各个阶段均负有保密义务,该保密义务的性质如何?

一、债的概念

债是指特定当事人之间请求一定给付的民事法律关系。

《民法典》第118条规定:"民事主体依法享有债权。债权是因合同、侵权行为、无因管理、不当得利以及法律的其他规定,权利人请求特定义务人为或者不为一定行为的权利。"

债的概念源于罗马法,又称为"法锁",不履行债务的一方会被拘押。罗马法认为债是一种以权利与义务为内容的法律关系,表现为债权债务关系,但又不仅仅是以权利与义务为内容的法律关系,而且这种法律关系因系请求与给付的关系而与物权有别。[①] 大陆法系民法继承了罗马法的传统,将债作为民事法律关系中的一种基本类型。英美法系所谓的债法就是合同法,但也承认能够引起债发生的各种原因。

二、债的性质

(1)债是一种民事法律关系。债是发生在地位平等的当事人之间的法律

---

① 杨立新著:《债法》,北京:中国人民大学出版社2014年版,第17页。

关系,债权人与债务人地位平等,各自独立,不具有隶属关系。

(2)债是特定当事人之间的民事法律关系。债的当事人是债权人与债务人,两者因为约定或者法定的原因产生一方请求另一方未给付的法律关系,这种请求权及给付义务仅约束因此产生法律关系的权利人与义务人,与第三人无关,也就是说债的主体具有相对性。这也是债与物权、知识产权、人身权等其他绝对性民事法律关系的不同,在上述法律关系中,虽然权利人是特定的,但是其相对人(义务人)则是不特定的一切他人。

当然,随着债法的发展,债的效力在某些情况下可以突破债的相对性,对债权人、债务人之外的第三人产生法律效力,如债权人的代位权、撤销权等。

(3)债主要表现为但不限于财产法律关系。在近现代民法上,顺应商品经济发展的要求,债基本表现为财产法律关系,但是并不排斥在某些特殊情况下,债也体现为非财产关系,如不作为义务的设定对债权人、债务人的法律约束。

(4)债是实现当事人特定利益的法律手段。债权债务设定的目的是通过债务人的给付行为达到特定的给付效果,从而使债权人的特定利益得以实现。也就是说,债的基本功能就是实现当事人的特定利益。

(5)债是有期限的民事法律关系,目的已达,即归消灭。

三、债的要素

债权债务关系的三要素同样由主体、客体、内容组成。

(一)债的主体

债的主体是指参与债的法律关系的当事人,包括权利主体和义务主体。债的权利主体是债权人,义务主体是债务人。债权人和债务人是相互对立、相互依存的债的双方当事人,缺少任何一方,债的法律关系就不能成立。债的主体具有多样性,按照我国法律规定,民事主体都可以参与债的关系、充当债的主体。

(二)债的客体

债的客体,又称债的标的,是给付行为,是指债权人的权利和债务人的义务共同指向的对象,包括作为和不作为。这里的给付行为是抽象的、静态的,不同于具体的履行行为。

而给付行为的对象,又称为债的标的物,既可以是物(包括有价证券、货币),也可以是劳务,还可以是知识产权等,但它须具备合法性,凡法律或国家政策禁止流通的物或者禁止实施的行为,不能成为给付对象。

(三) 债的内容

债的内容是债权人享有的权利和债务人负担的义务，即债权和债务。

1. 债权

债权在本质上是一种请求权，是债权人依据法律或者合同规定得请求债务人为给付的权利。

债权的权能，即债权人依其债权得为的行为，主要体现为以下几个方面：一是给付请求权；二是给付受领权；三是债权保护请求权，即债的二次请求权；四是处分权能，如抵销、免除、让与等。

2. 债务

债务是债务人依约定或法定应为给付的义务，其内容是债务人须按照合同的约定或法律的规定为一定行为或不为一定行为。

债务往往表现为一个义务群，包括以下几点：

（1）主给付义务。主给付义务是债所固有、必备并用以决定债的类型的基本义务。

（2）从给付义务。该义务不具有独立的意义，仅具有补助主给付义务的功能，其存在的目的在于确保债权人的利益能够获得最大满足。违反主给付义务可以发生解除权，当事人可以援引抗辩权；而违反从给付义务则不行，除非构成重大损失或不能实现合同目的。

（3）附随义务。附随义务是以诚实信用原则为依据，根据债的性质、目的和交易习惯，随着债的关系的发展逐渐产生的。附随义务又可以分为先合同义务和后合同义务。先合同义务是指当事人为缔约而接触时，基于诚实信用原则而发生的各种说明、告知、注意及保护等义务，违反该义务即构成缔约过失责任。后合同义务是指合同关系消灭后，当事人依诚实信用原则应负有某种作为或不作为的义务，以维护给付效果或协助对方终了合同善后事务。

（4）不真正义务。又称为间接义务，权利人通常不能请求履行，违反后也不发生损害赔偿责任，仅使承担该义务的一方遭受权利减损或丧失的不利后果。例如，《民法典》第591条规定："当事人一方违约后，对方应当采取适当措施防止损失的扩大；没有采取适当措施致使损失扩大的，不得就扩大的损失请求赔偿。当事人因防止损失扩大而支出的合理费用，由违约方负担。"

债权和债务相互对应、相互依存、相互联系，统一构成债的内容。没有无债权的债务，也没有无债务的债权。债权和债务，缺少任何一个，债也不能成立，所以债亦称债权关系、债务关系或债权债务关系。

四、债的发生根据

债的发生根据是指产生债的法律事实,凡能引起债的发生的法律事实都是债发生的根据,包括意定(单方、双方)和法定两种。根据《民法典》第118条的规定,债发生的根据可以是合同、侵权行为、无因管理、不当得利以及法律的其他规定。

由此可见,合同是债发生的一种根据,也可以说,合同是引起债权债务关系发生的一种原因,合同是约定之债。

五、债的分类

(一)意定之债与法定之债

意定之债是指债的发生及其内容由当事人依其自由意思而决定的债,合同及单方允诺便是此类;法定之债是指债的发生及其内容均由法律加以规定的债,如侵权之债。

二者的区别在于意定之债贯彻的是意思自治原则,法定之债贯彻的则是法定原则。

(二)特定之债和种类之债

这是根据债的标的物在债成立时是否特定划分的。特定之债,又叫特定物之债,是指债的关系成立时标的物已经特定。特定物具有特定化的特点,因此,特定之债的标的物在债成立时就必须确定、存在,并不能为其他物代替。

种类之债,又称种类物之债,是指债的关系成立时标的物未加以特定化。种类物是以度量衡加以确定的、可以用同种类同数量的物替代的物。因此,种类之债的标的物在债成立时,并不具有特定性,甚至往往还不存在,只有在交付时才加以特定。

区分特定之债和种类之债的法律意义主要在于以下两点:

第一,特定之债的债务人只能以交付规定的特定物履行债务,在债的标的物毁损、灭失时,则发生债的履行不能;而种类之债的标的物是可以代替的。若债务人的部分种类物毁损、灭失而非该种类物全部毁损、灭失,则不发生债的履行不能问题,债务人仍应继续实际履行。

第二,转移所有权的特定之债,除法律规定外,当事人也可以约定标的物的所有权自债成立之时起转移,标的物的意外灭失风险同时转移;而种类之债取得所有权的,标的物的所有权只能自交付之时转移,标的物意外灭失的风险也自交付时起转移给债权人承担。

(三) 单独之债和多数人之债

单独之债是指债的双方主体即债权人和债务人都仅为一人的债。多数人之债是指债的双方主体均为二人以上的债或者其中一方主体为二人以上的债。

区分单独之债和多数人之债的主要法律意义在于,单独之债的主体双方都只有一人,当事人之间的权利、义务比较简单明了;而多数人之债,当事人之间的关系比较复杂,不仅有债权人和债务人之间的权利义务关系,而且还发生多数债权人或多数债务人之间的权利义务关系。因此,正确地区分单独之债和多数人之债有利于准确地确定债的当事人之间的权利义务。

(四) 按份之债和连带之债

根据多数人之债中各方当事人各自享有的权利或承担的义务以及相互间的关系,多数人之债可分为按份之债和连带之债。

1. 按份之债

按份之债是指债的一方主体为多数人,各自按照一定的份额享有权利或承担义务的债。债权主体一方为多数人,各债权人按一定份额分享权利的,为按份债权;债务主体一方为多数人,各债务人按一定份额分担义务的,为按份债务。按份之债,包括按份债权和按份债务。按份债权的各个债权人只能就自己享有的份额请求债务人履行,无权请求和接受债务人的全部给付。按份债务的各债务人只对自己分担的债务份额负清偿责任,债权人无权请求各债务人清偿全部债务。

2. 连带之债

连带之债是指债的主体一方为多数人,多数人一方当事人之间有连带关系的债。连带关系,是指对于当事人中一人发生效力的事项对于其他当事人同样会发生效力。连带之债包括连带债权和连带债务。债权主体一方为多数人且有连带关系的,为连带债权;债务主体一方为多数人且有连带关系的,为连带债务。连带之债既可因法律的直接规定发生,也可因当事人的约定而发生。

连带之债亦分连带债权和连带债务。连带债权的每个债权人都有权要求债务人履行义务,债务人可向任一债权人清偿全部债务;债务人向任一债权人的履行对其他债权人发生同样的效力,其他债权人只能向已受清偿的债权人要求返还。所以,连带债权对于债权人来说并不有利,在实际生活中很少发生。连带债务的各个债务人都负有清偿全部债务的义务,只要债务没有全部清偿,任何一个债务人都不能免除清偿的责任。因此,连带债务实际上以各债务人的总和财产作为债的担保,有利于确保债权的实现。连带债务在现实生活中比较常见且具有重要意义。

区分按份之债和连带之债的主要法律意义在于:按份之债的各债权人的权利或者各债务人的义务都是各自独立的,相互间没有连带关系;任一债权人接受了其应享受的份额的履行或者任一债务人履行了自己应负担份额的义务,其债务即已了结,并与其他债权人或者债务人不发生任何权利义务关系。而连带之债的债权人的权利或者债务人的义务是连带的,任一连带债权人接受了全部义务的履行,或者任一连带债务人清偿了全部债务,原债即归于消灭,同时又在连带债权人或者连带债务人内部之间产生了按份之债。

(五) 简单之债和选择之债

简单之债是指债的标的是单一的,当事人只能以该种标的履行并没有选择余地的债,所以又称不可选择之债。

选择之债是相对于不可选择之债而言的,是指债的标的为两个以上、当事人可以从中选择其一来履行的债。选择之债选择权的归属,决定于法律的规定或当事人的约定。法律没有规定,当事人又没有约定的,选择权属于债务人一方。有选择权的当事人一方只能在可供选择的标的中选择一种标的,且一经选定,当事人就应按选定的标的履行。可见,选择之债的选择权一经行使,选择之债也就成为简单之债。这也是选择之债与任意之债的区别,任意之债虽也有数种标的,但当事人可以任意以其中的一种履行。

区分简单之债和选择之债的法律意义主要在于:第一,简单之债的标的是特定的一种;而选择之债的标的是两种以上,只有在有选择权的一方行使选择权以后,才能特定,才能履行。第二,简单之债的标的无法履行时,发生债的履行不能;而选择之债的某种可选择的标的无法履行时,不发生债的履行不能,当事人可以在其余标的中选择其一履行;只有在诸标的都无法履行时,才发生债的履行不能。

(六) 主债和从债

主债是指能够独立存在,不以他债为前提的债。从债是指不能独立存在,须以主债的存在为成立前提的债。主债与从债是相互对应的两个债,没有主债不发生从债,没有从债也无所谓主债。

区分主债和从债的主要法律意义在于:主债是从债发生的根据;从债的效力决定于主债的效力,它随主债的存在而存在,随主债的消灭而消灭。

(七) 财务债和劳务债

根据债的标的物是财物还是劳务,债可分为财物债和劳务债。财物债是指以财物为标的的债,如债务人须给付金钱或实物的债。劳务债是指以劳务为标的的债,如债务人须提供劳务的债。

区分财务债和劳务债的主要法律意义在于:财务债在一般情况下均可由第三人履行债务;而劳务债除法律另有规定或当事人另有约定外,一般不能由第三人履行债务。财务债可以强制履行,而劳务债不宜强制履行。

(八)一时性之债与继续性之债

以时间因素在债中所处的地位为标准将债分为一时性之债与继续性之债。一时性之债是指一次给付便能实现的债。继续性之债是指其内容非一次性给付可以完结,而是继续实现的债,如雇佣合同、租赁合同等。

区分一时性之债与继续性之债的主要法律意义在于:第一,对二者的解除权限制不同,继续性之债特别重视信赖基础,信赖基础一旦丧失,应当允许此类债的关系的解除,所以继续性之债较之于一时性之债的解除条件更为宽松;第二,债的关系消灭的溯及性不同,继续性之债往往无法恢复原状或不宜恢复原状,因此继续性之债消灭的效力一般不能溯及既往。

六、债权债务法律关系与物权法律关系的区别

债权债务法律关系与物权法律关系二者都属于财产权关系,二者有相似之处,都是民法调整财产关系的结果。但是,债与所有权、物权关系作为财产法律关系的不同组成部分,二者又有不同的特征。

(一)从反映的社会关系上看,二者的性质不同

债反映动态的财产关系——财产流转关系,即财产由一个主体转移给另一个主体的关系;所有权、物权反映静态的财产关系——财产所有关系,即财产的归属支配、占有的关系。所有权是财产流转的前提和结果,债则是财产运动的法律表现。

(二)从法律关系的主体上看,二者的主体范围不同

债是特定的当事人之间的法律关系,其主体双方都是特定的,债权人的权利原则上只对债务人发生效力。

债是相对的法律关系,债权是对人权。

所有权、物权关系,是特定的权利主体和不特定的义务主体之间的一种法律关系,它确认的不是财产所有人或他物权人与某一具体人之间的关系,而是权利人与权利人以外的一切人之间的关系。物权关系中的义务主体是不特定的。物权人的权利对权利人以外的一切人都发生效力。

物权关系是绝对法律关系,物权为对世权。

(三) 从法律关系的客体上看,二者客体的范围不同

债的客体是给付行为。

而物权的客体不包括行为,在客体同是物的债的关系与物权关系中,债权人和物权人的权利也有质的区别,债权人绝不能像物权人那样对权利客体——物,直接行使支配的权利。

(四) 从法律关系的内容上看,二者的内容不同

债权为请求权,债的关系中债权人的权利主要表现为要求债务人为一定行为或不为一定行为。在一般情况下,债权人权利的实现须依靠债务人的一定行为的实施。

而物权为支配权,在物权关系中物权人的权利主要体现为自己实施某种行为的可能性。如所有人对自己的财产得依法直接占有、使用、收益和处分,不需借助他人的行为就可以实现自己的权利。

(五) 从法律关系的发生上看,二者发生的根据不同

依照法律规定,债既可因合法行为发生,又可因不法行为及其他事实发生。例如,损害他人的财产是不合法的,但不法行为人与财产权利人之间可因此产生损害赔偿之债。

而由于财产只能按照合法方式取得,因此所有权关系一般只能根据合法行为发生,而不能基于不法行为发生。

七、债法

债法是民法中调整债权债务关系的法律规范的总和。相较于物权法,债法主要调整财产的流转关系,可以称为动态财产法,债的关系通过给付义务创设出债权人与债务人之间的紧张关系,又迫使债务人通过清偿予以消除,从而促成金钱、货物以及服务的流动。合同法是债法的主干,在其他原因产生的债的关系中,其最终结果也是因民事责任的承担而发生财产流转的结果;债法主要是任意性法律规范,表现为当事人的意思自治。债法规则是为法律意义上的人而设定的,且法律上的人以自己之责任满足其经济上的需要并能自由决定。当然,为了维护债权人利益及公共利益,不可能完全任意,效力、责任尤其是无过错责任的出现都是对个人自由的限定。债法属于非固有法,民族特征较少,具有世界共通性。

债法表现为形式上的债法和实质上的债法。我国没有形式意义上的债法,实质意义上的债法则以合同法为主干,尤其在我国新出台的《民法典》中,在保持合同编完整的情况下使其发挥了债法总则的功能。

思考题

1. 债的概念及性质是什么?
2. 债的发生根据有哪些?
3. 债权的权能以及债的义务群是什么?
4. 债的分类标准与分类的法律意义是什么?
5. 债权债务法律关系与物权法律关系的区别是什么?

第二章 合同概述

【本章概要】合同是平等的自然人、法人、其他组织之间设立、变更、终止民事权利义务关系的协议。在商品经济高度发展的今天,作为商品交易重要形式的合同几乎无处不在。本章主要介绍合同的基本问题,主要包括合同的概念、合同的法律性质以及合同的分类。

【本章难点】合同的法律性质;合同分类的标准及意义。

【引　　题】下列(　　)情形中,当事人之间产生合同法律关系?为什么?
A.甲拾得乙遗失的一块手表
B.甲邀请乙看球赛,乙因为有事没有前去赴约
C.甲因为放暑假,将一台电脑放到乙家
D.甲鱼塘的鱼跳进乙鱼塘

一、合同的概念

合同在英语中称为"contract",源于罗马法中的合同概念"contractus",有"共同交易"的意思,是反映交易关系的主要形式。在我国历史上自古就有"立契为据"的说法,新中国成立之前,民间以及相关著述多使用"契约"一词。在民法及其学说史上,曾提到合同和契约的区别:合同是当事人具有共同性意思表示一致的协议,即约定共同完成某一行为,其订约目的具有同向性、一致性,如成立公司、合伙;相反,契约则是当事人从不同立场出发,具有对应性意思表示一致的协议,即约定相互完成某一行为的意思表示,此含义与现代人对合同的理解相同。现今,我国现行法已不再作这样的区分,将二者都称为合同。

关于合同的概念有各种不同的理论,如大陆法系的"合意说"、英美法系的"允诺说"等,我国《民法典》也对合同的概念进行了新的界定。下面我们就其概念进行具体阐述。

(一)大陆法系合同的定义

大陆法系合同的定义来源于罗马法,根据罗马法的规定:"合同为双方当事人之间发生债权债务的合意。"法国法学家波蒂埃在其《合同之债(续)》一书中将合同的定义表述为,合同是"由双方当事人互相承诺或由双方之一的一方当事人自行允诺给予对方某物品或允诺做或不做某事的一种契约"①。后来,《法国民法典》中合同的定义承袭了罗马法的规定,在波蒂埃所作定义的基础上略作改动,该法第1101条规定:"合同为一种合意,依此合意,一人或数人对于其他一人或数人负担给付、作为或不作为的债务。"②这一定义逐渐成为大陆法系民事立法关于合同的经典定义。

(二)英美法系合同的定义

在中世纪的英国法中,没有明确的合同概念,只有所谓的"诺言之诉",即当诺言人违背其诺言时,受诺人向法院起诉,要求强制执行诺言。英美法系关于合同定义较为确切的规定见于美国法学会的《美国合同法第二次被重述》。"合同指的是一个允诺或一系列允诺,如果违反该允诺,则法律给予救济,履行该允诺是法律所确认的义务。"后美国《统一商法典》第1至第201(11)条将合同定义为:"合同指当事方通过协议而承担的受本法或其他适用法约束的全部法律义务。"③

从以上大陆法系和英美法系对合同定义的表述中,我们可以分析得出两者的实质区别:大陆法系强调合同是双方当事人的合意,依照该合意产生债权债务关系;而英美法系则认为合同是一个或一系列允诺,将合同归结为当事人承担债务的单方意思表示,忽略了合同是当事人之间的合意。随着交易的发展,英美法系的法学者已注意到这一问题,纷纷对该定义作出了新的诠释,如约翰·怀亚特则认为"合同就是关于去做或避免去做某件合法的事情的具有约束力的协议"④,可见随着经济和社会的发展,英美法系国家和大陆法系国家关于合同的概念呈现日趋融合的趋势。

(三)我国的合同定义

从广义上说,合同关系涵盖的范围比较大,包括行政合同、劳动合同、国家间的合同等,而我们所探讨的仅限于民事合同。我国《民法典》第464条将合

---

① [德]海因·克茨著,周忠海等译:《欧洲合同法》(上),北京:法律出版社2001年版,第3页。
② 王家福主编:《中国民法学·民法债权》,北京:法律出版社1991年版,第256页。
③ [美]布拉德福德·斯通著:《统一商法典》,大连:辽宁电子图书有限公司2003年版,第3页。
④ 李永军著:《合同法》,北京:法律出版社2004年版,第6页。

同的定义界定为:"合同是民事主体之间设立、变更、终止民事法律关系的协议。婚姻、收养、监护等有关身份关系的协议,适用有关该身份关系的法律规定;没有规定的,可以根据其性质参照适用本编规定。"这一合同定义采用狭义的解释方法与排除法相结合的方式明确界定了我国《民法典》合同编的调整范围:一是民事主体之间的债权债务合同。二是并不完全反映债权债务关系,而在于取得共同利益的合同,如合伙合同等。三是身份关系的协议,如果没有规定,可以参照适用《民法典》合同编的规定。《民法典》第464条第1款未将身份关系的协议列入债权债务的合意,是因为身份关系如结婚、离婚、收养等合意确有自己的特性和规律,因此采用排除界定式将其排除在合同编之外是合理的。但是,考虑到我国的现实状况,婚姻、收养、监护等有关身份关系的协议也是民事合同,由于其内容的性质不同,因而应当适用有关该身份关系的法律规定;但这些具有身份关系的协议在总则、婚姻家庭等编或者其他法律中没有规定的,可以根据其性质参照适用本编关于合同的规定。四是非因合同产生的债权债务关系。《民法典》第468条规定:"非因合同产生的债权债务关系,适用有关该债权债务关系的法律规定;没有规定的,适用本编通则的有关规定,但是根据其性质不能适用的除外。"

二、合同的法律性质

从合同的概念以及我国《民法典》规定的内容出发,若要从本质上认识合同的概念则必须从以下合同的法律性质着手。

(一)合同是一种民事法律事实

法律事实,可以理解为具有法律效力的事实,民事法律事实是指能够发生民事法律效力的事实,其效力就是能够引起民事法律关系的产生、变更和消灭。而合同关系即可以在民事主体之间设立、变更、终止一定的债权债务等关系,而且此种关系的设立、变更或终止是能够产生法律效力的。

(二)合同属于人的行为

法律事实以其是否与人的意志有关分为自然现象(事件)和人的行为,法律上所称的人的行为是指有行为能力的人在自己自由意志的支配下所进行的具有法律效力的行为,即能引起法律后果的行为。而合同正是当事人在自己的意志支配下所进行的具有法律效力的行为,如果当事人是在违背自己真意的情况下(如受欺诈、受胁迫等)订立合同,则会导致合同的可撤销。

(三)合同属于适法行为

人的行为以其是否为法律所禁止可以分为适法行为和非法行为,合同属于适法行为,它是由行为人按照法律的规定进行的行为,其法律后果符合行为人的意愿和并不为法律所禁止。如果当事人之间的合意存在瑕疵,那么就会导致该合同的可撤销或者效力待定等后果。

(四) 合同属于民事法律行为

我国《民法典》第133条规定:"民事法律行为是民事主体通过意思表示设立、变更、终止民事法律关系的行为。"按照此条规定,民事法律行为的有效实质要件有:一是具有相应的民事行为能力的行为人以发生民事法律后果为目的的行为,即目的性。二是该行为必须以行为人的意思表示为构成要素。民事法律行为在本质上是以设立、变更、终止民事法律关系为目的的具有法律效力的意思表示,其目的性和表意性是区别于事实行为的关键。事实行为是指行为人不具有设立、变更或消灭民事法律关系的意图,也无须为意思表示,但依照法律规定能引起民事法律后果的行为。依照《民法典》的规定,事实行为包括无因管理、正当防卫、紧急避险、侵权行为、拾得遗失物以及发现埋藏物等行为。从以上区别不难看出,合同是民事主体之间设立、变更、终止民事权利义务关系的合意,完全符合民事法律行为的构成要件。

(五) 合同是双方或多方当事人之间的法律行为

按照前文的界定,合同既包括平等主体之间的债权债务合同,也包括某些方向一致、主体众多取得共同利益的合同。因此,合同的成立必须有两个或两个以上的当事人,他们相互或共同为意思表示,并且意思表示相一致。这是合同区别于单方法律行为的重要标志,且在合同这种双方或多方的法律行为中,各方应在平等自愿的基础上达成一致的意思表示。

(六) 合同是以设立、变更、终止民事权利义务关系为基本内容或目的的协议

我国对合同采取的是狭义概念,其结果是发生债权债务关系的变动或其他民事权利义务关系,而将人身关系排除在外。

三、合同的分类

合同的分类是指基于一定的标准将合同划分为不同的类型。对合同进行分类的意义表现在以下四个方面:一是有助于合同立法的科学化;二是有助于合同法的适用;三是有助于完善合同法的理论;四是有助于当事人之间合同的订立和履行。大陆法系合同的分类既有学理上的分类也有法典上的分类,以下我们就几种较为重要的分类进行介绍。

(一) 典型合同与非典型合同

以法律是否设有规范并赋予特定名称为标准将合同分为典型合同与非典

型合同。典型合同又称为有名合同,是指法律设有规范,并赋予一定名称的合同,《民法典》合同编规定的买卖、赠与等十九种合同都是有名合同;非典型合同又称为无名合同,是指法律尚未特别规定,也没有赋予一定名称的合同。区分典型合同与非典型合同的法律意义在于合同的适用,典型合同当然适用《民法典》合同编分编中的相关规定,而非典型合同该如何适用呢?按照《民法典》第467条的规定:"本法或者其他法律没有明文规定的合同,适用本编通则的规定,并可以参照适用本编或者其他法律最相类似合同的规定。"

(二) 双务合同与单务合同

以合同当事人双方权利义务的分担方式为标准可以将合同分为双务合同与单务合同。双务合同是指双方当事人都享有相应权利和承担相应义务的合同,即当事人双方互负对待给付义务,如合同法分则中规定的买卖合同、租赁合同、运输合同等;单务合同是指一方当事人只享有权利而不承担义务,另一方当事人只承担义务而不享有权利的合同,如普通的赠与合同、借用合同等。实践中,双务合同是普遍性的,而单务合同则是合同中的例外。区分双务合同与单务合同的法律意义在于合同履行的不同后果与可能:①双务合同适用合同履行中的抗辩权,而单务合同则不能;②在双务合同中可能发生合同不能履行后的风险负担问题,而单务合同中,一般情况下风险一律由债务人承担,不存在风险分担的问题;③在双务合同中,已经履行合同的守约方可以要求违约方承担违约责任或解除合同,而单务合同中,由于一方当事人无须承担任何合同义务,因此不会产生违约责任的承担问题。

(三) 有偿合同与无偿合同

以当事人取得利益是否须支付相应对价为标准可以将合同分为有偿合同与无偿合同。有偿合同是指当事人一方享有合同约定的利益,前提是须向对方当事人偿付相应对价的合同,如买卖合同、租赁合同等;无偿合同是指当事人一方享有合同约定的利益,无须向对方当事人偿付相应对价的合同,如普通的赠与合同、借用合同等。有偿合同与无偿合同的划分,同双务合同与单务合同的划分,并不完全相同,一般情况下,有偿合同大多数是双务合同,但并非所有的双务合同都是有偿的,如无偿的委托合同;无偿合同原则上是单务合同,但单务合同中有利息的民间借贷合同却属于有偿合同。区分有偿合同与无偿合同的法律意义表现在以下四个方面:一是责任的轻重不同。在有偿合同中,债务人所承担的注意义务程度较高,而在无偿合同中,债务人所承担的注意义务相对较低。二是主体资格的要求不同。有偿合同的当事人原则上应为完全行为能力人,限制行为能力人订立的合同为效力待定的合同,需要经过其法定代理人的追认才能生效,但是对于限制民事行为能力人订立的与其年龄、智力相适应的合同以及纯获利益的合同除外。三是能否行使撤销权不同。债权人对于债务人危及自己利益的无偿转让行为享有撤销权,而对于有偿的不合理低价转让行为的撤销则还要求债务人及第三人具有主观恶意。四是能否适用善意取得制度不同。在无处分权人进行的有偿转让合同中受让人可以因善意而取得物的所有权,若是无偿的转让,则受让人须将原物返还给原物所有人。

(四)诺成合同与实践合同

以合同的成立是否须交付标的物或完成其他给付为标准可以将合同分为诺成合同与实践合同。诺成合同是指当事人各方意思表示一致即可成立的合同,如买卖合同、赠与合同;实践合同又称要物合同,是指除双方当事人意思表示一致以外,尚需交付标的物或完成其他给付才能成立的合同,如客运合同(《民法典》第814条)、保管合同(《民法典》第888条)等。一般情况下,诺成合同为常态,而实践合同则是特殊情况。区分诺成合同与实践合同的法律意义主要表现在以下三个方面:一是合同成立的时间不同。在诺成合同中,合同自当事人达成合意时即告成立,俗语称为"一诺即成";而在实践合同中,不仅需要双方当事人达成合意,还需要交付标的物或完成其他的给付,合同才能成立。二是合同是否成立以及当事人承担的责任不同。在诺成合同中,一方当事人未交付标的物或未完成其他给付的情况下将承担违约责任,而在实践合同中仅判断为合同没有成立,可构成缔约过失责任。三是两类合同中物的所有权、使用权以及风险转移的时间不同。

(五)要式合同与不要式合同

以合同的成立是否需要采用特定的形式或特定的程序为标准可以将合同分为要式合同与不要式合同。要式合同是指法律规定或当事人约定合同的成立需要具备特定形式或特定程序的合同,前者为法定要式合同,后者为约定要式合同;反之,法律没有规定或当事人没有约定合同的成立需要具备特定形式或特定程序的合同为不要式合同。根据现行法律的规定,特定形式是指书面形式,特定程序是指公证、鉴证、批准、登记等手续。我国对于合同形式的规定是以不要式为原则,而以要式为例外。区分要式合同与不要式合同的法律意义在于采用法定或约定的方式,对合同成立、效力的影响不同。不要式合同,无论采用哪种方式,均不影响其成立及效力;而要式合同则不同,其法律所规定的形式在效力上有较大的差别,一般情况下合同要求具备书面形式只是证据效力,而不能否定合同的存在;有的要式合同,不具备法定形式或手续则不能成立,如专利转让合同非书面形式不能成立;有的要式合同,不具备法定形式则不能生效或不能向法院诉请强制执行。

(六) 主合同与从合同

以合同是否具有从属性为标准可以将合同分为主合同与从合同。凡不以他种合同的存在为前提,即不受其制约就能独立存在的合同为主合同;反之,必须以他种合同的存在为前提而自身不能独立存在的合同为从合同。例如,借款合同为主合同,而为借款合同设定的担保合同则为从合同。区分主合同与从合同的法律意义在于明确他们之间的制约关系,从合同以主合同的存在为前提,主合同变更或消灭,从合同原则上也随之变更或消灭,而从合同的成立与否及效力有无一般并不影响主合同的成立和效力。

(七) 确定合同与射幸合同

以合同的效果在缔约时是否确定为标准可以将合同分为确定合同与射幸合同。确定合同是指合同的法律效果在缔约时已经确定的合同,绝大多数合同都是确定合同;射幸合同是指合同的法律效力在缔约时不能确定的合同,如保险合同、有奖销售合同等。区分确定合同与射幸合同的法律意义在于确定合同一般要求等价有偿,而射幸合同的成立与效力一般不能从等价与否的角度来衡量合同是否公平。

(八) 预约合同与本合同

以订立合同是否存在事先约定的关系为标准可以将合同分为预约合同与本合同。预约合同是当事人约定将来订立相关合同的预备合同;而将来要订立的合同称为本合同。我国《民法典》第495条规定:"当事人约定在将来一定期限内订立合同的认购书、订购书、预订书等,构成预约合同。当事人一方不履行预约合同约定的订立合同义务的,对方可以请求其承担预约合同的违约责任。"区分预约合同与本合同的法律意义在于两种合同的目的和效力不同。预约合同的债务人负有订立本约的义务,若违反预约合同的规定,权利人可以请求其承担预约合同的违约责任;本约成立之后,债权人即有权请求债务人为给付的权利。实践中,基于诉讼经济的原则,债权人可以合并请求订立本合同并履行本合同。

关于预约合同和本合同的成立问题,我国《民法典合同编通则司法解释》第6条做出了进一步的规定:"当事人以认购书、订购书、预订书等形式约定在将来一定期限内订立合同,或者为担保在将来一定期限内订立合同交付了定金,能够确定将来所要订立合同的主体、标的等内容的,人民法院应当认定预约合同成立。当事人通过签订意向书或者备忘录等方式,仅表达交易的意向,未约定在将来一定期限内订立合同,或者虽然有约定但是难以确定将来所要订立合同的主体、标的等内容,一方主张预约合同成立的,人民法院不予支持。当事人订立的认购书、订购书、预订书等已就合同标的、数量、价款或者报酬等主要内容达成合意,符合本解释第三条第一款规定的合同成立条件,未明确约定在将来一定期限内另行订立合同,或者虽然有约定但是当事人一方已实施履行行为且对方接受的,人民法院应当认定本约合同成立。"

而且对于预约合同生效后,当事人不按照预约合同约定订立本合同的情况,我国《民法典合同编通则司法解释》第8条第1款规定:"预约合同生效后,当事人一方不履行订立本约合同的义务,对方请求其赔偿因此造成的损失的,人民法院依法予以支持。"

(九)为订约人自己利益订立的合同与为第三人利益订立的合同

以订约人订立合同的目的为标准可以将合同分为为订约人自己利益订立的合同与为第三人利益订立的合同。为订约人自己利益订立的合同是指订立合同的当事人是为自己设定权利,使自己能够直接享有约定权利的合同,日常生活中我们见到的绝大多数合同都是为订约人自己订立的合同;为第三人利益订立的合同是指当事人订立合同的目的不是为自己设定权利,而是为第三人设定利益,如保险合同中第三人为受益人的合同。区分这两类合同的法律意义在于两者的效力范围不同,为订约人自己利益订立的合同既可以在合同中为自己设定权利,也可以为自己设定义务,但其效力只能及于订约人自己;在为第三人利益订立的合同中,合同的内容涉及订约人之外的第三人,但是缔约当事人只能为第三人设定权利而不能为第三人设定义务,擅自为第三人设定义务的合同是无效的。若在合同履行中发生第三人违约的行为,按照合同相对性的原则,一般仍然由合同的债务人向债权人承担违约责任,而债务人与第三人之间的关系不在该合同关系的调整范围之内,除非是真正利益第三人。

(十)一时性合同与继续性合同

以时间因素是否对合同义务的履行发生影响为标准可以将合同分为一时性合同与继续性合同。一时性合同是指经一次给付就可以使合同内容实现的合同,如买卖合同,即使约定分期付款的合同,因其总给付义务在合同订立之初就已经确定,因此也属于一时性合同;继续性合同是指合同的内容非一次性给付就可以完结,而是随着履行时间的推移在当事人之间不断产生新的权利和义务,如租赁合同、雇佣合同、委托合同、保管合同、消费借贷与使用借贷合同等。继续性合同,作为一个法学概念,最初是由德国学者基尔克于1914年以"继续性债之关系"之概念提出来的,此后获得普遍的接受。[①] 区分一时性合同与继续性合同的法律意义在于:①两类合同中解除权产生的原因不同。继续性合同特别强调缔约当事人之间的信赖关系,一旦信赖基础丧失,则双方很难继续合作,因此允许一方当事人在双方丧失信赖基础的情况下享有解除合同的权利,而一时性合同在解除限制上规定比较严格。②合同解除后溯及既往的效力不同。一时性合同由于权利义务可以一次性履行完毕,因此合同具有恢复原状的可能性,合同解除后其效力可以溯及既往;而继续性合同则不具有恢复原状的可能性,因此其效力也就不可能溯及既往。例如,租赁合同中,如果租赁合同双方当事人解除合同,出租人可以返还全部租金,但是承租人已经享有的租住的权利却无法返还。

思考题

    1.合同的概念及性质是什么?
    2.不同合同分类的标准和法律意义是什么?

---

    ① [日]北川善太郎著:《债权各论》,东京:有斐阁1995年第二版,第35页。

第三章 合同法概述

【本章概要】合同法是调整平等民事主体间利用合同进行财产流转或交易而产生的社会关系的法律规范的总和,作为调整财产流转关系、规制交易行为的合同法尤显重要。本章主要包括合同法基本问题,从合同法的概念和性质着手,介绍合同法的历史发展、我国合同制度的变迁以及合同法自由、正义和鼓励交易三大基本原则。

【本章难点】我国合同法的调整对象;合同法的三大原则。

【引　　题】以下(　　)法律关系由合同法调整?为什么?
A.甲国与乙国签订的双边条约
B.劳动者与用人单位签订的劳动合同
C.政府机关与某公司签订的商品买卖合同
D.甲乙双方达成的离婚协议

一、合同法的概念及性质

合同法是调整平等民事主体之间利用合同进行财产流转或交易而产生之社会关系的法律规范的总和。合同法在本质上调整的是平等主体之间的合法经济流转关系,即动态的财产关系,它主要规范合同的订立、合同的效力、合同的履行、合同的保全、合同的变更与转让、合同的终止以及合同责任等问题。合同法并不是一个独立的法律部门,而是民法体系中一个特殊范畴。随着《中华人民共和国民法典》的颁行,我国单行的《中华人民共和国合同法》(以下简称《合同法》)已经废止,取而代之的是《民法典》的合同编以及总则中调整合同关系的法律规范的总和。除此之外,我国其他涉及合同的法律法规以及最高人民法院关于合同的司法解释也是合同法的组成部分,即我们所说的合同法并非形式意义上的法律,而是实质意义上的"合同法"。

英美法系国家的合同法主要表现为判例法、不成文法。当然,随着经济的发展,英美等国家也制定了一些有关合同的成文法,如英国1893年的《货物买卖法》,美国1933年的《第一次合同法重述》、1981年《第二次合同法重述》以及1952年的《统一商法典》等,但是这些成文法只是对货物买卖合同等有关的商事合同作出相关具体的规定,并没有涉及合同法的基本制度。

大陆法系国家的民法理论一般把合同作为债权债务产生的原因之一,即约定之债,其立法体例从《法国民法典》到《德国民法典》更是确认了这一点。1804年的《法国民法典》,以罗马法的《法学阶梯》为基础,把诉讼法分离出来,开创了实体法与诉讼法分别立法的先例,该法有人法、物法和获取各类所有权的方法三编组成,共2281条,是资本主义社会的第一部民法典。该法典将合同规范在该法的第三编"取得财产的各种方法"中,合同规范在《法国民法典》中占了全部条文总数的50%左右。1896年的《德国民法典》,以《学说汇纂》的体系为基础,分为五编,即总则、债法、物权、亲属、继承,共2385条,将合同规范在第二编"债的关系法"中,与不当得利、无因管理、侵权损害并列,作为债的发生根据。

我国《民法典》合同编第464条规定:"合同是民事主体之间设立、变更、终止民事法律关系的协议。婚姻、收养、监护等有关身份关系的协议,适用有关该身份关系的法律规定;没有规定的,可以根据其性质参照适用本编规定。"由此可见,我国也不例外,从这一法律规定可以看出我国的合同法调整的是民事主体之间动态的民事法律关系,属于财产法中债法的范畴,区别于调整财产的所有与利用占有之财产关系的物权法。

二、合同法的历史发展

(一)古代合同法

古代合同法是指简单商品生产社会的合同制度。合同法是交易法,是以交易的存在为前提的。人类社会最早的合同法是由习惯发展而来的,随着生产力的发展,人类从原始社会进入了奴隶社会和封建社会,商品交易成为一种普遍的社会现象,规范这种商品交易的合同法规范也就应运而生了。而这一时期的合同法与当时的自然经济密切相关,其主要特点表现在以下几个方面。一是注重合同的形式,如在《汉谟拉比法典》中就规定:"订立合同必须有证人到场并且应当订立书面契约,如果既没有证人到场又没有订立书面契约,取得财产的将被视为盗窃。"《汉谟拉比法典》是世界上迄今为止发现的保存最为完整且最古老的成文法典,通篇的282个条文中直接规定合同的就有80余条。二是合同的主体受到严格的限制。在奴隶制社会,奴隶是完全属于奴隶主的财产,完全没有人身自由,更谈不上成为契约的主体,他们只能是契约买卖交易的对象,甚至奴隶主的妻子、儿女在罗马法上也是没有人格、不能成为契约的主体。即使在封建社会,由于农民对封建土地所有者的严重依附性,从而使得他们交易主体的资格也受到严格的限制。三是国家对合同关系进行干预和限制。国家不仅对合同形式有严格的要求,而且对其成立以及生效乃至履行都进行严格的限制,体现了国家的干预性。四是以刑法手段制裁违约行为。古代各国合同法中对违约行为的制裁一般都采用刑罚手段,如肉体惩罚、限制人身自由甚至处死,并且债权人有权决定对违反契约的债务人进行处罚。早期奴隶社会和封建社会形成的合同法较为简陋,既没有完整具体的制度也缺乏主体的广泛性,最终会被近代的合同法所取代。

(二)近代合同法

近代合同法是指17至19世纪的合同法,是资本主义自由竞争时期的合同制度。在资产阶级夺取政权之后,商品经济和商品交易一度得到了空前的发展,也使得契约制度日臻成熟和发展。这一时期的合同法以《法国民法典》和《德国民法典》中的合同制度为典型代表,在欧美的合同法学中被称为"古典合同法"。

在自由资本主义时期,契约制度的发展主要体现在以下几个方面:一是在立法原则上充分体现权利本位、私法自治的法律观。依此法律观,合同制度建立在平等、自由的基础之上,法律的基本任务由使人尽义务而转向保护权利人的权利。二是契约自由成为债法的基本原则。在这个时期,人们摆脱了封建社会身份制约的束缚,实现了"从身份到契约"的转变,使得合同关系成为人们之间的普遍关系,契约自由原则便以法典的形式得以确立,最典型的代表是《法国民法典》,其第1134条规定"依法成立的契约,在缔约的当事人之间有相当于法律的效力",这一规定将契约提升到了法律的地位,可以将其理解为"契约就是法律"。契约自由原则的内容主要体现在,当事人具有订立契约的自由、选择对方当事人的自由、决定合同内容的自由、选择合同方式的自由、协议变更合同的自由等。三是债的主体扩大到了一切有行为能力的人。在强调人人平等的资本主义社会,人们基本取得了人身的自由和法律上的平等,一切有行为能力的主体均可以成为契约的缔约人。四是合同的内容也得到了空前的扩大,交易的对象包罗万象,其中雇佣合同成为最重要的一种合同,合同的适用范围扩大到人身关系,如婚姻关系也被视为一种合同关系。五是实现了合同法的法典化。

(三) 现代合同法

现代合同法一般是指20世纪后的合同法。随着作为契约基础的合同自由主义受到挑战以及国际贸易的不断发展,这一时期的合同法表现出了不同于自由资本主义时期的特点。一是个人本位向社会本位转移,越来越多的国家对产品质量损害、医疗事故损害等采用无过错责任,合同法被看作是一种积极达成公平的工具。二是契约自由受到限制。随着资本主义发展到垄断阶段,社会上出现了大量的垄断企业以及托拉斯,成为缔约的强势一方当事人,使得其与弱势商主体以及普通消费者等缔约主体双方产生了实质上的不平等,也就造成了交易双方真实利益的失衡。因此,为了实现合同正义,国家不得不介入到契约的订立过程中,对缔约进行一定的干预和限制,从而实现当事人公平参与交易的利益平衡,这就是所谓的"强制缔约"[①]。三是合同的内容更加丰富、合同的种类也有增加。四是合同法出现了国际统一趋势。国际贸易在这一时期越来越发达,各种合同不仅在一国内部适用,更要适用于诸多的国际贸易当中。在实务中碰到如要约或承诺何时生效等问题,各国法律的解决办法很不一致。国际贸易如果有统一的法律,不再依据不同国家的不同法律来处理有关问题,显然效益巨大,因此,国际统一的合同法也逐渐增多,如《国际货物销售合同公约》《国际商事合同通则》等即属此类。五是一般条款的作用增强。例如,诚实信用等一般条款因具有很大的灵活性,可以按照各种具体情况加以利用,越来越得到重视,在现代合同法上发挥着很大作用。"这是因为资本主义发展到垄断阶段之后,社会发展得很快,旧的法律不可能随时修订,新的法律也不可能随时制定,要靠现成的法律规定解决瞬息万变的事实是不可能的。"[②]

三、我国现代的合同制度

在我国,因为长期处于封建社会,在法制上具有"重刑轻民"特点,虽然不同的历史时期都出现过相应的契约制度,但与商品经济低水平发展的社会状况相适应,合同法在我国的发展处于比较缓慢的状态。

新中国成立以来,合同法的发展虽然经历了颇为曲折的过程,但随着具有中国特色的社会主义市场经济的发展以及社会主义法律体系的日臻完善,为合

---

① 崔建远、戴孟勇著:《合同自由与法治》(上),载高鸿均等:《法治:理念与制度》,北京:中国政法大学出版社2002年版,第278页。

② 王家福等著:《合同法》,北京:中国社会科学出版社1986年版,第72页。

同法的健康发展创造了重要条件,合同法迎来了难得的历史发展机遇。新中国成立以来,我国合同法的发展大体经历了三个阶段:初创期、发展期、成熟期。

(一) 我国合同制度的初创阶段

我国在1950至1956年间,为了恢复国民经济,国家在经济领域内广泛实行合同制。1950年9月27日,政务院财经委员会颁布了新中国第一部合同法规《机关、国营企业、合作社签订合同契约暂行办法》。此后,中央各部委陆续制定了一大批合同法规,共40多件,到1956年,我国的合同立法已经初具规模。

1958年,党的第八届全国人民代表大会第二次会议通过社会主义建设总路线,反映了党和广大人民群众迫切要求改变我国经济文化落后状况的普遍愿望,但违背了经济建设所必须遵循的客观规律。1958年以后,我国否定了发展社会主义商品生产和商品交换的方针,也否定了作为商品交换形式的合同制度。合同制度的重新推行及合同立法的第二次发展是1961年党的八届九中全会正式批准八字方针以后开始的,我国把恢复和推广合同制度作为调整国民经济的一项重要措施,并颁布了许多合同法规,如1963年8月30日原国家经委颁布的《关于工矿产品订货合同基本条款的暂行规定》以及1965年8月5日原国家经委转发的《关于物资调剂管理试行办法》等。

在1966年至1976年期间,我国合同制度的发展一度停滞。

(二) 我国合同制度的发展阶段

1976年10月粉碎"四人帮"以后,我国进入了一个新的历史时期。1981年12月由第五届全国人民代表大会第四次会议通过的《中华人民共和国经济合同法》是我国合同法的重大成果,是我国第一部关于合同的法律,标志着我国合同法进入了一个新阶段;1985年3月第六届全国人民代表大会常委会第十次会议通过了《中华人民共和国涉外经济合同法》;1986年4月12日,第六届全国人民代表大会第四次会议通过了《中华人民共和国民法通则》,该法第一次使用了"合同"而非"经济合同"的概念,是我国合同法历史上重要的转折;1987年6月第六届人民代表大会常委会第二十一次会议通过了《中华人民共和国技术合同法》。至此我国合同法体系呈现出以民法通则为基本法,经济合同法、涉外经济合同法以及技术合同法三足鼎立的局面。

(三) 我国合同制度的成熟阶段

1. 1999年的《中华人民共和国合同法》

随着改革的不断深化、开放的不断扩大和现代经济建设的不断发展,这三部有关合同的法律在实施中暴露出了以下一些问题。第一,国内经济合同、涉外经济合同、技术合同分别适用不同的合同法律,有些共性问题不统一,某些规定较为原则,有的规定不尽一致,根据社会主义市场经济实际发展的要求,有必要制定一部统一的合同法;第二,随着市场经济的发展,在市场交易中利用合同形式搞欺诈,损害国家、社会和他人利益的情况较为突出,在防范合同欺诈、维护社会主义市场经济秩序方面,需作出补充的规定;第三,三部不同的合同法调整的范围已不能完全适应市场以及社会的要求,同时,也出现了融资租赁等多种新型的合同种类,委托、行纪合同也日益增多,客观上也需要对合同制度作出相应规定。为了解决上述问题,1993年10月我国开始着手新合同法的起草工作,1994年11月,由张广兴、傅静坤、梁慧星等专家学者完成合同法建议草案,后经四易其稿,并向全国发出征求意见稿,于1998年8月将合同法草案提请九届全国人大常委会第四次会议审议,最终于1999年3月九届人大二次会议通过并公布了《中华人民共和国合同法》,自1999年10月1日起施行,结束了"三法"鼎立的局面。1999年合同法的变化主要表现在以下几个大的方面:

(1)在合同一般规定中准确反映了社会主义市场经济的本质要求,提出正确处理合同自由与合同正义之间的关系,以及兼顾公平、效率和交易安全的基本准则。

(2)规范了订立合同的程序。在《合同法》的第二章明确了合同订立的程序,并对要约与承诺的成立、效力等相关法律问题作出了详细的规定。

(3)作为民法一项重要原则的情势变更原则,由于种种原因在合同法中没有体现。

(4)在合同责任中,加重了违反先合同义务的责任,即规定了合同前的缔约过失责任。

(5)为了贯彻鼓励交易的原则,合同法扩大了合同撤销权的范围,缩小了合同无效的范围。

(6)在合同履行一章中明确了合同履行中的抗辩权制度和保全制度。

(7)明确将违约责任的原则归结为严格责任原则,即一般情况下,承担违约责任无须当事人有过错,只要存在违约行为而又无法律上的或合同约定的免责事由,违反合同义务的一方当事人就应当承担违约责任。

2.2020年的《中华人民共和国民法典》

2020年5月28日出台、2021年1月1日起施行的《中华人民共和国民法典》中设置了"合同编"。《民法典》共七编、1260条,近10万字,其中"合同编"

就有526条,再加上总则编的相关规定,关于合同的法律规范比重很大。

此次《民法典》"合同编"的编纂确立了独特的合同中心主义,在保持"合同编"完整的情况下发挥了债法总则的功能,在合同订立部分规定了单方法律行为之债;在合同履行一章规定了债的分类;在合同编总则中区分了债权债务与合同的权利义务的概念;合同法分则有效统摄了民事合同与商事合同,贯彻了民商合一原则,如保理合同、融资租赁合同等,本质上都是商事合同;"合同编"单设立"准合同"分编,对不当得利、无因管理制度进行规定。除此之外,"合同编"的亮点也很多,具体有:①完善了利益第三人合同规则,区分了真正利益第三人合同与不真正利益第三人合同;②规定了预约合同制度;③增加了未生效合同的效力状态;④规定了情势变更制度;⑤将合同保全从合同履行中分离出来独立成章,并完善了合同保全的相关制度;⑥在债的转让中增加了并存的债务承担;⑦完善了合同解除制度;⑧强化了对租赁合同中承租人的保护;⑨增加了物业服务合同,强化了对业主的保护;⑩明确禁止高利放贷行为;⑪明确了在特殊情况下的强制缔约义务;⑫对格式条款订入合同的条件进行了完善。

纵观我国合同法的历史发展可得出几点结论。首先可以看到在合同法立法技术上的明显进步;再者可以发现凡是处于商品经济的高速发展时期,合同立法就发达,反之合同立法就停滞。这充分证明了合同法是商品经济、市场经济的法律形式,并且是基本法律。在合同法的发展过程中我们越来越好地兼顾公平与效率,在我国经济蓬勃发展的今天,对已普遍化的合同关系,认识较为全面,理论日臻成熟。

四、合同法的基本原则

合同法是调整平等民事主体之间利用合同进行财产流转或交易而产生的社会关系的法律规范的总和。合同法在本质上调整的是平等主体之间的合法经济流转关系,即动态的财产关系。

合同法的基本原则是指合同法立法的指导思想以及调整合同关系所必须遵循的基本方针和准则。合同法是民法的重要组成部分,民法当中的公平原则、诚实信用原则、绿色原则等都适用于合同法领域,也同样适用于物权法领域,因此本书不做特别介绍,我们重点介绍合同法领域专有的基本原则。

合同法的基本原则在合同法的适用中发挥着以下几点重要作用。

(1)合同法的基本原则是合同立法的准则,具体合同制度的设置及合同法律规范的制定都应当以合同法的基本原则为依据。

（2）合同法的基本原则是解释和补充合同法的准则。随着一般性条款作用的增强，当具体的合同法规范没有明确规定或在实践中产生多种解释的时候，合同法的基本原则就可以起到解释和补充法条的作用。

（3）合同法的基本原则是解释、评价和补充合同的依据。当事人签订的合同中产生漏洞或者不明确时，也可以应用合同法的基本原则加以解释、评价和补充。

（4）在一定条件下，合同法的基本原则本身具有规范作用，可以起到指导人们正确行使权利、适当履行义务、兼顾个人利益与社会利益、不损害他人合法利益的作用。

合同法的基本原则是强制性规范，当事人必须遵守，不得以约定排除其适用。当事人在合同中约定排除基本原则适用的，该约定不发生法律效力。

(一) 合同自由原则

合同自由，是指当事人在法律允许的范围内，就与合同有关的事项享有选择和决定的自由。[①] 所有权绝对、过错责任和契约自由被认为是近代私法的三大原则。契约自由原则是随着资产阶级革命的胜利而产生的，资产阶级提出了"自由""平等"的口号，这种政治上的自由和平等理念反映在经济生活中，就产生了契约自由的法律思想，该思想于资本主义制度建立后，在法律上被确认为契约自由原则。根据契约自由原则，当事人的意志是权利义务产生的渊源和根据，因而每个人的缔约行为不应受到任何限制，只要当事人所有的法律行为以双方的合意为基础，法律就不应该加以干涉，而只能保障其正确履行契约。

根据英国著名契约法学者阿蒂亚的理论，契约自由应当包括两大方面：首先，契约是当事人相互同意的结果；其次，契约是当事人自由选择的结果。具体来说，契约自由应当包括以下含义：一是是否缔约的自由，即一个人有权根据自己的意志决定缔结或者不缔结契约，他没有法定的缔约义务，任何人也无法强迫其缔结契约。二是与谁缔结契约的自由，即当事人有权决定缔结契约的相对人，这一自由只有在一个具有完备市场竞争机制的社会中才可以实现，如果这种客观条件不具备，这种自由权也就无法实现了。例如，在商品生产极度单一或商品提供者极为有限的社会中，对于广大的消费者而言就不可能有选择缔约人的自由。三是决定契约内容的自由。当事人有自主决定契约内容的自由，即使当事人所订立的契约有严重的不公正和不平等，如果的确是当事人自愿接受

[①] 崔建远、戴孟勇著：《合同自由与法治》（上），载高鸿钧等：《法治：理念与制度》，北京：中国政法大学出版社2002年版，第278页。

而不是出于胁迫等其他因素,任何人都不能改变,英美法系国家契约法理论之"约因不必充分"的原则即出自这一思想。除此之外,当事人还可用协议的方式改变任意性的法律规定,如协议管辖原则以及对某些法定义务的排除等。四是当事人选择契约形式的自由。当事人对所订立的契约采取何种形式,应由当事人自由协商决定,法律不应强行规定。因为,既然双方的意思表示一致是契约成立的核心,则契约自双方当事人意思表示一致时即可成立,不应受任何形式的制约。除此之外,契约自由还可以从以下几个方面加以理解,一是契约神圣,即法律应当对合法的契约进行保护,当事人的合意具有法律的效力,当事人应当严格遵守契约,不得违反;二是契约的相对性或契约效力的相对性,即契约的效力只约束合同的当事人,而对合同之外的第三人没有任何约束力。

实际上,合同及其法律效力是当事人的合意与上升为法律的国家意志的有机统一。一方面,国家及其法律尽可能地尊重当事人的意思,按照当事人的合意赋予法律效力;另一方面,当事人的意思应在法律允许的范围内表示,若当事人的表示违反了法律规范或社会公共利益,则该合意无效。因此,合同自由不是绝对的、无限制的自由,真正的合同自由应当包括自我限制。

我国实行社会主义市场经济,已经拥有了合同自由原则存在的经济基础,同时强调社会公平与社会公德,注重维护公共利益,需要对合同自由予以必要的限制,如在医疗、交通运输、电信等领域的强制缔约以及在保险、运输领域内的众多格式条款,其目的都是通过对合同自由的限制来达到合同正义的结果。

(二)合同正义原则

合同正义系属平均正义,指对任何人都同样看待,双方的所得与所失应是对等的,而不考虑其身份与地位如何。① 合同正义主要作用于人们之间的交换关系,又称交换正义,其法律上的适用领域主要是私法,尤其是合同法。② 合同正义原则是在契约自由原则的基础上产生和发展起来的。

契约自由原则在形成之初就带有许多理想化的东西。例如,契约自由的前提为假设缔约主体是理性的、抽象平等的人,假设契约只涉及缔约当事人的利益等。但随着工商业的迅猛发展,垄断时代出现,经济活动的主体由个体发展为大公司、大企业集团,形成了普通消费者与财力雄厚的公司之间的对抗,双方平等的机会只具有形式上的意义,这就使得契约自由假设的前提不复存在。而且,关于契约不涉及第三人的假定也是完全不可能的,涉及第三人利益的契约

---

① 崔建远著:《合同法》,北京:法律出版社2010年版,第19页。
② [美]波斯纳著,苏力译:《法理学问题》,北京:中国政法大学出版社1994年版,第393页。

比比皆是,这个"第三人"既可以是抽象的人,如社会、公共利益、国家,还可以是具体的个人、企业、组织,因此契约的订立不可能完全由缔约人双方加以决定,法律的适度干预是理所当然的,损害社会公共利益和违背公序良俗的合同,即使是自愿、自主订立的,也会导致契约的效力瑕疵。再者,随着社会的进步、经济的发展、经济政策的变化以及国家对经济宏观调控的加强,出现了强制性合同,如城市交通、公路运营、城市供水、供电、供气、铁路、电讯、航空等,这使一方当事人订立合同的任意性权利和选择合同相对人的自由也受到了限制,如股东对股份的优先购买权、证券交易代理协议书等,这些都背离了契约自由原则所包含的基本内容——是否订立合同及选择相对人的自由。

在现实生活中,格式合同的出现和广泛运用,正是"契约正义"思想在立法上和司法上的体现。在立法上,集中体现在劳动法领域中对劳动者订立劳动契约的单向保护和消费立法中对消费者这一弱势群体的诸多保护以及对提供消费或服务的企业的诸多限制上,以消除对立者之间的不平衡;在司法上,诚实信用原则等被广泛运用于审判实践。

徐国栋先生在其《民法基本原则解释——成文法局限性的克服》中对正义进行了解释:"正义首先是一种分配方式,无论是利益或不利益,如果其分配方式是正当的,能使分配的参与者各得其所,它就是正义的。"因此,我们对于合同正义原则可以从以下三个方面进行理解,首先,合同正义表现为平均主义,强调一方给付与对待给付之间的等值性,且应是主观等值原则。关于给付与对待给付之间的等值性,在判断上有客观说和主观说之分。客观说以客观的市场标准或理性之人的标准来判断当事人之间的给付与对待给付是否等值;主观说则以当事人的主观意愿来判断,纵使以市场标准或自理性之人的角度衡量并非等值,但只要当事人具有真实的合意,在主观上愿意以自己的给付换取对方的给付,那么对双方而言就是公正的。[①] 我们一般所说的合同正义主要是指形式上的或程序上的,即建立在当事人自愿真实的意思表示之上的公正,一般不涉及内容客观上合理或正确性的要求,即不涉及实质上的公正;只有在当事人的自由意志受到他人侵害,致使意思表示不真实之际,合同公正与否才可依照客观标准来判断,即追求实质的公正。其次,是合同上风险的合理分配,在以往的实务中关于买卖合同中标的物损毁灭失的风险,由《民法典》合同编规定为交付主义,相比于更古老的所有人主义更为合理。再次,是合理分配其他类型的合

[①] 崔建远、戴孟勇著:《合同自由与法治》(上),载高鸿均等:《法治:理念与制度》,北京:中国政法大学出版社 2002 年版,第 312、313 页。

同负担,如附随义务的合理配置、债务履行费用的分担以及免责条款的法律规制等。

在合同立法和实务当中的合同自由和合同正义原则必须相互补充、彼此协力,才能更好地实践合同法的机能。

(三) 鼓励交易原则

合同法属于市场交易法,其立法目的就是鼓励合法、正当地交易。鼓励交易原则是促进市场发展所必须的,是提高效率、增进社会财富积累的手段,是维护合同自由、实现当事人意志和缔约目的的应有之义。在我国《民法典》合同编中,鼓励交易原则主要从以下几个方面体现出来:一是严格限制无效合同的范围。无效合同的范围应当限定在违反法律法规强制性规定以及公序良俗的方面,对于因欺诈、胁迫而成立的合同,主要是意思表示不真实,从维护交易的角度出发应将此类合同作为可撤销的标的;对于主体不合格订立的合同也不能归于无效,而应该属于效力未定,以此来限制无效合同的范围。二是详细规定了合同的订立程序。要约与承诺两个订立合同程序的详尽规定使得缔约双方当事人对于缔约规则和制度都能够清楚掌控,大大提高了缔约的成功率,从而起到鼓励交易的作用。三是严格限制违约解除的条件。《民法典》第563条规定有下列五种情形之一的,当事人才可以解除合同:①因不可抗力致使不能实现合同目的;②在履行期限届满前,当事人一方明确表示或者以自己的行为表明不履行主要债务;③当事人一方迟延履行主要债务,经催告后在合理期限内仍未履行;④当事人一方迟延履行债务或者有其他违约行为致使不能实现合同目的;⑤法律规定的其他情形。合同解除系从根本上消灭了一项交易,因此在违约方可以继续履行且守约方愿意受领的情况下,就限制合同的解除,如此才能鼓励交易。

思考题

1. 合同法的概念及性质是什么?
2. 合同法的基本原则有哪些?

第二编

总　论

第四章 合同的订立

【本章概要】 合同的成立是指当事人双方就合同的主要条款取得合意并达成协议的法律事实。合同的订立过程是合同成立的前提和必要程序,一般情况下,缔约双方当事人经过要约和承诺两个阶段就合同的内容达成合意之后,合同即告成立。本章主要介绍订立合同的程序以及合同的内容和形式,分为四节:第一节是合同订立的一般程序,主要介绍要约与承诺两个阶段以及相关的问题;第二节是合同订立的几种特殊程序,包括格式合同成立的相关问题;第三节是合同的成立,主要介绍合同成立的时间、地点等相关问题;第四节是合同的内容和形式,主要介绍合同的主要条款以及合同的表现形式。

【本章难点】 要约、承诺的效力;格式条款。

【引　题】 甲方向乙方发出一份信函:我公司有一级棉花1 000千克,单价每公斤50元,欲售与你方,限10日内答复,若不答复则视为同意。结果,乙方并没有在10日内答复甲方。请问:甲乙双方的合同是否成立?

第一节　合同订立的一般程序

合同是一个动态的全过程,始于订立,终于适当履行、责任承担以及合同解除。合同经法律规定的程序才能成立,我国《民法典》明确规定了订立合同一般情况下应当经过要约和承诺两个程序。

一、要约

《民法典》第472条规定:"要约是希望与他人订立合同的意思表示。"可见要约是一方当事人向另一方当事人发出希望与之订立合同的意思表示,在商业活动和对外贸易中又称为报价、发价或发盘。其中发出要约的人为要约人,相对方称为受要约人。

(一) 要约成立的要件

一项希望订立合同的意思表示只有具备了特定的条件以后才能发生法律上的效力,才能成为合同法上的要约,根据法律的规定,一项有效的要约应当具备以下几个条件:①要约必须是特定人的意思表示。此处的"特定"是指受要约人能够确定发出要约的人,只有如此,受要约人才能对之进行承诺,进而才能成立合同。②要约必须是向相对人作出的意思表示。要约只有经过受要约人的承诺才能成立合同,所以要约必须有一定的相对人,此处的相对人既可以是一个人,也可以是范围确定的多数人,但在特殊情况下,要约也可以向不特定的相对人发出,如具备要约条件的普通商业广告就是一种要约。③要约的内容必须具体而且明确。此项条件要求要约的内容明确、完整、具体,能够包含合同的主要条款,否则,即使相对人作出同意要约的所谓承诺,也会因无从确定双方是否对合同的主要条款达成一致而使合同不能成立。④要约须具有订立合同的目的。即要约人应当在要约中表明要约一旦经受要约人承诺,要约人即受该意思表示的约束。

以上要约的有效条件将要约与要约邀请区别开来。要约邀请又称要约引诱,是希望他人向自己发出要约的表示,《民法典》第473条规定:"要约邀请是希望他人向自己发出要约的表示。拍卖公告、招标公告、招股说明书、债券募集办法、基金招募说明书、商业广告和宣传、寄送的价目表等为要约邀请。商业广告和宣传的内容符合要约条件的,构成要约。"由此法律规定可以看出,要约邀请是订立合同的预备行为,并不含有受该表示约束的意思表示,因此它不能发生约束双方当事人的法律效果。要约与要约邀请的区别主要体现在以下几个方面:一是作出表示的直接目的不同。要约的直接目的是希望对方接受自己的意思表示以使合同得以成立;而要约邀请只是希望对方向自己发出要约,从而将成立合同的主动权掌握在自己手中。二是两种表示内容的明确程度不同。要约的内容必须明确而具体,以便对方当事人一经承诺就成立合同;而要约邀请只是起到引诱对方向自己发出要约的作用,因此在表示中主要体现的是吸引力而一般不具备具体的合同内容,所以即便是对方作出接受的意思表示也不可能使合同成立。三是表示的相对人是否明确不同。要约在一般情况下应当向明确或者范围确定的相对人作出(当然有特例);而要约邀请的相对人一般是不确定的。四是两种表示的约束力不同。要约必须具有订立合同的目的,即一经对方当事人的承诺,要约人应当订立合同并受要约效力的约束;而要约邀请则不具有此项约束力。

(二)要约的法律效力

要约的法律效力又称为要约的法律约束力,是指要约所产生的法律后果,主要包括要约对要约人的效力和对相对人的效力两个方面。

1.要约的生效时间

《民法典》第137条规定:"以对话方式作出的意思表示,相对人知道其内容时生效。以非对话方式作出的意思表示,到达相对人时生效。以非对话方式作出的采用数据电文形式的意思表示,相对人指定特定系统接收数据电文的,该数据电文进入该特定系统时生效;未指定特定系统的,相对人知道或者应当知道该数据电文进入其系统时生效。当事人对采用数据电文形式的意思表示的生效时间另有约定的,按照其约定。"根据《民法典》第474条的规定,要约生效的时间适用第137条的规定。

可见我国对要约的生效采用的是到达生效原则。当然对于以不同形式作出的要约,"到达"的含义也是不同的。对于以对话方式作出的意思表示,在要约人作出该对话的同时,即在相对人一经了解该要约内容的同时立即生效,而无须送达的过程;对于非对话方式作出的意思表示,要约必须到达受要约人的控制范围内时才生效;而用数据电文形式订立合同的,收件人指定特定系统接收数据电文的,该数据电文进入该特定系统的时间视为到达时间;未指定特定系统的,相对人知道或者应当知道该数据电文进入其系统时生效。当事人对采用数据电文形式的意思表示的生效时间另有约定的,按照其约定。

数据电文形式包括但不限于电传、图文传真、图像、声音、影像传真、电子邮件等。在EDI贸易中,多以数据电文形式订立合同,或以数据电文形式发出要约或作出承诺,EDI贸易又称为"无纸贸易"(Electronic Data Interchange),即应用电脑网络进行交易,是指商业伙伴之间根据事先达成的协议,对经济信息按照一定标准进行格式化处理,然后把这些格式化的数据通过计算机通信网络在他们的计算机系统之间进行交换和处理。

2.要约效力的存续期间

要约生效之后,其效力不可能永久存续,是有一定时间限制的,要约的存续期间就是指要约受承诺拘束的期间,也称为承诺期间。该存续期间有下面两种情况:一是定有存续期间,即要约人可以在要约中约定要约存续期间,有约定的,按照约定;二是未定有存续期间,即双方在没有约定要约存续期间的情况下,对于对话方式的要约,仅在受约人立即承诺时,才对要约人有约束力,否则该要约即失去法律拘束力;对于非对话方式的要约,应当在合理期间内承诺,该合理期限包括三个时间段,要约到达受要约人的时间、受要约人对要约的考虑时间以及承诺通知到达要约人所需要的时间。

3. 要约效力的约束对象

在采用到达生效的前提下,要约一经到达受要约人的控制范围之后即发生要约的法律拘束力,该拘束力表现为两个方面:一是要约的形式拘束力,即对要约人发生的效力。要约一经生效,要约人即受到要约的拘束,不得随意撤回、撤销或对要约加以限制、变更和扩张,也就是说要约对于要约人具有完全的拘束力。二是要约的实质拘束力。它是指受要约人在要约发生效力时,即取得承诺的资格,有权在要约的有效期内作出答复。但是受要约人既没有必须承诺的义务,也没有在不为承诺时的通知义务,若在要约的有效期内不为承诺,则受要约人只是失去承诺的资格而无须承担任何法律责任。由此可见,要约对于受要约人而言完全没有法律上的拘束力。

4. 要约的撤回和撤销

要约的撤回是指要约人在要约生效之前使要约不发生法律效力的行为。我国《民法典》第475条规定:"要约可以撤回。要约的撤回适用本法一百四十一条的规定。"根据《民法典》第141条:"行为人可以撤回意思表示。撤回意思表示的通知应当在意思表示到达相对人前或者与意思表示同时到达相对人。"可见要约的撤回针对的是未生效的要约,这也是对要约人的利益和意愿充分加以尊重的体现。

要约的撤销是指在要约生效之后,受要约人发出承诺的通知之前,将该项要约取消,使要约的效力归于消灭的行为,可见要约的撤销针对的是已经生效的要约。我国《民法典》第476条规定:"要约可以撤销,但是有下列情形之一的除外:(一)要约人以确定承诺期限或者其他形式明示要约不可撤销;(二)受要约人有理由认为要约是不可撤销的,并已经为履行合同做了合理准备工作。"由于要约一经生效就对要约人具有完全的拘束力,而且要约的撤销往往不利于受要约人,因此有必要对要约的撤销加以限制。

5. 要约的失效

《民法典》第478条规定:"有下列情形之一的,要约失效:一是要约被拒绝。受要约人拒绝要约后,即使在承诺期内又表示同意的,其意思表示为发出的新要约。但是对于向不特定的人发出的要约,如标价商品,则不因特定人的拒绝而消灭。二是要约被依法撤销。在不违背法律规定的情况下,要约人在要约生效之后可以将其撤销,使要约的效力归于消灭。三是承诺期限届满,受要约人未作出承诺。如果期限届满后,相对人对要约又表示接受的,该意思表示视为一种新要约。四是受要约人对要约的内容作出实质性变更。"此处所说的实质性变更是指有关合同标的、数量、质量、价款或者报酬、解决争议的方法等合同主要条款的变更。受要约人对要约的内容作出实质性变更的,为新要约,如要继续成立合同需要原要约人重新作出承诺。

二、承诺

根据我国《民法典》第479条的规定:"承诺是受要约人同意要约的意思表示。"在商业交易中,承诺又可以称为接盘。要约人有接受承诺的义务,要约一经承诺,合同即告成立。

(一) 承诺成立的要件

由于承诺一旦生效,合同即告成立,对双方当事人都将产生法律上的拘束力,因此有效的承诺应当具备以下几个要件:

(1) 承诺必须由受要约人作出。因为承诺是与要约方向相对的意思表示,因此承诺必须由受要约人或其代理人作出才具有法律意义。如果受要约人是特定的人,必须由该特定人作出;若受要约人是非特定的一定范围内的人,则该范围内任何人作出同意要约的意思表示均可视为承诺。

(2) 承诺必须向要约人作出。因为承诺是同意要约的意思表示,因此该意思表示也必须向要约人或其代理人发出,如果向其他人作出同意要约的意思表示,按照不同情况在性质上应当属于新的要约或根本不具有法律意义。

(3) 承诺必须是对要约内容作出完全同意的意思表示。由于承诺一旦生效,合同即告成立,所以承诺应当是对要约内容的完全接受,否则将无法确定将来合同的内容,也就使得该合同无法成立。如果受要约人对要约的实质内容进行了变更则视为新要约,如要继续成立合同需要原要约人重新作出承诺。同时,我国《民法典》第488条还规定:"有关合同标的、数量、质量、价款或者报酬、履行期限、履行地点和方式、违约责任和解决争议方法等的变更,是对要约内容的实质性变更。"如果承诺对要约的内容作出非实质性变更的,除要约人及时表示反对或者要约表明承诺不得对要约的内容作出任何变更的以外,该承诺有效,合同的内容以承诺的内容为准。

(4)承诺必须在要约的有效期内作出,逾期承诺亦视为新要约。此处所说要约的有效期是指要约法律效力的存续期间。《民法典》第481条规定:"承诺应当在要约确定的期限内到达要约人。要约没有确定承诺期限的,承诺应当依照下列规定到达:(一)要约以对话方式作出的,应当即时作出承诺;(二)要约以非对话方式作出的,承诺应当在合理期限内到达。"可见,承诺有效期的计算应当依照当事人的约定来确定,没有约定的,对于以对话方式作出的要约,要求受要约人必须立即承诺,而对于非对话方式作出的要约,应当在合理期间内作出承诺,在要约的有效期内,受要约人不为承诺的,要约即丧失法律效力,对要约人不再具有法律上的拘束力。需要特别注意的是特殊情况承诺期限的计算,《民法典》第482条规定:"要约以信件或者电报作出的,承诺期限自信件载明的日期或者电报交发之日开始计算。信件未载明日期的,自投寄该信件的邮戳日期开始计算。要约以电话、传真、电子邮件等快速通讯方式作出的,承诺期限自要约到达受要约人时开始计算。"

(二)承诺的方式

承诺的方式是指承诺人采用何种方式将承诺通知送达要约人。对于承诺的方式当事人可以约定,否则应当按照法定的方式进行承诺,我国《民法典》第480条规定:"承诺应当以通知的方式作出,但是,根据交易习惯或者要约表明可以通过行为作出承诺的除外。"由此规定可以看出法定的承诺方式有两种,一是通知的方式,二是行为的方式。以通知的方式作出承诺又可以称之为意思表示的方式,无论以对话形式或是非对话形式作出承诺,一般均应与要约的形式相一致。而对于行为承诺的方式,相对于通知的意思表示,又可以称其为意思实现,是指依照交易习惯、事件性质或要约人为要约时的预先声明,承诺无须通知,在相当时期内有可以为承诺的事实时,合同成立的现象。此处所说的行为多指履行行为,如装运货物,预留房间等,因行为承诺不易被要约人所知晓,因此必须在有交易习惯或要约明确表明的情况下方可采用。

对于交易习惯,我国《民法典合同编通则司法解释》第2条进行了明确的解释:"下列情形,不违反法律、行政法规的强制性规定且不违背公序良俗的,人民法院可以认定为民法典所称的'交易习惯':(一)当事人之间在交易活动中的惯常做法;(二)在交易行为当地或者某一领域、某一行业通常采用并为交易对方订立合同时所知道或者应当知道的做法。对于交易习惯,由提出主张的当事人一方承担举证责任。"

(三)承诺的效力

关于承诺的生效时间,我国《民法典》第484条规定:"以通知方式作出的承诺,生效的时间适用本法第一百三十七条的规定。承诺不需要通知的,根据交易习惯或者要约的要求作出承诺的行为时生效。"因为法定的承诺方式有两种,那么承诺的生效时间也会有所不同,如果受要约人以通知的方式作出承诺,则通知到达的时间即为承诺生效的时间,其中对话方式的承诺到达即为承诺内容的了解;如果受要约人以行为的方式作出承诺,则该行为作出时承诺生效。

关于承诺的撤回,我国《民法典》第485条规定:"承诺可以撤回。承诺的撤回适用本法第一百四十一条的规定。"即撤回意思表示的通知应当在意思表示到达相对人前或者与意思表示同时到达相对人。

关于承诺是否可以撤销,回答是否定的,因为承诺一经生效,合同即告成立,而如果法律允许承诺可以单方撤销无异于规定合同可以无条件单方解除,这与契约的双方合意性相背离,因此承诺不可撤销。

(四) 承诺的迟到

承诺的迟到是指承诺的通知在要约规定的期限内或合理的期限内没有到达要约人的情况,承诺的迟到根据迟到的原因不同发生不同的法律效力。

承诺的迟到可以分为以下两种情况。

一是通常情况下的迟到,是指因为承诺人自己的原因导致承诺迟到的情况。对于这种迟到承诺的效力,我国《民法典》第486条规定:"受要约人超过承诺期限发出承诺,或者在承诺期限内发出承诺,按照通常情形不能及时到达要约人的,为新要约;但是,要约人及时通知受要约人该承诺有效的除外。"也就是说,如果因为承诺人自己的原因导致了承诺的迟到,因其超出了要约的有效期限所以不发生法律效力,除非原来的要约人针对这一迟到的意思表示重新作出肯定的答复。

承诺迟到的第二种情况是特殊情况下的迟到,是指除承诺人自身原因之外的其他因素导致承诺迟到的情况,如因为送达的原因等。针对这种情况,我国《民法典》第487条规定:"受要约人在承诺期限内发出承诺,按照通常情形能够及时到达要约人,但因其他原因致使承诺到达要约人时超过承诺期限的,除要约人及时通知受要约人因承诺超过期限不接受该承诺外,该承诺有效。"也就是说,在这种非因承诺人的原因导致承诺迟到的情况下,承诺人是没有过错的,而且从鼓励交易的原则出发也应当认定该承诺是有效的承诺,但是如果承认此种承诺有效将会损害到要约人的利益,则法律给予要约人拒绝接受此种承诺的权利,当然这种拒绝必须以通知的方式作出,否则该承诺有效。

第二节　合同订立的特殊程序

一、交叉要约

交叉要约又称为交错要约,是指当事人一方向对方为要约,适值对方亦为同一内容的要约,且双方当事人彼此均不知有要约的现象。对于交叉要约能否成立合同,有两种观点。一是形式说,这一观点认为,虽有双方的合意,但没有承诺,则合同成立的形式不完备,因此合同不能成立;另一种观点为实质说,该观点认为,在交叉要约的情形下,虽然欠缺承诺这一合同成立的要件,但当事人已经达成合意,内容又完全一致,因此应当认定合同已经成立。对于这一情形,我国采取实质说,认为只要意思表示一致就应当成立合同,成立的时间以在后的要约到达相对人时为准。

二、竞争缔约

竞争缔约就是指在缔约的过程中引入了竞争机制,以便使合同的订立更加公平、更有效率。其中以招投标方式订立合同以及拍卖方式订立合同较为典型。

招投标方式订立合同是指由招标人向数人发出招标通知或招标公告,在诸多投标中选择自己最满意的投标人并与之订立合同的方式。

拍卖方式订立合同是指以公开竞价的形式,将特定物品或者财产权利转让给最高应价者的缔约方式。目前,国内外拍卖业最为常用的拍卖方式主要有增价拍卖、减价拍卖和密封式投标拍卖三种,从我国《中华人民共和国拍卖法》(以下简称《拍卖法》)对拍卖定义的界定来看,我国选择的是增价拍卖的方式。增价拍卖又可以称为"英格兰式拍卖",它是一种价格上行的报价方式,即竞价由低至高、依次递增,直到最高价格成交为止。

三、强制缔约

强制缔约是指依据法律规定,民事主体负有与他人缔结契约的法定义务,非有正当理由,不得拒绝缔结契约。强制缔约又可以分为强制要约和强制承诺。强制要约,是指法律对民事主体施加的、应该向他人发出要约的强制缔约方式,如优先购买权、无人售货机等;强制承诺是指法律对民事主体施加的、对相对人提出的要约应该予以承诺的强制缔约方式。

按照强制缔约义务是否来源于法律的直接规定可以将其分为直接强制缔约和间接强制缔约。前者是指强制缔约义务来源于法律的直接规定;后者是指强制缔约义务并非来源于法律的直接规定,而是通过法律解释而存在的现象。基于不同国情,各国对于强制缔约义务的适用规定有所不同,强制缔约涉及的范围主要包括基于维护社会公共利益的需要,出于保障生命、身体和健康权益的需要,基于平等权,反对缔约歧视,为维护或恢复以竞争为基础的市场经济的正常运作等方面。

我国《民法典》第494条就将强制缔约义务作为一项基本民事制度做了总括性规定,该条规定:"国家根据抢险救灾、疫情防控或者其他需要下达国家订货任务、指令性任务的,有关民事主体之间应当依照有关法律、行政法规规定的权利和义务订立合同。依照法律、行政法规的规定负有发出要约义务的当事人,应当及时发出合理的要约。依照法律、行政法规的规定负有作出承诺义务的当事人,不得拒绝对方合理的订立合同要求。"

四、采用格式条款订立合同

(一)格式条款的概念及特征

我国《民法典》第496条规定:"格式条款是当事人为了重复使用而预先拟定,并在订立合同时未与对方协商的条款。"

格式条款自从19世纪首先在保险业与铁路运输业出现以来,便随着商品经济的发展与社会化程度的提高而迅速发展起来。这些行业的主体一般是大规模发展的企业,往往具有一定的垄断性,如水、电、气、暖的供应方,铁路、航空、公路、水运等服务的提供者等。以格式条款为主要内容的合同,又称为格式合同、标准合同或者附合合同,如车票、机票、保险合同等。格式条款的特征表现在以下几个方面。

(1)格式条款具有广泛性、持久性和细节性的特征。广泛性是指要约相对人范围的广泛性,即格式条款是由条款提供者向不特定的公众发出的,或者至少是向某一类可能成为承诺人的对象发出的,而不是向某一个或某几个特定的人发出;持久性是指格式条款一般总是涉及在某一较长且较稳定的特定时期所要订立的全部合同，一般情况下，条款的内容是不会轻易变更的；细节性是指条款中包含了成立合同所需要的全部内容，包括合同的标的、数量、质量、价款、报酬、履行时间、履行地点、履行方式、违约责任等，即只要对方当事人一旦承诺，该格式合同便可成立，不可能由双方当事人就合同条款进行协商。

(2)格式条款具有单方事先拟定性特征。它是指合同条款一般情况下是由一方当事人在签订合同之前就已经拟定完成的，它不是为了某一个或某几个交易而拟订的，而是为了完成大量交易提前拟定的，即该合同条款具有一定时期内的重复使用性。

(3)合同条款具有不变性或不可协商性的特征。这也是采用格式条款的合同最主要的法律特征，又可以称之为定型化的特点。非格式合同的订立一般需要缔约双方当事人就合同的内容进行充分的协商，经过反复的要约、承诺、反要约、再承诺等的缔约过程才能完成，这样才能充分体现当事人的意思一致，充分体现了契约自由原则。而格式条款的提供者一方预先将自己的意志通过格式条款表达出来，而与之缔约的所有另一方当事人只能对该条款全部接受或全部不接受，一般情况下无个别协商的可能性，即英美法中所说的"Take it, or leave it"（要么接受，要么走开）条款。

(4)采用格式条款的缔约者双方地位的不平等性特征。它是指格式条款的提供者一方往往在经济上处于较强的优势地位，即具有一种法律上或事实上的垄断性，因而才可将其预先拟定好的、反映其单方意志的合同条款强加给弱势地位的另一方缔约者。法律上的垄断是指缔约一方当事人依据法律上的规定而对某些特殊行业或者领域拥有的独占经营权，其他主体无法介入该领域的经营，如自来水、电力、天然气、邮政、铁路等企业。事实上的垄断是指一方依据经济实力等条件而在事实上形成的垄断性经营，即由于某些行业的准入门槛过高，致使无法形成开放的市场和自由的竞争机制，结果造成了事实上的垄断，如银行、保险等行业。

(二)格式条款订入合同的条件

我国《民法典》第496条规定："采用格式条款订立合同的，提供格式条款的一方应当遵循公平原则确定当事人之间的权利和义务，并采取合理的方式提示对方注意免除或者减轻其责任等与对方有重大利害关系的条款，按照对方的要求，对该条款予以说明。提供格式条款的一方未履行提示或者说明义务，致使对方没有注意或者理解与其有重大利害关系的条款的，对方可以主张该条款不成为合同的内容。"

格式条款因为其单方事先拟定性及不可协商性等特征,如果缔约相对人对该类条款的内容没有充分了解的话,会对缔约相对人一方产生不利后果。而且,格式条款的表现形式多样,有些格式条款并不直接体现在合同中,而是以店堂告示、工作规则、附则等形式存在于合同文本之外,缔约相对人可能都不知道这些条款的存在。因此,为了防止格式条款提供方利用其优势地位设计不公平的条款内容,《民法典》明确规定了提供格式条款一方应当遵循公平原则确定当事人之间的权利和义务。

除此之外,《民法典》第496条还规定那些免除或者减轻其责任等与对方有重大利害关系的格式条款不能直接成为合同的内容,必须经要约人的合理提示并经相对人认可才能产生相应的法律效力。由此可见,格式条款订入合同应当具备以下两个条件。

(1)以合理的方式提请对方注意。格式条款的提供方应当"以合理的方式"对格式条款进行提示,让相对人关注到这些格式条款,从而作出全面的考量。至于"合理的方式"则要视具体情况而定。

(2)对该条款予以说明。在注意到这些格式条款的基础上,提供格式条款的一方当事人还是应当按照对方的要求对条款予以说明,让缔约相对人在充分理解条款内容的前提下进行考量和判断,从而作出是否缔约的决定,真正意义上保障缔约的公平性和自由性。

对于我国《民法典》第496条第2款规定的提示和说明义务,我国《民法典合同编通则司法解释》第10条做出了详细的解释,该条规定:"提供格式条款的一方在合同订立时采用通常足以引起对方注意的文字、符号、字体等明显标识,提示对方注意免除或者减轻其责任、排除或者限制对方权利等与对方有重大利害关系的异常条款的,人民法院可以认定其已经履行《民法典》第496条第2款规定的提示义务。提供格式条款的一方按照对方的要求,就与对方有重大利害关系的异常条款的概念、内容及其法律后果以书面或者口头形式向对方作出通常能够理解的解释说明的,人民法院可以认定其已经履行《民法典》第496条第2款规定的说明义务。提供格式条款的一方对其已经尽到提示义务或者说明义务承担举证责任。对于通过互联网等信息网络订立的电子合同,提供格式条款的一方仅以采取了设置勾选、弹窗等方式为由主张其已经履行提示义务或者说明义务的,人民法院不予支持,但是其举证符合前两款规定的除外。"

(三)格式条款的解释

我国《民法典》第498条规定:"对格式条款的理解发生争议的,应当按照通常理解予以解释。对格式条款有两种以上解释的,应当作出不利于提供格式条款一方的解释。格式条款和非格式条款不一致的,应当采用非格式条款。"

按照法条规定,我们可以将格式合同的解释原则分为以下三个层次。

(1) 一般解释原则。当事人对合同中某一格式条款的理解发生争议后,应当按常理对该格式条款进行解释,而不能按提供格式条款一方的理解进行解释。

(2) 特殊解释原则。如果该格式条款没有通常理解,或通常理解有两种以上解释时,应当作出不利于提供格式条款方的理解。因为格式条款是由当事人一方拟定的,而不是由双方商定的,缔约相对人只能接受而不能修改,则合同条款很可能是提供者基于自己的意志所作的有利于自己的规定,尤其是条款提供者可能会故意使用或插入意义不明确的文字以损害相对人的利益,或者从维护甚至强化其经济上的优势地位出发,将不合理的解释强加于相对人。所以从维护弱势缔约相对人的利益出发,当格式条款发生争议时,应做不利于提供者一方的解释。

(3) 非格式条款优先于格式条款的解释原则。当事人双方在格式条款以外协商修改格式条款或另行商定的条款,如果协商的内容与格式条款规定不一致时,由于特别商定的非格式条款更能反映双方当事人在具体交易中的真实意思,则非格式条款的效力应当优先于格式条款中的相关条款。

(四) 格式条款的无效

我国《民法典》第 497 条规定:"有下列情形之一的,该格式条款无效:(一) 具有本法第一编第六章第三节和本法第五百零六条规定的无效情形;(二) 提供格式条款一方不合理地免除或者减轻其责任、加重对方责任、限制对方主要权利;(三) 提供格式条款一方排除对方主要权利。"

这是对于格式条款无效情形的总括性规定,分为以下两种类型:

(1) 与其他民事法律行为通用的无效情形,即具有《民法典》总则编第六章第三节和合同编第 506 条规定的无效情形。《民法典》总则编第六章第三节对民事法律行为无效的规定包括无民事行为能力人实施的民事法律行为;限制民事行为能力人超出其年龄、智力、精神健康状况实施的民事法律行为;行为人与相对人以虚假的意思表示实施的民事法律行为;违反法律、行政法规的强制性规定的民事法律行为;违背公序良俗的民事法律行为等。合同编第 506 条规定了造成对方人身损害的以及因故意或者重大过失造成对方财产损失的两种免责条款无效。

(2)格式条款特有的无效情形。这一类型主要针对的是格式条款提供方为了自己的单方利益而违背公平原则,从而不合理地分配合同风险和负担的情况。针对提供格式条款一方"免除或者减轻己方责任、加重对方责任、限制对方主要权利"的情形须考量其不合理的条件;而对于其"排除对方主要权利"的情况则无须考量是否合理,这一约定本身就严重违背了公平原则,就可以直接认定该格式条款无效。

第三节 合同成立的时间和地点

合同的成立是指当事人双方就合同的主要条款取得合意并达成协议的法律事实。它不同于合同的生效,只需要双方或多方当事人达成合意即可。合同的订立过程是合同成立的前提和必要程序,一般情形下,缔约双方当事人经过要约和承诺两个阶段就合同的主要内容达成合意之后,合同即告成立。我国《民法典合同编通则司法解释》第3条规定:"当事人对合同是否成立存在争议,人民法院能够确定当事人姓名或者名称、标的和数量的,一般应当认定合同成立。但是,法律另有规定或者当事人另有约定的除外。根据前款规定能够认定合同已经成立的,对合同欠缺的内容,人民法院应当依据《民法典》第510条、第511条等规定予以确定。当事人主张合同无效或者请求撤销、解除合同等,人民法院认为合同不成立的,应当依据《最高人民法院关于民事诉讼证据的若干规定》第53条的规定将合同是否成立作为焦点问题进行审理,并可以根据案件的具体情况重新指定举证期限。"

一、合同成立的时间

我国《民法典》第483条规定:"承诺生效时合同成立,但是法律另有规定或者当事人另有约定的除外。"可见,一般情况下合同成立的时间是由承诺生效的时间决定的,根据我国《民法典》第484条和第137条的规定,如果受要约人以通知的方式作出承诺,则通知到达的时间即为承诺生效的时间,其中对话方式的承诺到达即为承诺内容的了解;如果受要约人以行为的方式作出承诺,则该行为作出时承诺生效。

但是在法律另有规定或者当事人另有约定时,根据具体情况的不同合同成立的时间也会有所不同。对于法律的特别规定,如我国《民法典》第490条规定:"当事人采用合同书形式订立合同的,自当事人均签名、盖章或者按指印时合同成立。在签名、盖章或者按指印之前,当事人一方已经履行主要义务,对方接受时,该合同成立。法律、行政法规规定或者当事人约定合同应当采用书面形式订立,当事人未采用书面形式但是一方已经履行主要义务,对方接受时,该合同成立。"该条就规定了合同应当采用特定的形式(书面形式),则在完成该特定形式后合同才能成立。再者,《民法典》第679条规定"自然人之间的借款合同,自贷款人提供借款时成立",就是法律规定合同自实际交付标的物时成立。同时,我国《民法典》第491条规定:"当事人采用信件、数据电文等形式订立合同要求签订确认书的,签订确认书时合同成立。当事人一方通过互联网等信息网络发布的商品或者服务信息符合要约条件的,对方选择该商品或者服务并提交订单成功时合同成立,但是当事人另有约定的除外。"也就是说,若当事人采用信件、数据电文等形式订立合同的,可以在合同成立之前要求签订确认书,签订确认书时合同成立。关于确认书的签订,须至少有一方当事人提出要求,而在确认书签订之前的数据电文等形式在性质上只是一个合同成立之前的初步协议;法律或者当事人对合同成立的程序有特别规定或者约定的,完成规定或约定的时间是合同成立的时间。

而对于当事人之间的合法约定应当遵循。

我国《民法典合同编通则司法解释》对采取招标方式订立合同以及采取现场拍卖、网络拍卖等公开竞价方式订立合同的成立时间也做出了明确的规定,该解释第四条规定:"采取招标方式订立合同,当事人请求确认合同自中标通知书到达中标人时成立的,人民法院应予支持。合同成立后,当事人拒绝签订书面合同的,人民法院应当依据招标文件、投标文件和中标通知书等确定合同内容。采取现场拍卖、网络拍卖等公开竞价方式订立合同,当事人请求确认合同自拍卖师落槌、电子交易系统确认成交时成立的,人民法院应予支持。合同成立后,当事人拒绝签订成交确认书的,人民法院应当依据拍卖公告、竞买人的报价等确定合同内容。产权交易所等机构主持拍卖、挂牌交易,其公布的拍卖公告、交易规则等文件公开确定了合同成立需要具备的条件,当事人请求确认合同自该条件具备时成立的,人民法院应予支持。"

二、合同成立的地点

合同成立的地点涉及确定法院管辖权以及选择法律的适用等问题,因此加以明确十分必要。

我国《民法典》第 492 条规定:"承诺生效的地点为合同成立的地点。采用数据电文形式订立合同的,收件人的主营业地为合同成立的地点;没有主营业地的,其住所地为合同成立的地点。当事人另有约定的,按照其约定。"其中承诺生效的地点有两种不同情况,如果承诺是以通知的形式作出的,则承诺通知到达的地点为承诺生效的地点;如果承诺是以行为作出的,则承诺行为作出的地点为承诺生效的地点。需要注意的是,营利法人从事其主要经营活动的地点为主营业地;按照《民法典》第 25 条的规定:"自然人以户籍登记或者其他有效身份登记记载的居所为住所,其经常居所与住所不一致时,其经常居所为住所。"同时,《民法典》第 493 条还规定:"当事人采用合同书形式订立合同的,最后签名、盖章或者按指印的地点为合同成立的地点,但是当事人另有约定的除外。"

第四节 合同的内容和形式

一、合同的内容

对合同内容的理解可以从两个角度出发:①从合同关系的角度出发,合同的内容是指依照法定或约定所产生的合同权利和合同义务;②从合同内容的具体表现角度出发,可以将其理解为合同的具体条款。

(一)合同的权利与义务

合同的权利和义务在性质上具有相对性,除了法律或者合同另有规定之外,只有合同的当事人才能享有合同所规定的权利,也只有合同的当事人才有履行合同的义务,即合同当事人无权为他人设定合同上的义务。

1.合同权利

合同权利又称为合同债权,主要是指债权人依据合同约定所享有的请求债务人为特定行为的权利。合同权利主要作为一种财产权利,其权能重点体现在以下几个方面:

第一,请求履行和接受履行的权利。它是指合同债权人有权按照合同的约定请求合同债务人为一定行为或不为一定行为。例如,买卖合同中,买方在交付货款之后有权要求卖方交付货物。接受履行既是债权人的权利也是债权人的义务。

第二,请求保护债权的权利。当债务人或第三人的行为对合同债权人的债权实现构成侵害时,债权人依法享有采取合法形式保护债权的权利。此项权利体现在以下两个方面:一是保全债权的权利,是指法律为防止债务人的财产不当减少而给债权人的债权带来危害,允许债权人对于债务人或第三人的行为行使代位权或者撤销权,这两项权利是由法律直接规定的,属于债权人的法定权能,而无须合同的约定;二是违约救济请求权,当合同债务人不履行或不适当履行合同债务时,债权人有权请求国家机关予以保护,要求债务人承担相应的违约责任。

第三,处分债权的权能。合同债权属于财产权利,当事人对其有合法的处分权,如将合同债权进行转让、免除甚至抛弃债权等,这完全符合契约自由的原则。

2.合同义务

相对于合同权利的概念,合同义务主要是指缔约人一方依照合同约定所应当向对方当事人承担的义务。合同义务主要包括给付义务和附随义务。

其中给付义务又可以分为主给付义务和从给付义务。主给付义务,简称主义务,是指合同关系所固有的、必备的并能够直接决定合同类型的基本义务。从给付义务,简称从义务,是指与主义务存在于同一个合同当中,不具有独立的意义,对主义务具有辅助的功能,其性质不能决定合同的类型,其主要功能在于确保债权人的利益能够获得最大程度上的实现。不论是主给付义务还是从给付义务都是依据法律的规定或合同的约定产生的,而附随义务则是依据诚实信用原则产生的。

附随义务是指合同当事人依据诚实信用原则所产生的,根据合同的性质、目的和交易习惯所应当承担的通知、协助、保密等义务。附随义务包括合同前义务、合同履行中的义务以及后合同义务,此处"附随义务"指的是合同履行中的义务。我国《民法典》第509条第2款规定:"当事人应当遵循诚信原则,根据合同的性质、目的和交易习惯履行通知、协助、保密等义务。"就是将这一附随义务上升到了法定义务层面。附随义务的特点主要表现在三个方面。

第一,附随义务的产生依据是诚实信用原则,而不是合同的约定。诚实信用原则是现代私法的基本原则之一,它要求从事民事活动的各民事主体应当诚实守信,以善意的方式履行其义务,此种义务具有强行性,当事人不能在合同中通过约定排除附随义务的适用。

第二,附随义务是随着主给付义务的产生而产生的,附随义务不能独立于主合同义务而存在。因为如果主合同的权利义务法律关系不存在,那么在主体之间也就不可能产生契约上的权利义务关系,而诚信原则当然无从提起,附随义务也就丧失了产生的基础。因此,附随义务是以主给付义务的产生为基础的。

第三,附随义务的内容因合同性质以及合同内容的不同而有不同的表现形式。也就是说,在合同关系中,当事人应当承担什么样的附随义务,是根据合同的性质及合同关系的发展而逐步加以确定的。

(二)合同的条款

合同的权利和义务反映在具体的合同当中就是合同的条款,同样,合同条款直接反映的是合同的具体内容,我们可以将合同条款分为以下三类。

1.合同的基本条款

我国《民法典》第470条规定:"合同的内容由当事人约定,一般包括下列条款:(一)当事人的名称或者姓名和住所;(二)标的;(三)数量;(四)质量;(五)价款或者报酬;(六)履行期限、地点和方式;(七)违约责任;(八)解决争议的方法。"

(1)当事人的名称或者姓名和住所。当事人是合同的主体,在合同中应当首先确定双方当事人的基本情况。这对于确定合同的效力以及促进合同的履行具有重要的意义。

(2)标的。合同的标的是指合同的各方当事人的权利和义务所共同指向的对象,它是一切合同必须具备的首要的、基本的条款。合同的种类不同,其标的的种类也会有多种表现,有形财产、无形财产、劳务、工作成果等。

(3)数量。它是以具体的数字和计量单位来衡量合同标的的具体标准,在数量条款中,除了要明确具体的数字、计量单位和计量方法之外,还应当规定合理的磅差、尾差(卖方实际交货数量与合同规定的交货数量之间的最大正负差额)以及合理的损耗。

(4)质量。它是指合同标的的内在素质和外部形态的综合特征,它直接关系到当事人权利的实现,因此,合同中应当明确约定标的的质量标准或确定质量的方式,如以特别说明确定标的的质量、看货确定质量等。

(5)价款或报酬。价款是指当事人取得标的物应当支付的代价;而酬金则是获得服务应支付的代价,这一条款只是在有偿合同中存在。除执行国家定价或法律法规有特别规定的以外,当事人可以自由约定价款或报酬的具体数额或计算方法。

(6)履行期限、履行地点和履行方式。履行期限直接关系到合同义务完成的时间,它可以分为即时履行、定期履行、分期履行或在合理期限内履行,如果是分期履行,尚应写明每期的准确时间;履行地点关系到合同义务的承担、费用的负担和合同纠纷案件的法院管辖等,因此,当事人应当明确约定;履行方式是指当事人履行合同义务的具体形式和要求,按照不同的标准可以做不同的分类:按照履行的期次,可以分为一次履行和分期分批履行,按照标的的交付方式可以分为交易现场直接交付、送货式、邮寄式、代办托运式、购货方自提方式等。

(7)违约责任。违约责任是不履行或不完全履行合同所应承担的法律责任,合同中应当明确规定违约致损的计算方法、赔偿范围等。虽然合同中没有约定违约责任并不影响合同的成立和效力,但是一旦发生纠纷就会在如何承担违约责任的问题上争议不断,不利于纠纷的解决。

(8)解决争议的方法,包含解决争议运用什么程序、适用何种法律、选择哪家检验或鉴定机构等内容。争议的解决主要有协商、调解、仲裁、诉讼四种途径。按照我国《中华人民共和国仲裁法》(以下简称《仲裁法》)的规定,在仲裁和诉讼之间,当事人只能选择其一,如果有仲裁协议或仲裁条款则法院一般情况下不会受理当事人的诉讼;而一旦当事人选定仲裁的方式解决纠纷则不得再将同一纠纷诉诸法院,而且仲裁裁决具有终局效力,只有在特殊情况下才能要求撤销,这就是我们所说的"或裁或诉""一裁终局"的原则。

2.根据法律规定或按合同性质必须具备的条款

除了提示性的合同基本条款之外,根据法律或合同的性质,有些合同还需要具备一些特殊性的条款,如建筑工程合同中必须具备有关防止污染的条款。

3.当事人协商一致的条款

本着意思自治的原则,合同当事人可以约定合同的条款,但内容不得违反法律、法规和公序良俗。

二、合同的形式

合同的形式是合同成立的外在表现方式,是合同内容的载体。我国《民法典》第469条规定:"当事人订立合同,可以采用书面形式、口头形式或者其他形式。书面形式是合同书、信件、电报、电传、传真等可以有形地表现所载内容的形式。以电报、电传、传真、电子数据交换、电子邮件等方式能够有形地表现所载内容的形式,以电子数据交换、电子邮件等方式能够有形地表现所载内容,并可以随时调取查用的数据电文,视为书面形式。"可见,我国法律规定的合同形式有三种:口头形式、书面形式和其他形式。此处所说的其他形式即指的是行为默示形式,又称为推定形式,或称意思实现形式,指合同当事人以某种表明法律意图的行为间接地表示合同内容的合同形式。《民法典》第484条第2款规定:"承诺不需要通知的,根据交易习惯或者要约的要求作出承诺的行为时生效。"这便是对行为默示形式的法律认可。

《民法典》第490条第2款规定:"法律、行政法规规定或者当事人约定合同应当采用书面形式订立,当事人未采用书面形式但是一方已经履行主要义务,对方接受时,该合同成立。"由此可见,我国《民法典》对合同形式兼采要式与不要式规则,且辅以实际履行原则作为补充。

思考题

1. 要约的概念及要件是什么?
2. 承诺的概念及要件是什么?
3. 要约和要约邀请的区别有哪些?
4. 要约与承诺的法律效力是什么?
5. 强制缔约的概念是什么?
6. 如何理解对格式条款的解释?
7. 格式条款订入合同的规则有哪些?
8. 合同的主要条款有哪些?

第五章 合同的效力

【本章概要】合同是民事主体之间设立、变更、终止民事法律关系的协议。依法成立的合同,受法律保护。本章主要学习合同的有效、无效、可撤销、效力的补正以及缔约过失责任;从合同的成立、生效和效力中止入手,介绍合同有效、无效、可撤销、效力待定的概念和合同无效的分类;重点掌握合同的有效要件,合同无效的原因,合同可撤销的原因,效力待定合同的三种主要类型;注意区分合同的有效和生效,以及合同无效、可撤销、效力待定三者区别。缔约过失责任作为在合同缔结过程中产生的合同责任在合同被认定为无效、被撤销之后,是当事人寻求权利救济的重要依据。

【本章难点】正确判断合同的效力状态。

【引　题】根据《民法典》的规定,下列哪些合同是无效合同?
A.李某欺骗周某签订的房屋买卖合同
B.7岁的王某签订合同以800元购买价值8000元的电脑
C.黄某和张某签订的比特币交易合同
D.王某和李某签订的年利率45%的借款合同

第一节　合同效力概述

一、合同效力的概念

合同的效力又称合同的法律效力,是指法律赋予依法成立的合同具有拘束当事人各方的强制力。合同的效力表现在对内、对外两个方面:对内效力是指合同对合同当事人的效力;对外效力是指合同对第三人的效力。一般情况下,合同的权利义务具有相对性,只能约束缔约双方当事人,但是在特殊情况下,合同效力也会对合同当事人之外的第三人发生。合同效力的拘束力要求当事人对依法成立的合同负有适当履行合同的义务,不得擅自变更、解除合同,不得擅自转让合同权利义务,承担法律规定的附随义务并依法承担违约责任。

合同当事人之所以要自觉地遵守契约,是因为他能够取得对方的给付,这是合同具有拘束力的自律基础。合同既存在于当事人之间,也存在于社会关系之间,它不仅是当事人利益的交换,其交换也涉及到社会秩序。当事人的利益是社会利益的一部分,对社会有极大的影响,所以法律必须对于这种利益予以关照,以维护人们赖以生存的社会秩序。正是由于法律对合理利益的保护,才使得契约得以强制履行,当事人如果违反就承担相应的契约责任。从本质上说,合同的效力是指法律对私人行为的评价。意思自治是合同的灵魂,但是当事人意思自由并不意味着毫无限制地发生其预设的效果。意思自治具有一定的法律边界,只有在法律框架范围内才能发生法律效力,任何对意思自治的违反都会超越法律的界限,自然不能允许其生效并且法律要对其进行否定性评价,如果违反社会利益,那么其他个人利益以及当事人预设的效果均将被法律所切断。另外,意思自治不能违反公平原则,当当事人之间的利益发生严重不平等时,法律就应当对其施加一定的影响,如信息的不对称和当事人的欺诈导致当事人之间的利益不平衡时,法律就对合同的均衡性施加影响,以实现公平的需要。

二、合同的成立、生效和效力中止

(一)合同的成立与合同的生效

当事人之间的意思表示一致时合同即告成立。一般来说,成立后的合同即可生效,除非法律规定或者当事人有约定特别的生效条件。成立的合同只有符合法律的要求才会生效,与法律的要求相抵触则会被法律否定,或归于无效,或得撤销,或效力未定。合同因为不具备生效要件不能完全或完全不能按照当事人意愿赋予其法律效果,至少暂时不能发生履行的效果。有学者认为,合同有效和合同生效存在细微的差异。合同符合《民法典》第143条规定的有效要件时合同有效,但只有当合同具备了履行条件时合同才能生效。例如,买卖合同一般自双方签字盖章合同有效,同时生效。但是某些合同需要在双方当事人签字盖章后经行政主管部门批准才能生效。那么,该合同在双方签字盖章后即为有效合同,而只有当行政主管部门批准后该合同才生效。

根据我国《民法典》第502条及其他相关条文的规定,合同生效的时间可分为以下四种情况:

1.合同自成立时生效

合同生效的一般时间界限,是合同依法成立。在这种情况下,合同成立和合同生效的时间是一致的。

2.合同自批准等手续办理完成时生效

我国《民法典》第502条第2款规定:"依照法律、行政法规的规定,合同应当办理批准等手续的,依照其规定。"即依照法律、行政法规规定应当办理批准等手续才生效的合同,在办理了相关手续时生效。如果没有办理批准等手续,该合同不生效,但不是合同无效,仍然可以通过补办报批手续而使其生效。同时,未办理批准等手续,并不影响合同中履行报批等义务条款以及相关条款的效力。应当办理申请批准等手续的当事人未履行义务的,对方可以请求其承担违反该义务的责任。

对此,我国《民法典合同编通则司法解释》第12条规定:"合同依法成立后,负有报批义务的当事人不履行报批义务或者履行报批义务不符合合同的约定或者法律、行政法规的规定,对方请求其继续履行报批义务的,人民法院应予支持;对方主张解除合同并请求其承担违反报批义务的赔偿责任的,人民法院应予支持。人民法院判决当事人一方履行报批义务后,其仍不履行,对方主张解除合同并参照违反合同的违约责任请求其承担赔偿责任的,人民法院应予支持。

合同获得批准前,当事人一方起诉请求对方履行合同约定的主要义务,经释明后拒绝变更诉讼请求的,人民法院应当判决驳回其诉讼请求,但是不影响其另行提起诉讼。负有报批义务的当事人已经办理申请批准等手续或者已经履行生效判决确定的报批义务,批准机关决定不予批准,对方请求其承担赔偿责任的,人民法院不予支持。但是,因迟延履行报批义务等可归责于当事人的原因导致合同未获批准,对方请求赔偿因此受到的损失的,人民法院应当依据《民法典》第157条的规定处理。"

3.合同自所附条件成就时生效

我国《民法典》第158条规定:"民事法律行为可以附条件,但是根据其性质不得附条件的除外。附生效条件的民事法律行为,自条件成就时生效。附解除条件的民事法律行为,自条件成就时失效。"当事人对合同的效力可以约定附条件。附条件的合同是指当事人在合同中特别规定一定的条件,以条件是否成就来决定合同效力发生或消灭的合同。条件是将来可能发生也可能不发生的不确定的事实,而且合同当事人所附的条件必须是符合法律规定且符合公序良俗的条件。

附生效条件(又称为延缓条件)的合同,自条件成就时生效;附解除条件(又称为消灭条件)的合同,自条件成就时失效。当事人为自己的利益不正当地阻止条件成就的,视为条件已经成就;不正当地促成条件成就的,视为条件不成就。我国《民法典》第159条规定:"附条件的民事法律行为,当事人为自己的利益不正当地阻止条件成就的,视为条件已经成就;不正当地促成条件成就的,视为条件不成就。"

4.合同自所附期限届至时生效

我国《民法典》第160条规定:"民事法律行为可以附期限,但是根据其性质不得附期限的除外。附生效期限的民事法律行为,自期限届至时生效。附终止期限的民事法律行为,自期限届满时失效。"

当事人对合同的效力可以约定附期限。附期限的合同,是指当事人在合同中设定一定的期限,并把期限的到来作为合同效力的发生或消灭根据的合同。附期限和附条件的不同在于期限是确定会到来的,而条件的成就与否是不确定的。

附生效期限(又称为延缓期限)的合同,自期限届至时生效;附终止期限(又称为解除期限)的合同,自期限届满时失效。

(二)合同效力的中止

合同生效后的法律拘束力因一定事由的出现而发生暂停,即合同效力的中止。合同中止,债权人请求债务人履行,债务人有权抗辩。合同中止事由消除后,合同效力可得以恢复。例如,我国《中华人民共和国保险法》(以下简称《保险法》)第二章第36条第1款规定:"合同约定分期支付保险费,投保人支付首期保险费后,除合同另有约定外,投保人自保险人催告之日起超过三十日未支付当期保险费,或者超过约定的期限六十日未支付当期保险费的,合同效力中止,或者由保险人按照合同约定的条件减少保险金额。"第37条第1款规定:"合同效力依照本法第三十六条规定中止的,经保险人与投保人协商并达成协议,在投保人补交保险费后,合同效力恢复。但是,自合同效力中止之日起满二年双方未达成协议的,保险人有权解除合同。"

三、合同的有效要件

所谓合同的有效要件,是指法律评价合同效力的标准。对于符合有效要件的合同,赋予当事人同意的法律效力;对不符合有效要件的合同,根据不同情况,可分别按未生效、无效、可撤销或效力待定等合同效力瑕疵处理。按照我国《民法典》第143条的规定,合同的有效要件应包括:行为人具有相应的民事行为能力;意思表示真实;不违反法律、行政法规的强制性规定,不违背公序良俗。当然一些特殊的合同有特殊的有效要件,如需具备一定的形式或经国家有关行政主管部门的批准等。

(一) 行为人具有相应的行为能力

基于合同是当事人就权利义务达成一致的意思表示的本质含义,合同欲发生法律效力,当事人应当具有相应的意思表示能力和为自己行为负责的能力。各国立法均将行为人具有相应的行为能力作为合同有效的要件。如果法律承认"不能或完全不能预见自己行为后果的当事人"签订的合同的法律效力,则将给当事人带来不利甚至损害。

自然人签订合同应当具有完全民事行为能力,但对于纯获利益而不需要承担法律义务的合同,限制民事行为能力人可以成为该类合同的主体。这一例外规定符合立法对未成年人利益保护的目的,兼顾对合同相对方的期待利益和信赖利益的适当保护。我国《民法典》第145条第1款前半部分规定:"限制民事行为能力人实施的纯获利益的民事法律行为或者与其年龄、智力、精神健康状况相适应的民事法律行为有效;实施的其他民事法律行为经法定代理人同意或者追认后有效。"此类合同包括接受奖励、赠与、乘坐交通工具、进入游乐场、缴付学费、旅费等。法条中所谓纯获利益并不是指行为人在经济上通过计算而获得利益,而是指行为人仅仅获得权利而不承担义务。例如,未成年人以800元的价格购买了一个价值8 000元的电脑,则不是法条中所指纯获利益的行为。纯获利益的判定标准不是此项法律行为在结果上是否给未成年人带来利益,而是看是否给未成年人产生法律负担。需要注意的是,上述法律条文规范主体为限制民事行为能力人。对于无民事行为能力人所订合同效力,《民法典》并没有直接规定。根据列举其一即否定其他的法律解释规则,无行为能力人订立的任何合同均为无效。另外,在行为能力的问题上,并无保护善意第三人的适用空间,即尽管第三人从外表观察来看,未成年人看起来和成年人一样且自己对未成年的事实并不知情,合同的效力均不受任何影响。

法人的行为能力与权利能力相一致,法人的权利能力受限于法人的目的范围。例如,公司应当在其经营范围内从事经营活动,那么,公司超出经营范围订立合同是否有效？我国《民法典》第505条规定:"当事人超越经营范围订立的合同的效力,应当依照本法第一编第六章第三节和本编的有关规定确定,不得仅以超越经营范围确认合同无效。"理解这一法条,需要注意两点:一是超越经营范围的合同,一般不确认无效,除非违反国家限制经营、特许经营以及法律、法规禁止经营的规定;二是超越经营范围订立合同,违反行政管理规定,可能要承担行政责任。法人的行为由其法定代表人或者负责人实施,法人的章程常常对法定代表人或负责人的权限进行限制。那么,法定代表人或负责人越权订立合同是否对法人产生法律效力？我国《民法典》第504条规定:"法人的法定代表人或者非法人组织的负责人超越权限订立的合同,除相对人知道或者应当知道其超越权限外,该代表行为有效,订立的合同对法人或者非法人组织发生效力。"法定代表人或负责人如果越权订立合同,需要受到法人内部的责任追究。

根据《民法典》第102条到108条的规定,合伙企业、法人的筹备组织等其他非法人组织有资格独立订立合同。

根据法律、法规规定订立合同需要具备相应资质的,该订约人应当具备相应资质,否则,合同无效,除非法律另有规定。例如,《最高人民法院关于审理建设工程施工合同纠纷案件适用法律问题的解释》(以下简称《建设工程施工合同解释》)(一)第1条第1项、第2项规定:"在建设工程合同中,承包人得具有建筑施工企业的资质,如果承包人未取得建筑施工企业资质或者超越资质等级或者没有资质的实际施工人借用有资质的建筑施工企业名义签订的建设工程施工合同无效。"但根据《建设工程施工合同解释》(一)第4条规定:"承包人超越资质等级许可的业务范围签订建设工程施工合同,在建设工程竣工前取得相应资质等级,当事人请求按照无效合同处理的,人民法院不予支持。"

电子合同的签订通过网络进行,对当事人有无相应行为能力不易考查。如果按传统合同的要求考虑当事人的行为能力,则成本高昂,丧失电子合同的优势。我国《中华人民共和国电子商务法》第48条规定:"电子商务当事人使用自动信息系统订立或者履行合同的行为对使用该系统的当事人具有法律效力。在电子商务中推定当事人具有相应的民事行为能力。但是,有相反证据足以推翻的除外。"因此,一般情况下,订立合同当事人不得以欠缺相应行为能力为由否定合同的效力。

(二)意思表示真实

在合同签订过程中,或因主观客观、内在外在等因素(如因自己的重大误解、相对人乘己之危、受欺诈或胁迫等），致使合同当事人内心真实意思与表达出来的行为信息不相一致，如此常常将自己置于未预想的交易关系之中，受到意志范围之外的义务的约束。意思表示不真实，背离契约自由和契约正义的法律价值，必然受到法律上的绝对或相对的否定性评价。在学理上，将当事人内心真实意思称之为效果意思，将当事人表达出来的行为称为之表示行为。如果法律侧重强调对表意人利益的保护，则为意思主义；相反，如果法律侧重于对交易安全或者相对人利益的保护，则为表示主义，法律在两者之间相互融合、相互借鉴，则为折中主义。意思表示不真实，即效果意思与表示行为不一致的，应根据不同情形确定合同效力。根据我国《民法典》的规定，存在重大误解、因乘人之危显示公平、欺诈、胁迫等情形，合同可被撤销，其他情形下一般不影响合同的效力。

（三）不违背法律、行政法规的强制性规定

合同违反法律必然影响合同的效力。我国《民法典》第153条规定："违反法律、行政法规的强制性规定的民事法律行为无效。但是，该强制性规定不导致该民事法律行为无效的除外。违背公序良俗的民事法律行为无效。"

从法律范围而言，法律包括全国人大及其常务委员会颁布的法律和国务院颁布的行政法规。一般而言，对其他行政文件的违反并不影响合同的效力。从法律的性质而言，立法上限定只有违反强制性法律规范才影响合同的效力。以规范目的解释，关于基本社会秩序的规定、关于私法自治前提性的规定、保护第三者信赖和交易安全的规定、保护经济弱者利益的规定等，均属于强制性规定。依司法政策规定，强制性规定尚可区分效力性强制规定和管理性强制规定，违反效力性强制规定无效，违反管理性强制规定一般不影响合同效力。

（四）不违背公序良俗

社会生活广泛而复杂，法律无法针对所有情况作出规定。公序良俗反映了一定时期一定社会的基本价值取向，合同不得违反公序良俗是民事活动应当坚守的最后一道防线。公序良俗的内涵和外延具有很大的伸缩性，通常反映了社会不特定多数人的利益，如社会生活的政治基础、公共秩序、道德准则和风俗习惯等。将不违背公序良俗作为合同的有效要件，有利于弥补社会发展导致法律与现实的脱节的不足，也有利于社会道德、社会伦理、社会风气的淳化。

第二节 合同的无效

一、合同无效概述

(一) 合同无效的概念及特征

对欠缺有效要件且绝对禁止按照当事人的意思赋予法律效果的合同的否定性评价,即为合同无效。无效合同自始绝对不发生法律效力,无效合同的确认权在法院而不在当事人或第三人,反映了国家对私人契约关系的干预和评价态度。

无效合同具有以下几个特点:第一,违法性。违法性是指合同无效的原因是违反了法律或行政法规的强制性规定以及公序良俗,而不是违反了双方的约定或法律的任意性规范。第二,无效合同的不得履行性。不得履行性是指因为违法而导致无效的合同不发生法律的拘束力,当事人不能够按照合同的约定履行,即使履行合同也不会受到法律的保护,而不履约也不用承担违约责任。第三,自始无效、绝对无效性。自始无效是指合同一旦被确认为无效将会发生溯及力,溯及合同订立之时,即合同自成立时起就不具有法律上的拘束力。绝对无效是指因其违法性导致合同的整体无效,不会因部分的修正而使其重新产生法律效力。

(二) 合同无效的分类

1. 绝对无效和相对无效

绝对无效是指合同自始、绝对、当然地无效。无效合同自合同成立时即不发生当事人所预想设定的效力,也绝对当然地不会按照当事人意思表示的内容发生效力,合同当事人、利害关系人及其他任何人均可主张。相对无效有两种理解:其一,在合同无效的范畴下,如果合同仅对特定人不生效力,对其他人则发生法律效力,则该合同为相对无效。如根据《民法典》第 546 条第 1 款规定,转让债权的协议,在未将债权转让的事实通知债务人时,对债务人不发生法律效力。其二,在合同瑕疵的范畴下,相对无效指合同的可撤销,即虽然法律对意思表示瑕疵的合同不作否定性评价,但法律赋予受不利影响的人在一定时期根据自己利益衡量作出合同无效或有效的决定的权利。

2.自始无效和嗣后无效

自始无效是指合同因成立时存在无效原因而自始无法律拘束力。嗣后无效是指合同在成立时并不违反法律规定，符合有效要件，因新法颁布或法律修正的原因，使合同因违反强制性规定而归于无效。如果法律变化时合同已经履行完毕或者因法律变化产生履行不能，均不宜按照合同嗣后无效处理。

3.全部无效和部分无效

如果合同无效的原因存在于合同的部分内容，则为该部分无效。根据我国《民法典》第156条的规定，如果只是合同内容中的一部分无效，不影响合同其他部分效力的，其他部分仍然有效。

二、合同无效的原因

我国《民法典》第144条、第146条、第153条及第154条分别规定了以下五种可导致合同无效的原因。

(一) 无行为能力人签订的合同无效

我国《民法典》第144条规定："无民事行为能力人实施的民事法律行为无效。"合同当事人若为无民事行为人，则其签订的合同因欠缺有效要件而归于无效。但也有学者认为，作为法律行为的合同签订，须以意思表示为要素。无行为能力人没有作出意思表示的能力，不可能进行订立合同的法律行为，因此，从解释论角度讲，该签订的合同应当认定为不成立而不是无效。[①]

(二) 以虚假意思表示而签订的合同，虚假表示的意思无效

虚假意思表示，也称为虚伪意思表示，是指当事人通谋作出虚假意思表示以掩饰真实意愿的意思。与虚假意思表示相对的是隐匿行为，虚假意思表示为无效行为，隐匿行为可基于案情认定为有效、无效、可撤销或效力待定。《民法典》第146条第2款规定："以虚假的意思表示隐藏的民事法律行为的效力，依照有关法律规定处理。"例如，"明股实债"的合同，股权法律关系无效，借贷关系根据法律规定认定效力，如果构成高利转贷、高息借贷等则被认定为无效，符合法律规定的则可认定有效。

对于当事人之间就同一交易订立多份合同的效力问题，我国《民法典合同编通则司法解释》第14条第一款规定："当事人之间就同一交易订立多份合同，人民法院应当认定其中以虚假意思表示订立的合同无效。当事人为规避法

---

① 崔建远主编：《合同法》（第七版），北京：法律出版社2021年版，第79页。

律、行政法规的强制性规定,以虚假意思表示隐藏真实意思表示的,人民法院应当依据《民法典》第 153 条第 1 款的规定认定被隐藏合同的效力;当事人为规避法律、行政法规关于合同应当办理批准等手续的规定,以虚假意思表示隐藏真实意思表示的,人民法院应当依据《民法典》第 502 条第 2 款的规定认定被隐藏合同的效力。"

(三)违反法律、行政法规效力性强制性规定的合同无效

违反法律、行政法规效力性强制性规定作为合同无效的理由之一,与前述有效合同的构成要件——不违反法律、行政法规效力性强制性规定在内容上完全一致。为免于重复,此处仅对效力性强制性规定之认定做进一步解释。强制性规定,与任意性规定相对,是指直接规定人们的意思表示或事实行为,不允许人们以其意思加以变更或排除适用,否则,将受到法律制裁的法律规定。包括:①关于意思自治以及意思自治形式要件的规定,如行为能力、意思表示生效的要件、合法行为类型等;②保障交易稳定、保护第三人之信赖的规定;③为避免严重不公平后果或为满足社会要求而对意思自治予以限制的规定。效力性的强制性规定,是指对违反强制性规定的私法上的行为,在效力后果上以私法上的方式予以一定制裁的强制性规定。也就是说,当事人所预期的私法上的法律效果会受到一定的消极影响,或无效,或效力待定等。① 管理性的强制性规定,则是指它被违反后,当事人所预期的私法上的效果不一定会受到私法上的制裁的强制性规定,但是这并不排除他可能受到刑事上或行政上的制裁。德国法称之为纯粹管理规定,日本和中国台湾法称之为单纯取缔规定。②

对于合同违反法律、行政法规的强制性规定,由行为人承担行政责任或者刑事责任能够实现强制性规定的立法目的的,人民法院可以认定其属于该合同不因违反强制性规定而无效,具体在我国《民法典合同编通则司法解释》第 16 条中规定了 5 种情形:一是强制性规定虽然旨在维护社会公共秩序,但是合同的实际履行对社会公共秩序造成的影响显著轻微,认定合同无效将导致案件处理结果有失公平公正;二是强制性规定旨在维护政府的税收、土地出让金等国家利益或者其他民事主体的合法利益而非合同当事人的民事权益,认定合同有效不会影响该规范目的的实现;三是强制性规定旨在要求当事人一方加强风险控制、内部管理等,对方无能力或者无义务审查合同是否违反强制性规定,认定合同无效将使其承担不利后果;四是当事人一方虽然在订立合同时违反强制性

---

① 耿林著:《强制规范与合同效力》,北京:中国民主法制出版社 2009 年版,第 85 页。
② 耿林著:《强制规范与合同效力》,北京:中国民主法制出版社 2009 年版,第 87 页。

规定,但是在合同订立后其已经具备补正违反强制性规定的条件却违背诚信原则不予补正;五是法律、司法解释规定的其他情形。同时该条还规定"法律、行政法规的强制性规定旨在规制合同订立后的履行行为,当事人以合同违反强制性规定为由请求认定合同无效的,人民法院不予支持。但是,合同履行必然导致违反强制性规定或者法律、司法解释另有规定的除外。"

对于那些合同虽然不违反法律、行政法规的强制性规定,但人民法院也应当依据民法典第135条第2款的规定认定合同无效的情形,我国《民法典合同编通则司法解释》第17条规定了3种:一是合同影响政治安全、经济安全、军事安全等国家安全的;二是合同影响社会稳定、公平竞争秩序或者损害社会公共利益等违背社会公共秩序的;三是合同背离社会公德、家庭伦理或者有损人格尊严等违背善良风俗的。同时,该条还规定:"人民法院在认定合同是否违背公序良俗时,应当以社会主义核心价值观为导向,综合考虑当事人的主观动机和交易目的、政府部门的监管强度、一定期限内当事人从事类似交易的频次、行为的社会后果等因素,并在裁判文书中充分说理。当事人确因生活需要进行交易,未给社会公共秩序造成重大影响,且不影响国家安全,也不违背善良风俗的,人民法院不应当认定合同无效。"

同时司法解释还对是否违背公序良俗的问题进行了规定:"人民法院在认定合同是否违背公序良俗时,应当以社会主义核心价值观为导向,综合考虑当事人的主观动机和交易目的、政府部门的监管强度、一定期限内当事人从事类似交易的频次、行为的社会后果等因素,并在裁判文书中充分说理。当事人确因生活需要进行交易,未给社会公共秩序造成重大影响,且不影响国家安全,也不违背善良风俗的,人民法院不应当认定合同无效。"

(四)不违背公序良俗

公序良俗通常解释为公共秩序和善良风俗。考虑到法律不可能预见性规定一切违反道德的合同行为,故将善良风俗作为一项抽象和弹性原则对合同行为加以规范。拉伦茨认为,善良风俗包括两方面的含义:①以现今社会"占统治地位的道德"作为行为标准;②法律本身内在的伦理性的价值和原则。然而,善良风俗作为合同法的行为规范和裁判规范,应当具体化,而且,"占统治地位的道德"也会随着社会的发展而变化。因此,定义善良风俗难度较大,一般可以类型化的方法阐释。参考国内外判例,违反性道德的合同、赌博合同、侵害人格或人格尊严的合同、违反家庭伦理道德的合同、违反职业道德的合同以及违反人类一般道德等违背公序良俗的合同,以及对经济弱者的剥夺、为己私利而不顾后果的掠夺、故意给相对人制造假象等为社会普遍反对的不公平和商业道德的合同,均应认定为无效。善良风俗是法律在道德和诚实交易方面的评价,公共秩序则涉及公共安全和外部秩序,是社会秩序和政治秩序的基础,它是外国法在本国适用的界限,而并非扩大解释适用于善良风俗。① 与善良风俗不同,公共秩序反映和保护国家与社会的根本利益,表现了国家对社会生活的积极干预。违反公共秩序可分为以下类型:①违反国家公共秩序,如学历证明买卖合同、规避税收合同等;②限制经济自由合同,如限制职业自由合同、限制市场竞争合同等;③违反公平竞争合同,如围标合同、串通违反对第三人的合同义务的合同等;④违反消费者保护合同,如不当劝诱合同等。

(五)行为人与相对人恶意串通,损害他人合法权益民事法律行为无效

我国《民法典》第154条规定:"行为人与相对人恶意串通,损害他人合法权益的民事法律行为无效。"恶意串通,是指行为人与相对人互相勾结,为谋取私利而实施的损害他人合法权益的民事法律行为。恶意串通的民事法律行为在主观上要求双方有互相串通、为满足私利而损害他人合法权益的目的,客观上表现为实施了一定形式的行为来达到这一目的。

除了以上五种导致合同无效的原因之外,法律还规定了合同免责条款的无效,我国《民法典》第506条规定"合同中的下列免责条款无效:(一)造成对方人身损害的;(二)因故意或者重大过失造成对方财产损失的。"

第三节 合同的撤销

一、合同撤销概述

合同的撤销,是指因合同意思表示存在瑕疵,受不利影响的合同当事人在一定时期内根据利益衡量,使已经生效的合同失去法律效力的单方法律行为。存在意思表示瑕疵的合同称之为可撤销合同,享有撤销权的当事人行使撤销权得使合同归于无效,如果在一定时期内没有行使撤销权,则合同继续有效。合

---

① [德]迪特尔·梅迪库斯著,邵建东译:《德国民法总论》,北京:法律出版社2000年版,第514页。

同的无效制度和可撤销制度,均是法律对欠缺有效要件合同的否定性评价。当合同违反法律禁止性规定,侵害社会公共利益时,合同绝对无效。无效合同自始不发生法律效力,且只有法院或仲裁机构有权确认合同无效。当合同欠缺有效要件侵害个人利益时,合同得撤销,为相对无效。合同的撤销,其特征表现在以下几个方面。

(1)合同的撤销是因为当事人的意思表示不真实。可撤销合同是由于订立合同的意思表示不是出自当事人的真意,即双方当事人的合意不真实,存在瑕疵。

(2)合同的撤销要由撤销权人行使撤销权来实现。对无撤销权的另一方当事人来说,该合同具有完全的约束力,在合同撤销之前,应当按照约定履行。

(3)在撤销权行使之前,合同是效力确定的,当事人必须按约履行,而一旦撤销权人行使了撤销权则该合同自始无效。

二、合同可撤销原因

(一)重大误解

《民法典》第147条规定:"基于重大误解实施的民事法律行为,行为人有权请求人民法院或者仲裁机构予以撤销。"从大陆法系各国《民法典》的立法来看,均使用"错误",而没有使用"误解",而我国从《中华人民共和国民法通则》开始,立法和学理均采取了"误解"这一概念。根据梁慧星、董安生等学者理解,我国法上的"误解"应当与大陆法系上的"错误"作相同的解释。[①] 根据误解发生的阶段不同,误解可发生在意思形成阶段、决定使用何种符号表示阶段、表达阶段、意思运送阶段以及意思理解阶段等;根据误解的类型,误解可分为动机错误、内容错误、表述错误、传达错误以及受领错误等。我国《民法典》中的"重大误解"是指行为人因对行为的性质、对方当事人、标的物等的错误认识,使行为的后果与自己的意思相悖。由此可见,我国法上的误解是指合同内容错误的规定。[②] 可见重大误解的构成需要具备以下几个条件:一是表意人对合同的主要内容发生了重大的误解;二是重大误解是因为误解者自己的过错(一般是过失)造成的,如果是因为对方当事人的欺诈行为造成的,则构成欺诈;三是表意人因为重大误解作出了订立合同的意思表示,其错误认识与行为后果之间存在

[①] 梁慧星著:《民法总论》,北京:法律出版社1996年版,第169页;董安生著:《民事法律行为》,北京:中国人民大学出版社1994年版,第209页。

[②] 李永军著:《合同法》(第六版),北京:中国人民大学出版社2021年版,第97页。

因果关系,即若无这种错误认识,将不会产生该行为后果;四是重大误解的结果是使得误解者的利益受到较大的损失或者根本达不到误解者订立合同的目的。

对行为性质认识的错误是指对行为的法律性质认识错误,如误以借贷为赠与、误以出租为出卖等;对对方当事人认识的错误,是指在以信用、感情以及特殊关系和特定技能为基础的合同中,一方的本意不是与合同对方当事人而是欲和特定第三人订立合同,并因对当事人的误解将导致重大损失的错误认识,如信托、委托、保管、信贷、赠与、无偿借贷、演出、承揽等合同中对相对人的误解则构成重大误解;对合同标的物的认识错误,是指对标的物的品种、质量、规格和数量等的错误认识,使当事人承担远远高于其预期的负担或者取得远远低于其预期的利益。一般而言,当事人仅对合同订立动机的错误认识不构成重大误解。

从各国立法例来看,在认定重大误解规则方面,大致分为主观主义和客观主义两种原则。法国、德国、瑞士坚持主观主义的原则,其立法表达的宗旨是:即使一人具有重大过失,也不是阻碍合同撤销的理由,他仍然可以撤销合同。错误的可识别性没有意义,仅仅对撤销权人的赔偿义务具有意义。[①] 而意大利、奥地利等国坚持客观主义,其立法表达的宗旨是:当错误是本质性的并为缔约另一方可识别时,错误是契约得以撤销的原因。总体来讲,尽管法律原则不同,但是立法总是通过对尊重意思自治的完整性和保护交易安全、信赖利益之间进行平衡,实现法律的自身价值。

(二) 欺诈

《民法典》第148条规定:"一方以欺诈手段,使对方在违背真实意思的情况下实施的民事法律行为,对方知道或者应当知道该欺诈行为的,受欺诈方有权请求人民法院或者仲裁机构予以撤销。"民法中的欺诈是指行为人意图使相对方对事实作出错误的判断并以此判断为基础而订立合同时,故意采取陈述虚假事实或者隐瞒真实情况的行为。构成欺诈须符合以下要件:①须有欺诈的事实。欺诈的事实,是指行为人以自己的行为或者语言作出与事实不符的表达,该表达既可以是积极的,也可以是消极的。积极欺诈是指行为人以积极的言辞或行为,提供虚假信息。消极欺诈是指行为人根据法律或者根据诚实信用原则对事实具有说明义务,但行为人故意违反这一义务不作说明。欺诈是行为引诱相对方产生错误认识而订约的手段,欺诈行为应当发生在合同订约前。合同订

[①] [德]迪特尔·梅迪库斯著,邵建东译:《德国民法总论》,北京:法律出版社2000年版,第565页。

约后的虚假陈述或隐瞒事实,不构成合同撤销的理由。另外,根据交易习惯,道德和舆论对于适度的夸大宣传给予一定的宽容,故行为人的手段只有超出了法律、道德或交易习惯所能允许的限度,才构成欺诈。需要注意的是,欺诈行为并不限于合同一方当事人实施。如果第三人实施欺诈行为,而该欺诈行为为合同一方当事人明知或应知时,合同另一方当事人同样享有撤销权。《民法典》第149条的规定就是这种情况,该条规定:"第三人实施欺诈行为,使一方在违背真实意思的情况下实施的民事法律行为,对方知道或者应当知道该欺诈行为的,受欺诈方有权请求人民法院或者仲裁机构予以撤销。"②须有主观故意。明知其向对方陈述的是虚假事实,为使对方陷入错误的认识并基于这种错误认识而为意思表示,行为人希望或者放任这种结果发生,构成故意。只有行为人意图使相对方当事人对事实作出错误的判断并以此判断为基础而订立合同时,对方当事人才能主张撤销合同。妨碍相对人自由意思表示是欺诈的目的,并不要求行为人必须以谋取财产上的不法利益为目的。③须受欺诈人因欺诈而发生错误判断。根据合理信赖规则,认定受欺诈人因欺诈而发生错误判断,需要注意以下三点,第一,当事人决定订立合同是基于对对方欺诈陈述的信赖;第二,信赖须有合理的理由;第三,信赖须对合同的订立起到决定性作用。如果行为人虽然有欺诈行为,但合同相对方订立合同并非基于该欺诈性陈述,或者并非主要基于欺诈性陈述,且合同相对人未尽合理的一般注意义务,则合同相对人不享有撤销权。过分轻信谎言的人不应得到法律的特别保护。①④须有受欺诈人因错误判断而订立合同。合同相对方因受到欺诈而发生错误判断,并基于该错误判断而订立了合同,才构成欺诈。如果合同相对人因受到欺诈发生错误判断,然而并未因此作出订立合同的意思表示,则不构成欺诈。

(三)因危困状态或者缺乏判断能力等显失公平

《民法典》第151条规定:"一方利用对方处于危困状态、缺乏判断能力等情形,致使民事法律行为成立时显失公平的,受损害方有权请求人民法院或者仲裁机构予以撤销。"古典契约理论认为,法律仅仅能够关注缔约程序公正,而不关心结果或者实质的公正。也就是说,如果在缔约过程中,存在错误、欺诈或者胁迫的情形,法律的救济是自然和当然的。如果合同订立的过程当中,当事人是在自由和自愿的基础上达成的协议,尽管不公正,法律也没有必要救济。但随着社会的发展,古典契约理论的观念已经发生了动摇。《德国民法典》第138条第1款规定,违反善良风俗的法律行为无效;第2款规定,法律行为趁他

---

① 尹田著:《法国现代合同法》,北京:法律出版社1995年版,第88页。

人穷困、无经验、缺乏判断能力或者意志薄弱,使其为对自己或者第三人的给付做财产上的利益的约定或担保,而此种财产上的利益比之于给付,显然为不相称者,法律行为无效。① 英美法系中,公平是衡平法的精神,显失公平制度是衡平法的产物。从总体上说,现代意义上的显失公平由两个基本因素构成:一方面,双方权利义务显著失衡,合同的条件不合理的不利于另一方。合同约定的给付不均衡,是指需要根据合同订立时的商业背景、市场情况、合同订立的目的和效果以及交易方式等综合判断。另一方面,订立合同时一方处于显著不利地位,没有能力作出有意义的选择。其原因可能是一方处于危困状态、缺乏判断能力、合同地位显著不平等等。《民法典》关于显失公平的规定,合并原《合同法》上乘人之危与显失公平两类情形,将乘人之危作为原因要件,将显失公平作为结果要件。只有这两个要件同时具备时,合同才是可撤销的。

对于何为缺乏判断能力,我国《民法典合同编通则司法解释》第 11 条规定:"当事人一方是自然人,根据该当事人的年龄、智力、知识、经验并结合交易的复杂程度,能够认定其对合同的性质、合同订立的法律后果或者交易中存在的特定风险缺乏应有的认知能力的,人民法院可以认定该情形构成民法典第一百五十一条规定的'缺乏判断能力'。"

(四)胁迫

《民法典》第 150 条规定:"一方或者第三人以胁迫手段,使对方在违背真实意思的情况下实施的民事法律行为,受胁迫方有权请求人民法院或者仲裁机构予以撤销。"胁迫与欺诈和重大误解一样,均是在意思形成过程中形成的意思瑕疵,但与欺诈和重大误解不同的是,欺诈和重大误解是表意人基于自己的意思表示而为,其意志是自由的;受胁迫而为的合同,表意人并非基于自己判断的本人意思表示,其意志是不自由的。在胁迫的情况下,契约自由和意思自治原则受到严重影响,法律理应予以干预。但不是任何微小的胁迫都需要救济,只有胁迫具有非法性和严重性,才能引起法律的救济,而不能将胁迫作宽泛理解。

法律上的胁迫必须具备以下要件:①应当有胁迫的事实。胁迫既可以表现为语言,也可以表现为具体的行为;既可以是物质的,也可以是精神的;既可以针对相对人本人,也可以针对相对人的利害关系人;胁迫既可以由本人实施,也可以由第三人实施。②胁迫须具有违法性。如果胁迫的手段是非法的,无论所追求的目的是否合法,均可认定具有违法性。例如,债权人以暴力威胁逼迫债

---

① [德]海因·克茨著,周忠海等译:《欧洲合同法》(上),北京:法律出版社 2001 年版,第 190 页。

务人偿还合法债务,可认定手段违法。如果胁迫的目的不合法,尽管手段合法,也可认定具有违法性。如以检举违法犯罪行为胁迫某人支付一定数额的"封口费"。③胁迫与合同的订立具有因果关系。合同的订立是相对人或者第三人胁迫的结果,如果仅有胁迫行为,而没有影响签订合同的意思自由,则不构成法律意义的胁迫。④胁迫必须达到足以影响意思自由的程度。胁迫使对方违背真实意思,影响意思自由,才能得到法律上的救济。

我国《民法典合同编通则司法解释》对于当事人一方在第三人的欺诈胁迫下订立合同的损失也做出了进一步的规定,该解释第5条规定:"第三人实施欺诈、胁迫行为,使当事人在违背真实意思的情况下订立合同,受到损失的当事人请求第三人承担赔偿责任的,人民法院依法予以支持;当事人亦有违背诚信原则的行为的,人民法院应当根据各自的过错确定相应的责任。但是,法律、司法解释对当事人与第三人的民事责任另有规定的,依照其规定。"

三、撤销权的行使和消灭

撤销权是指因违背意思自由原则导致合同当事人享有的依法撤销合同使合同自始归于无效的权利。撤销权属于形成权,权利人仅依单方的意思表示即可使相关的民事法律关系发生变动。享有撤销权的当事人撤销合同,只能通过向人民法院或者仲裁机构提出请求撤销,不能通过向对方当事人提出撤销的意思表示撤销。同时,撤销权必须在法律规定的期限内行使。按照《民法典》152条第1款之规定,享有撤销权的当事人应当自知道或者应当知道撤销事由之日起一年内行使撤销权;重大误解的当事人应当自知道或者应当知道撤销事由之日起九十日内行使撤销权;受胁迫的当事人应当自胁迫行为终止之日起一年内行使撤销权;撤销权行使的后果为合同一旦被撤销,即发生溯及力,合同自始不发生效力。

自知道或者应当知道撤销事由之日起一年内,重大误解的当事人自知道或者应当知道撤销事由之日起九十日内,胁迫情形下当事人自胁迫行为终止之日起一年内,当事人没有行使撤销权,或者当事人知道撤销事由后,明确表示或者以自己的行为表明放弃撤销权,或者当事人自民事法律行为发生之日起五年内没有行使撤销权的,撤销权得以消灭。

第四节 合同效力的补正

一、合同效力补正概述

合同效力的补正,是指由于法律规定的某种原因,合同效力处于不确定状态,经权利人追认或同意,合同欠缺的有效要件得以弥补,合同发生当事人预期的法律效力。由于此类合同的效力在补正之前处于不确定状态,故可称为效力待定合同。效力待定合同的瑕疵与合同制度的价值未发生根本冲突,法律对其作出相对否定性评价,允许通过权利人的追认或同意消除瑕疵。与此不同的是,无效合同由于欠缺有效要件,严重侵害国家利益、社会公共利益,根本违背合同制度的价值,法律对其作出完全否定性评价,属于绝对、当然无效,当事人不可通过补正使其发生法律效力。法律对可撤销合同和效力待定合同均作相对否定性评价,但可撤销合同在撤销前已经确定地发生法律效力,效力待定合同在追认或同意前没有发生确定的法律效力。有权追认或同意的当事人的追认或同意的行为,属于单方意思表示,只要其明确表示同意即可完成瑕疵效力的补正,无须合同相对人的同意或认可。相对人可以催告权利人在一定期限内予以追认,合同被追认前,善意相对人有撤销的权利。效力待定合同包括限制民事行为能力人依法不能独立订立的合同、无权代理人订立的合同等。

二、限制民事行为能力人订立的合同

限制民事行为能力人包括 8 周岁以上不满 18 周岁的未成年人以及不能完全辨认自己行为的成年人,其缔约能力受到法律上的限制,出于对限制民事行为能力人利益的保护。限制民事行为能力人可以订立纯获利益的合同或者与其年龄、智力、精神健康状态相适应的合同,无须其法定代理人追认,当然发生法律效力。我国《民法典》第 145 条第 1 款前半部分规定,限制民事行为能力人实施的纯获利益的民事法律行为或者与其年龄、智力、精神健康状况相适应的民事法律行为有效;纯获利益的合同包括接受奖励、赠与、乘坐交通工具、进入游乐场、缴付学费、旅费等。纯获利益的判定标准不是此项法律行为在结果上

是否给未成年人带来利益,而是看是否给未成年人产生法律负担。认定订立的合同是否与其年龄、智力、精神健康状况相适应,应当从与本人生活关联程度、理解合同和预见其法律后果以及合同标的大小等方面加以认定。

除上述情形以外订立合同的,须经其法定代理人事先同意或者事后追认后才发生法律效力,否则不发生法律效力。法律出于平衡利益的考虑,在赋予法定代理人追认权的同时,也赋予了相对人两项权利,即催告权和撤销权,其中撤销权仅赋予善意相对人。我国《民法典》第145条第2款规定:"相对人可以催告法定代理人自收到通知之日起三十日内予以追认。法定代理人未作表示的,视为拒绝追认。民事法律行为被追认前,善意相对人有撤销的权利。撤销应当以通知的方式作出。"

三、无权代理人订立的合同

《民法典》第171条第1款规定:"行为人没有代理权、超越代理权或者代理权终止后,仍然实施代理行为,未经被代理人追认的,对被代理人不发生效力。"依此规定,因无权代理而签订的合同,其效力取决于被代理人的追认。如果被代理人追认,合同发生法律效力;如果被代理人不予追认,合同不发生法律效力。立法赋予本人追认权,意旨在于保护本人的利益。合同是否被追认,依本人利益而定。为平衡各方利益,法律亦赋予相对人催告权和撤销权。《民法典》第171条第2款规定:"相对人可以催告被代理人自收到通知之日起三十日内予以追认。被代理人未作表示的,视为拒绝追认。行为人实施的行为被追认前,善意相对人有撤销的权利。撤销应当以通知的方式作出。"如果被代理人追认,相对人的撤销权得以消灭;如果合同未被追认,法律规定了行为人的赔偿责任。《民法典》第171条第3款和第4款规定:"行为人实施的行为未被追认的,善意相对人有权请求行为人履行债务或者就其受到的损害请求行为人赔偿。但是,赔偿的范围不得超过被代理人追认时相对人所能获得的利益。""相对人知道或者应当知道行为人无权代理的,相对人和行为人按照各自的过错承担责任。"

但是,如果善意相对人出于对行为人代理权的信任而订立合同,按照效力待定的规定须由被代理人追认才能生效,如果被代理人不追认则合同无效。这样的后果显然对善意相对人不公平,为了体现对善意相对人的特别保护,《民法典》规定了表见代理作为例外。《民法典》第172条规定:"行为人没有代理权、超越代理权或者代理权终止后,仍然实施代理行为,相对人有理由相信行为人有代理权的,代理行为有效。"

对于当事人在订立合同时对标的物没有所有权或者处分权的情形,我国《民法典合同编通则司法解释》第 19 条规定:"以转让或者设定财产权利为目的订立的合同,当事人或者真正权利人仅以让与人在订立合同时对标的物没有所有权或者处分权为由主张合同无效的,人民法院不予支持;因未取得真正权利人事后同意或者让与人事后未取得处分权导致合同不能履行,受让人主张解除合同并请求让与人承担违反合同的赔偿责任的,人民法院依法予以支持。前款规定的合同被认定有效,且让与人已经将财产交付或者移转登记至受让人,真正权利人请求认定财产权利未发生变动或者请求返还财产的,人民法院应予支持。但是,受让人依据《民法典》第 311 条等规定善意取得财产权利的除外。"

第五节 合同无效、被撤销或确定不发生效力的法律责任

一、法律责任

根据我国《民法典》第 155 条的规定:"无效的合同或者被撤销的合同自始没有法律约束力。"可见,合同一旦被认定为无效或者被撤销,其效力得以溯及合同成立之初,即该合同自成立时起就没有法律效力。同时,《民法典》第 507 条规定了合同中争议解决条款的独立性,即合同不生效、无效、被撤销或者终止的,不影响合同中有关解决争议方法条款的效力。

而且我国《民法典合同编通则司法解释》第 13 条进一步明确:"合同存在无效或者可撤销的情形,当事人以该合同已在有关行政管理部门办理备案、已经批准机关批准或者已依据该合同办理财产权利的变更登记、移转登记等为由主张合同有效的,人民法院不予支持。"

我国《民法典》第 157 条规定:"民事法律行为无效、被撤销或者确定不发生效力后,行为人因该行为取得的财产,应当予以返还;不能返还或者没有必要返还的,应当折价补偿。有过错的一方应当赔偿对方由此所受到的损失;各方都有过错的,应当各自承担相应的责任。法律另有规定的,依照其规定。"可

见,合同被确认无效、被撤销或者确定不发生效力后,视不同的情况,当事人主要承担以下两种民事责任。

(一)返还财产

合同被确认无效或被撤销或者确定不发生效力后,依照合同约定已交付财产的当事人有权请求返还财产,同时接受对方的返还。若原物灭失不能返还或合同关系中不存在物的交付,则受让方应当将该物或受领的某种利益折价补偿。特别注意的是,基于不动产物权登记的公示、公信原则,取得财产物权的善意第三人可以对抗给付人的物权请求权。返还财产可分为单方返还和双方返还,只有缔约人单方取得财产的仅需单方返还;缔约双方当事人均从对方取得财产的则需要双方返回。其中,返还的范围是因该合同而取得的财产,不仅限于原物以及产生的孳息,还包括相对人基于原物的占有而取得的其他利益,如原物被第三人损坏而获得的赔偿金。

(二)赔偿损失

凡在主观上对合同无效、被撤销或者确定不发生效力有过错的一方当事人,应当基于缔约过失责任给予对方一定的损失赔偿,如果双方均有过错则适用过错相抵原则。

二、缔约过失责任

《民法典》第500条规定"当事人在订立合同过程中有下列情形之一,造成对方损失的,应当承担赔偿责任:(一)假借订立合同,恶意进行磋商;(二)故意隐瞒与订立合同有关的重要事实或者提供虚假情况;(三)有其他违背诚信原则的行为。"这种责任就是缔约过失责任。

缔约过失责任产生的理论基础应当是诚实信用原则,它是一种合同前的责任,即在合同订立的过程中缔约人由于过错违反先合同义务而致另一方信赖利益的损失依法应承担的民事责任。"缔约上过失"是由德国伟大的法学家耶林所创设,他认为缔约过失责任是当事人为缔结契约而从事接触磋商之际,因一方当事人未尽必要注意,致他方当事人遭受损害应依契约法原则负责。我国《民法典》将缔约过失责任作为独立制度纳入其中,使缔约过失责任成为区别于违约责任及侵权责任的一项独立的民事责任制度。缔约过失责任作为一项独立的制度起到了对整个合同交易过程,从缔约双方的接洽、磋商直到成交的保护。

(一)缔约过失责任的构成要件

关于缔约过失责任的构成要件通常认为有以下四个:

(1)缔约一方须有违反先合同义务的行为。

先合同义务是指自缔约双方为签订合同而相互接触、磋商开始,依据诚实信用原则而逐渐产生的注意义务,而非合同有效成立产生的给付义务。从性质上来讲,先合同义务是附随义务的一种,它发生在合同成立之前,是依据诚信原则而产生的责任,主要包括告知、协助、保密、保护等义务。

(2)违反先合同义务者有过错。

缔约过失责任中的"过失"即指的是过错,既包括故意也包括过失。

(3)对方当事人因违反先合同义务的行为而受到损失。

这里的损失是指信赖利益的损失。信赖利益的损失是指当事人一方实施某种行为以后,另一方对此产生一定的信赖(如相信其会订立合同),并因此支付了一定的费用,因一方违反诚实信用原则而使该费用不能得到补偿。

(4)违反先合同义务的行为与当事人的损失之间有因果关系。

(二)缔约过失责任的类型

我国《民法典》第500条和第501条共规定了以下四种应当承担缔约过失责任的类型。

(1)假借订立合同,恶意进行磋商。既然是假借订立合同,说明缔约人一方根本没有与对方订立合同的目的,与其进行磋商的行为就是借口,其真实目的就是为了造成对方丧失其他的商业机会等损害。当然受害人一方须证明对方恶意的存在。

(2)故意隐瞒与订立合同有关的重要事实或者提供虚假情况。故意隐瞒与订立合同有关的重要事实或者提供虚假情况属于缔约过程中的欺诈行为。

(3)泄露或不正当地使用商业秘密。《民法典》第501条规定:"当事人在订立合同过程中知悉的商业秘密或者其他应当保密的信息,无论合同是否成立,不得泄露或者不正当地使用;泄露、不正当地使用该商业秘密或者信息,造成对方损失的,应当承担赔偿责任。"该条规定的就是缔约人在缔约过程中应当承担的保密义务。

(4)有其他违背诚实信用原则的行为。这是对于缔约过失责任的兜底性条款,包括当事人一方擅自撤回要约时的缔约过失责任;缔约之际当事人一方未尽到通知、告知、协助义务时的缔约过失责任;一方负有照顾、保护的义务而疏于履约时,造成对方人身财产损害应当承担的缔约过失责任。

需要注意的是,缔约过失责任的赔偿范围应当是缔约相对人的信赖利益损失。这与违约责任所救济的履行利益不同,信赖利益的损失仅限于直接损失,包括因信赖合同的成立和生效所支出的各种费用,如为缔约实际考察的费用、为缔约做各种准备的费用以及这些费用的利息,当然应当限于合理的支出。一般情况下,信赖利益的赔偿不应该超过合同有效或者合同成立时的履行利益的范围。

【疑难问题论争1】

未生效合同与无效合同二者有何区别?

如果将未生效合同界定为合同具备有效要件(一般生效要件)但不具备特别生效要件,则根据《民法典》的相关规定,未生效合同因已"依法成立"而不仅"对当事人具有约束力"(第119条),而且应"受法律保护"(第465条)。这显然与无效合同有根本性的区别,因为根据《民法典》第155条的规定,无效合同"自始没有法律约束力"。可见,未生效合同已经具备法律约束力,只是不能发生当事人所追求的法律效力,即一方当事人无法请求另一方当事人履行合同约定的主要义务。从《民法典》的规定看,未生效合同所具有的法律约束力首先表现为"行为人非依法律规定或者未经对方同意,不得擅自变更或者解除民事法律行为"(第136条第2款);其次,在附生效条件合同的场合,未生效合同的法律约束力还表现为"当事人为自己的利益不正当地阻止条件成就的,视为条件已经成就;不正当地促成条件成就的,视为条件不成就"(第159条);最后,须经批准的合同在被审批机关批准前,虽然合同尚未生效,但"不影响合同中履行报批等义务条款以及相关条款的效力""应当办理申请批准等手续的当事人未履行义务的,对方可以请求其承担违反该义务的责任"(第502条第2款)。据此,在合同有效但未生效的情况下,合同所具有的法律约束力不仅可以产生任何一方当事人不得擅自变更或解除合同以及不得恶意阻止或促成条件成就的消极义务,还可产生负有报批义务的一方履行报批手续等积极义务。①

思考题

1. 合同有效与合同生效是否相同?
2. 导致合同无效的原因有什么?
3. 什么事由可以使合同可撤销?
4. 限制行为能力人所订立的合同是否有效?

---

① 刘贵祥,吴光荣:《关于合同效力的几个问题》,载《中国应用法学》2021年第6期,第6页。

第六章 合同的履行

【本章概要】合同的履行是指债务人通过全面地、适当地完成合同债务,使债权人实现其合同债权的给付行为和给付结果的统一。依法成立的合同在发生法律效力之后,双方当事人就应当按照合同约定履行合同。本章主要介绍合同履行中的相关法律问题,共分为三节:第一节是合同履行概述,主要介绍合同履行的概念、履行的主体和合同履行的原则;第二节是合同的履行规则,主要介绍不完全合同的履行补正规则、选择之债的履行规则、按份之债的履行规则及连带之债的履行规则等相关内容;第三节是合同履行中的抗辩权,主要介绍双务合同履行中当事人享有的合同抗辩权,包括同时履行抗辩权、先履行抗辩权及不安履行抗辩权。

【本章难点】不安履行抗辩权与预期违约的关系。

【引　题】某甲于2008年2月10日从某乙处购买了一批货物,货款为5万元,约定3月10日付款,但是到期后某甲以无力偿还为由拒绝付款,据某乙调查得知,某甲已经于2月20日将其财产赠与了其朋友,请问:某乙能否撤销某甲的赠与合同以使自己的权利能够实现?

第一节　合同履行概述

合同的履行是指债务人全面地、适当地完成合同债务,使债权人实现其合同债权的给付行为和给付结果的统一。从某种意义上说,合同的履行是其他一切合同法律制度的归宿和延伸,是合同制度的核心。合同的订立与合同的效力制度最终目的都归结为合同的履行,如果合同不能得到履行,那么合同的订立和存在将毫无意义。而合同违约责任制度的设置既是对不履行合同的补救手段,又是促进债务人履行合同的法律措施。合同得以有效履行的前提条件有两个:一是以存在合法有效的合同为前提;二是该合同没有超出约定或法定的有效期。

一、合同履行的主体

一般情况下,合同的履行主体为债务人,接受履行的主体为债权人,为了适应复杂的交易实践需求,现代民法逐步认可了涉他合同,又称为涉及第三人的合同,包括利益第三人。

合同和第三人代为履行的合同。我国《民法典》第522条、第523条、第524条就是分别规定了合同履行主体的例外情形,即向第三人履行、由第三人履行两种利益第三人合同,以及第三人代为履行合同。

(一)向第三人履行

向第三人履行,即第三人代债权人受领。合同当事人约定向第三人履行合同的,只要该第三人符合法律或合同规定的受履行资格能够受领的,该第三人就成为合同的受领主体,有权接受履行。这里的第三人包括不真正利益第三人和真正利益第三人。

(1)不真正利益第三人。一般而言,第三人接受履行时,只是接受履行的主体,而不是合同当事人,这就是我国《民法典》第522条第1款规定的不真正利益的第三人,该条规定"当事人约定由债务人向第三人履行债务,债务人未向第三人履行债务或者履行债务不符合约定的,应当向债权人承担违约责任"。这种不真正利益的第三人并不享有合同的直接履行请求权和违约责任的请求权。他们替债权人接受履行不适当或因此给债务人造成损失的,应由债权人承担民事责任。债务人向第三人履行清偿义务,履行增加的费用,应当由债权人负担。债务人未向第三人履行债务或履行债务不符合约定的,构成违约行为,债务人应当向债权人承担违约责任。特别注意的是向第三人履行的前提必须有合同当事人的事先约定,而不是履行中的指定,这也是其与普通受领辅助人的区别。

(2)真正利益第三人。《民法典》第522条第2款在此基础上增加了真正利益第三人的规定:"法律规定或者当事人约定第三人可以直接请求债务人向其履行债务,第三人未在合理期限内明确拒绝,债务人未向第三人履行债务或者履行债务不符合约定的,第三人可以请求债务人承担违约责任;债务人对债权人的抗辩,可以向第三人主张。"可见,真正利益第三人产生的基础是法律的直接规定或者当事人在合同中的约定,在真正利益第三人合同中,第三人享有拒绝权、直接履行请求权和请求债务人承担违约责任的权利。各国立法均强调为第三人只能设定利益,第三人对利益当然享有在合理期限内拒绝的权利,而第三人履行请求权和违约救济请求权均是对合同相对性原则的突破。另外,根据权利义务的对等原则,债务人基于债务人地位对债权人所享有的抗辩,当然可以向第三人主张。

(二) 由第三人履行

由第三人履行合同,也叫第三人代债务人履行、第三人负担的合同,是指双方当事人约定在合同的履行中,由第三人代替债务人向债权人履行债务。例如,甲乙关于甲欠乙的钱由丙来偿付的约定就是由第三人履行的合同。实践中,第三人之所以向债权人履行债务,多是因为债务人与第三人之间存在着其他法律关系。例如第三人对债务人负有债务,第三人与债务人对此进行约定,第三人向债权人履行即可消灭第三人对债务人所负的债务等。这样的直接履行往往具有减少交易环节,提高交易效率的功能。

《民法典》第523条规定:"当事人约定由第三人向债权人履行债务,第三人不履行债务或者履行债务不符合约定的,债务人应当向债权人承担违约责任。"同样,由第三人履行的前提也是当事人之间的合同约定,根据合同相对性原则,合同仅对合同当事人产生法律约束力,因此,对于由第三人履行的合同对该第三人并没有法律约束力,债权人只能要求债务人承担第三人不履行债务或者履行债务不符合约定的违约责任。

(三) 第三人代为履行

《民法典》第524条第1款规定:"债务人不履行债务,第三人对履行该债务具有合法利益的,第三人有权向债权人代为履行;但是,根据债务性质、按照当事人约定或者依照法律规定只能由债务人履行的除外。"为了保护就债务履行有合法利益的第三人,此条规定打破了债的相对性,赋予该第三人代为履行的权利。当某项债务已届履行期,债务人不履行债务,该不履行债务的行为有可能损害第三人的利益时,第三人得代债务人向债权人履行债务,以使自己的合法利益得到保全。第三人代为履行债务时,不需要考虑是否违反债务人的意思,债权人也不得拒绝。例如,租赁合同的转租,承租人拖欠租金的,次承租人出于继续租赁的目的,作为对支付租金具有合法利益的第三人,享有代承租人向出租人支付租金的权利。

《民法典》第 524 条所指的对于债务具有合法利益的第三人包括以下几种：一是保证人或者提供物的担保的第三人；二是担保财产的受让人、用益物权人、合法占有人；三是担保财产上的后顺位担保权人；四是对债务人的财产享有合法权益且该权益将因财产被强制执行而丧失的第三人；五是债务人为法人或者非法人组织的，其出资人或者设立人；六是债务人为自然人的，其近亲属；七是其他对履行债务具有合法利益的第三人。

从法律效果上看，第三人代债务人履行之后，债权人已经接受第三人的履行的，债权人对债务人的债权就转让给了第三人，第三人对债务人享有该债权，可以向债务人主张该债权。如果债务人和第三人对如何确定他们之间的债权债务关系另有约定的，则按照约定办理，不受这一债权转让规则的约束。

另外，还需要注意的是当事人不得以名称或法定代表人的变动作为不履行合同的理由，《民法典》第 532 条规定："合同生效后，当事人不得因姓名、名称的变更或者法定代表人、负责人、承办人的变动而不履行合同义务。"

二、合同履行的原则

合同履行的原则是指当事人在履行合同的过程中应当遵循的基本准则。在这些基本准则中，有些是基本原则，如诚实信用原则、公平公正原则等，而此处我们要讲的是专属于合同履行的原则，主要包括以下几项。

（一）适当履行原则

适当履行原则又称为正确履行原则或全面履行原则，是指当事人按照合同规定的标的、质量、数量等条款，由适当的主体在适当的履行期限、履行地点，以适当的履行方式，全面完成合同义务的履行原则。我国《民法典》第 509 条第 1 款规定："当事人应当按照约定全面履行自己的义务。"适当履行原则中的"按照合同规定的标的履行"隐含着实际履行原则，即债务人按照合同的约定交付标的物或提供服务，不得任意以其他标的代替。

对于合同的部分履行，《民法典》第 531 条规定："债权人可以拒绝债务人部分履行债务，但是部分履行不损害债权人利益的除外。债务人部分履行债务给债权人增加的费用，由债务人负担。"

（二）协作履行原则

协作履行原则是指当事人不仅要适当履行自己的合同债务，而且要基于诚实信用原则对对方当事人的履行予以协助的合同履行原则。我国《民法典》第 509 条第 2 款规定："当事人应当遵循诚信原则，根据合同的性质、目的和交易习惯履行通知、协助、保密等义务。"这体现的就是协作履行的精神。合同的履行需要债权人债务人之间的配合,否则合同目的无法实现,因此,履行合同无论对于债务人还是债权人都是重要的义务,只不过该义务在债权人一方多表现为不真正义务。一般情况下,协作履行原则表现为以下几个方面:一是对于债务人的履行,债权人应适当受领;二是对于债务人的履行,债权人应当提供必要的条件和帮助;三是当债务人因故不能履行或不能完全履行时,债权人应当积极采取措施避免或减少损失的扩大,否则应就扩大的损失承担责任。

(三) 经济合理原则

经济合理原则要求当事人履行合同时,讲求经济效益,维护对方的利益,以最小的履行成本,取得最佳的合同利益。在合同的履行中,经济合理原则可以表现在很多个方面,如选择最经济合理的履行方式以节省履行费用;再如对合理履行期限的选择,尤其是时令农产品的履行期限要顺应农产品成熟的时间。

(四) 绿色原则

我国《民法典》第509条第3款规定:"当事人在履行合同过程中,应当避免浪费资源、污染环境和破坏生态。"这一条款就是履行绿色原则的体现,顺应了现代立法的发展趋势。具体要求可以体现在三个方面:一是应当节约资源,避免资源浪费。例如,《民法典》第619条的规定:"出卖人应当按照约定的包装方式交付标的物。对包装方式没有约定或者约定不明确,依据本法第五百一十条的规定仍不能确定的,应当按照通用的方式包装;没有通用方式的,应当采取足以保护标的物且有利于节约资源、保护生态环境的包装方式。"二是应当避免环境的污染和生态的破坏,如对旧物回收的义务,《民法典》第625条规定:"依照法律、行政法规的规定或者按照当事人的约定,标的物在有效使用年限届满后应予回收的,出卖人负有自行或者委托第三人对标的物予以回收的义务。"

(五) 情势变更原则

1.情势变更原则的概念和发展

情势变更原则是指合同依法成立后,客观情况发生了当事人无法预见的重大变化,致使原来订立合同的基础丧失或者动摇,如果继续履行合同就会对一方当事人明显不公平,因此允许变更或者解除合同来维持当事人之间的公平。

从发展过程看,情势变更制度经历了一个从不被接受到各国普遍在法律上作出明文规定的过程。早期的民法强调合同严守原则,一般不允许合同的变更和解除,直到20世纪后,随着"一战""二战"期间各种不可预见的物价飞涨、货币贬值等导致合同履行显失公平问题的大量出现,情势变更制度才开始逐步受到重视。2002年,德国首先在《民法典》中规定了情势变更制度,该法第313条规定,已成为合同基础的情势在合同订立后发生了重大变更,而假使双方当事人预见到这一变更就不会订立合同或会以不同的内容订立合同的,可以请求改订合同;合同的改订为不可能或对一方来说是不能合理地期待的,受不利益的一方可以解除合同。之后,情势变更制度被越来越多的国家所采纳,诸如《国际商事合同通则》《欧洲合同法原则》《欧洲民法典草案》等国际示范法也都规定了情势变更制度。

情势变更制度在我国也历经了类似的发展过程。我国1999年合同法的草案中曾对情势变更原则作出了规定,但是最终因为条件尚不成熟而并未出现在最终出台的《合同法》中。

在2008年国际金融危机席卷全球之后,为了解决金融危机造成的各类合同纠纷,2009年最高人民法院颁布的《关于适用〈中华人民共和国合同法〉若干问题的解释(二)》的第26条规定了情势变更制度,该条规定:"合同成立以后客观情况发生了当事人在订立合同时无法预见的、非不可抗力造成的不属于商业风险的重大变化,继续履行合同对于一方当事人明显不公平或者不能实现合同目的,当事人请求人民法院变更或者解除合同的,人民法院应当根据公平原则,并结合案件的实际情况确定是否变更或者解除。"随着我国《民法典》编纂完成,第533条所规定的就是情势变更原则:"合同成立后,合同的基础条件发生了当事人在订立合同时无法预见的、不属于商业风险的重大变化,继续履行合同对于当事人一方明显不公平的,受不利影响的当事人可以与对方重新协商;在合理期限内协商不成的,当事人可以请求人民法院或者仲裁机构变更或者解除合同。人民法院或者仲裁机构应当结合案件的实际情况,根据公平原则变更或者解除合同。"

2.情势变更原则的适用条件

在合同领域,对情势变更原则的适用条件是相当严格的,应当具备以下几个条件。

(1)须有应变更或解除合同的情势,即订立合同的基础条件发生了重大变动,在履行时成为一种新的情势,与当事人的主观意思无关。对此,我国《民法典合同编通则司法解释》第32条第1款做出了进一步解释:"合同成立后,因政策调整或者市场供求关系异常变动等原因导致价格发生当事人在订立合同时无法预见的、不属于商业风险的涨跌,继续履行合同对于当事人一方明显不公平的,人民法院应当认定合同的基础条件发生了《民法典》第533条第1款规定的'重大变化'。但是,合同涉及市场属性活跃、长期以来价格波动较大的大宗商品以及股票、期货等风险投资型金融产品的除外。"

(2)变更的情形须发生在合同成立后至履行完毕之前。如果这种重大变化发生在履行完毕后,或者履行时已经结束,当然就没有调整合同权利义务的必要。

(3)情势变更的发生不可归责于双方当事人,当事人对于情势变更的发生没有主观过错。

(4)情势变更须为当事人无法预料且不能预料,而且不属于商业风险,如果当事人在订立合同时能够预见或者应当预见但没有预见到,或者虽然预见到但没有反映到合同权利义务关系的设定上,那么由此产生的不利后果当然应该由该当事人自己承受。

(5)继续维持合同效力将会产生显失公平的结果。情势变更制度是为了实现合同正义,对当事人约定合同内容进行调整,只有在继续履行合同对于一方当事人明显不公平的时候才可能适用情势变更制度进行相应的干预和调整。

3.情势变更原则适用的法律效力

情势变更原则适用的法律效力体现为以下两个方面:

(1)再交涉义务。当事人须重新协商,即再协商,再协商达成协议的,按照协商达成的协议确定双方当事人的权利义务关系。

(2)再协商达不成协议的,可以变更或解除合同并免除当事人责任。需要注意的是,此时的变更或者解除合同只是一种可能性,实践中,人民法院或者仲裁机构应当结合案件的实际情况,根据公平原则确定是否变更或解除合同。

发生情势变更之后到底是变更合同还是解除合同,我国《民法典合同编通则司法解释》第32条第2款明确规定:"我国合同的基础条件发生了民法典第533条第1款规定的重大变化,当事人请求变更合同的,人民法院不得解除合同;当事人一方请求变更合同,对方请求解除合同的,或者当事人一方请求解除合同,对方请求变更合同的,人民法院应当结合案件的实际情况,根据公平原则判决变更或者解除合同。人民法院依据《民法典》第533条的规定判决变更或者解除合同的,应当综合考虑合同基础条件发生重大变化的时间、当事人重新协商的情况以及因合同变更或者解除给当事人造成的损失等因素,在判项中明确合同变更或者解除的时间。当事人事先约定排除《民法典》第533条适用的,人民法院应当认定该约定无效。"

【疑难问题论争 2】

情势变更与不可抗力的关系是什么?

不可抗力是不能预见、不能避免且不能克服的客观情况,不可抗力与情势变更既有联系又有区别。

两者的联系主要体现在四个方面:一是两者均非商业风险,是双方当事人无法预见的情形;二是两者的发生均不可归责于双方当事人;三是两者均发生于合同订立之后履行完毕之前;四是两者均会造成当事人的履行障碍。

两者的区别主要表现在以下几个方面,首先是法律效果不同。不可抗力制度主要是一种免责事由,我国《民法典》第 590 条规定:"当事人一方因不可抗力不能履行合同的,根据不可抗力的影响,部分或者全部免除责任,但是法律另有规定的除外。因不可抗力不能履行合同的,应当及时通知对方,以减轻可能给对方造成的损失,并应当在合理期限内提供证明。"不可抗力的发生导致无法借助违约责任制度分配损失的,参照发生风险负担规则的适用;而情势变更制度的法律效果则可能发生合同的变更或者解除。其次是适用范围不同。不可抗力制度作为民事责任的一般免责事由,除法律作出特殊规定外,适用于所有民事责任领域,而情势变更制度则仅为合同领域的一项特殊制度。三是对合同的影响程度不同。不可抗力的发生往往会造成当事人不能履行合同的后果,而情势变更的发生会导致继续履行合同对一方当事人明显不公平。当然,随着《民法典》对不可抗力和情势变更制度的调整,在实践中不可抗力可能会成为情势变更的原因。

第二节 合同履行的具体规则

在合同生效之后,债务人应当按照合同的约定以及合同履行的原则全面履行合同,在履行当中应当遵循以下履行规则。

一、不完全合同的履行补正规则

不完全合同是指合同虽然成立并生效,但是当事人在合同中对合同条款没有约定或者约定不明确,按照合同的约定没有办法履行,须经补正方可履行,又可称为合同漏洞的填补。例如,合同中缺少质量条款、数量条款或者约定前后不一致的时候,需要对合同条款进行补正或者解释才能适当履行。

根据《民法典》第510条的规定:"合同生效后,当事人就质量、价款或者报酬、履行地点等内容没有约定或者约定不明确的,可以协议补充;不能达成补充协议的,按照合同相关条款或者交易习惯确定。"可见合同补正的第一步是由当事人达成补充协议,这也是对于意思自治的尊重。如果不能达成补充协议,由法官根据合同的性质、按照合同中现有的有关条款和交易习惯来确定。其中,交易习惯是指在当时、当地或者某一行业、某一类交易关系中,为人们所普遍采纳的且不违反公序良俗的习惯做法。原《合同法司法解释二》第7条对交易习惯进行了规定,"下列情形,不违反法律、行政法规强制性规定的,人民法院可以认定为合同法所称'交易习惯':(一)在交易行为当地或者某一领域、某一行业通常采用并为交易对方订立合同时所知道或者应当知道的做法;(二)当事人双方经常使用的习惯做法。对于交易习惯,由提出主张的一方当事人承担举证责任。"

按照《民法典》第511条的规定,根据《民法典》第510条仍不能确定的,适用于以下规则:

第一,质量要求不明确的,按照强制性国家标准履行;没有强制性国家标准的,按照推荐性国家标准履行;没有推荐性国家标准的,按照行业标准履行;没有国家标准、行业标准的,按照通常标准或者符合合同目的的特定标准履行。

根据我国的《标准化法》第2条的规定:标准是指农业、工业、服务业以及社会事业等领域需要统一的技术要求;标准包括国家标准、行业标准等;国家标准分为强制性国家标准和推荐性国家标准,行业标准属于推荐性标准;强制性国家标准必须执行,国家鼓励采用推荐性标准。根据《标准化法》第10条至第12条规定,对保障人身健康和生命财产安全、国家安全、生态环境安全以及满足经济社会管理基本需要的技术要求,应当制定强制性国家标准;对满足基础通用、与强制性国家标准配套、对各有关行业起引领作用等需要的技术要求,可以制定推荐性国家标准;对没有推荐性国家标准,需要在全国某个行业范围内统一的技术要求,可以制定行业标准。一般来说,推荐性国家标准、行业标准的技术要求都是高于强制性国家标准的。

如果没有以上标准的按照通常标准或者符合合同目的的特定标准履行。通常标准是指在同类交易中产品应当达到的质量标准,一般根据合同的目的、产品的性能等多个方面来确定。而如果合同中明确约定了合同的目的,那么产品质量应当以符合合同目的的特定标准来确定。

第二,价款或者报酬不明确的,按照订立合同时履行地的市场价格履行;依法应当执行政府定价或者政府指导价的,依照规定履行。

由政府定价或者政府指导价的应当优先执行。我国《价格法》第3条规定,政府指导价是指依照本法规定,由政府价格主管部门或者其他有关部门,按照定价权限和范围规定基准价及其浮动幅度,指导经营者制定的价格;而政府定价则是指依照本法规定,由政府价格主管部门或者其他有关部门,按照定价权限和范围制定的价格。一般情况下,政府定价直接确定标的物的价格,而政府指导价则会给出一定的价格浮动空间。

没有政府定价或者政府指导价的按照订立合同时履行地的市场价格履行。如果存在价格的波动,订立合同时履行地的价格更符合当事人缔约时的预期。

对于金钱之债中履行币种约定不明确的,《民法典》第514条规定:"除法律另有规定或者当事人另有约定外,债权人可以请求债务人以实际履行地的法定货币履行。"

第三,履行地点不明确,给付货币的,在接受货币一方所在地履行;交付不动产的,在不动产所在地履行;其他标的,在履行义务一方所在地履行。

履行地点在学理上又可称为清偿地,对于债权债务的消灭具有重要意义,如果没有在履行地点的清偿不发生债的消灭后果。因为货币给付往往需要通过银行付款或其他电子支付,因此确定接受货币一方所在地为履行地;除货币、不动产之外的诸如动产、票据、有价证券等其他标的则在履行义务一方所在地履行。

第四,履行期限不明确的,债务人可以随时履行,债权人也可以随时请求履行,但是应当给对方必要的准备时间。

对于履行期限约定不明确,虽然债权人债务人均有权随时履行或要求履行,但应当根据诚信原则给予对方必要的准备时间。而且应该根据合同的目的、标的物的性质确定履行的具体期限。关于债务人提前履行的问题,《民法典》第530条规定:"债权人可以拒绝债务人的提前履行,但是提前履行不损害债权人利益的除外。债务人提前履行债务给债权人增加的费用,由债务人负担。"

第五,履行方式不明确的,按照有利于实现合同目的的方式履行。履行方式就是完成合同义务的方法,没有约定的要按照利于实现合同目的的方式履行。《民法典》第529条还规定了因债权人原因致债务履行困难时的处理,"债权人分立、合并或者变更住所没有通知债务人,致使履行债务发生困难的,债务人可以中止履行或者将标的物提存。"

第六,履行费用的负担不明确的,由履行义务一方负担;因债权人原因增加的履行费用,由债权人负担。履行费用就是债务人履行合同所支出的费用,一般包括运输费、包装费、邮寄费、装卸费、安装费、关税等等,没有约定的情况下一般由履行义务人承担。

第七,对于电子合同标的交付时间,《民法典》第512条规定:"通过互联网等信息网络订立的电子合同的标的为交付商品并采用快递物流方式交付的,收货人的签收时间为交付时间。"电子合同的标的为提供服务的,生成的电子凭证或实物凭证中载明的时间为提供服务时间;前述凭证没有载明时间或者载明时间与实际提供服务时间不一致的,以实际提供服务的时间为准。电子合同的标的物为采用在线传输方式交付的,合同标的物进入对方当事人指定的特定系统且能够检索识别的时间为交付时间。电子合同当事人对交付商品或者提供服务的方式、时间另有约定的,按照其约定。

第八,对于履行币种约定不明确的,《民法典》第514条规定:"以支付金钱为内容的债,除法律另有规定或者当事人另有约定外,债权人可以请求债务人以实际履行地的法定货币履行。"

二、选择之债的履行规则

选择之债,是指债的关系在成立之时,确定的标的有数个,当事人在履行时只需选定其中一个为给付的债。在数种给付中确定其一为给付,就是选择之债的确定。选择权也叫择定权,是指在选择之债中,一方当事人享有的因自己的意思表示而引起选择之债变更为简单之债的形成权。

选择之债首先要解决的问题就是哪一方当事人享有选择权。从各国立法来看,选择权均以属于债务人为原则,除非法律有特别规定或者当事人另有规定,选择权原则上归属于债务人。因为债务毕竟是要由债务人实际履行的,将选择权归属于债务人,既有利于保护债务人的利益,也有利于债务的履行。我国《民法典》第515条就规定了该选择权的归属和选择权的转移,确定选择权由债务人一方享有,但有三种例外情况,即法律另有规定、当事人另有约定或者另有交易习惯的除外。选择权也可以转移,享有选择权的当事人在约定期限内或者履行期限届满未作选择,经催告后在合理期限内仍未选择,选择权转移至对方。

《民法典》第516条规定了选择之债的行使,选择权一经行使,即发生选择的效力,被选择的债务就被特定化,其他选项的债务消灭。故享有选择权的当事人在行使选择权时,以对相对人作出意思表示而发生效力,即及时通知对方,通知到达对方时,标的确定,从而使该选择之债自始成为简单之债。该意思表示非经相对人同意,不得变更,也不得撤销。如果在选择之债的数种给付中,其中一个或数个因不可抗力等原因而履行不能时,则选择权人只能就剩余的给付加以选择。尤其是只有一种可以履行而其他均发生履行不能时,则当事人丧失选择的余地,只能按可以履行的标的履行。此种不能履行应当以不可归责于无选择权的当事人为限。可选择的标的发生不能履行情形的,享有选择权的当事人不得选择不能履行的标的,但是该不能履行的情形是由对方造成的除外。

三、按份之债的履行规则

按份之债,是指在债的关系中,债权或者债务是可以分割的债,其性质为复数之债,即债权人或者债务人为二人以上。债权或者债务的分割不会损害债的目的。《民法典》第517条规定了按份之债的份额确定规则,即债权人为二人以上,标的可分,按照份额各自享有债权的,为按份债权;债务人为二人以上,标的可分,按照份额各自负担债务的,为按份债务。同时还对份额难以确定的情形作了规定,即按份债权人或者按份债务人的份额难以确定的,视为份额相同。

四、连带之债的履行规则

(一)连带之债的概念

连带之债也是复数之债,是指在一个债的关系中,债权人或者债务人有数人时,各个债权人均得请求债务人履行全部债务,各个债务人均负有履行全部债务的义务,且全部债务因一次全部履行而归于消灭的债。也就是说多数债权人或多数债务人之间存在着连带关系,连带关系是指依据法律规定或者当事人约定,在多数当事人之间形成的一种债权债务的牵连关系,即对于一个债权人或一个债务人发生效力的事项也会对其他债权人或债务人发生效力。

《民法典》第518条第2款规定,连带债权或者连带债务只能由法律规定或者当事人约定产生,否则即使履行结果上形成了连带,也是不真正连带。法定连带之债,包括合伙债务、代理上的连带债务、共同侵权行为的损害赔偿责任以及法律规定的其他连带之债;意定连带之债是当事人通过协议,约定为连带债权或者连带债务的情形,如数个借款合同债务人就同一借贷,约定各负清偿全部债务的义务。

(二) 连带债务

连带之债又可分为连带债权和连带债务。

连带债务是指具有连带关系的多个债务人之间所承担的债务。在连带债务中，不管债务人之间的内部份额如何划分，债权人既可以请求全部债务人履行全部债务或者部分债务，也可以请求部分债务人履行全部债务或者部分债务。由于每一个债务人对外均负有履行全部债务的义务，被请求的债务人不得以还有其他债务人而互相推诿，也不得以自己仅负担债务中的一定份额为由而拒绝履行全部债务。

《民法典》第519条规定了连带之债的份额确定及追偿权。连带债务人之间的份额难以确定的，视为份额相同。连带债务人承担的清偿责任属于中间责任，如果其承担了超过自己份额的实际债务，有权就超出部分在其他连带债务人未履行的份额范围内进行追偿。在行使追偿权时，实际上享有了债权人的权利，但是不得损害债权人的利益。同时，为了合理平衡享有追偿权的连带债务人与其他连带债务人之间的利益，法条还规定了其他连带债务人对债权人享有抗辩权的，可以向该债务人主张对债权人的抗辩。被追偿的连带债务人不能履行其应分担份额的，其他连带债务人应当在相应范围内按比例分担。

在连带债务中，就一债务人所生的事项如果效力及于其他债务人的，可以称之为有涉他效力的事项。关于连带债务的涉他效力规定于我国《民法典》第520条，部分连带债务人履行、抵销债务或者提存标的物的，其他债务人对债权人的债务在相应范围内消灭，该债务人可以依据前条规定向其他债务人追偿。部分连带债务人的债务被债权人免除的，在该连带债务人应当承担的份额范围内，其他债务人对债权人的债务消灭。部分连带债务人的债务与债权人的债权同归于一人的，在扣除该债务人应当承担的份额后，债权人对其他债务人的债权继续存在。债权人对部分连带债务人的给付受领迟延的，对其他连带债务人发生效力。

(三) 连带债权

连带债权是具有连带关系的多个债权人之间所享有的债权。在连带债权中，每一个债权人均有权要求债务人向自己清偿全部债务，即债务人向任何一个债权人清偿全部债务后，他所负担的对全部债权人的债务消灭，也就是说连带债权因此消灭，由此也可以看出连带债权并不有利于债权人。关于连带债权份额的确定，《民法典》第521条规定，连带债权人之间的份额难以确定的，视为份额相同。实际受领债权的连带债权人，应当按比例向其他连带债权人返还。同时法条还规定对于连带债权发生的涉他效力的事项参照适用连带债务的相关规定。

第三节 双务合同履行中的抗辩权

抗辩权又可称为异议权,是指对抗或否认对方权利主张的一种权利。它有两种类型,体现不同的功能:一是消灭的抗辩权,又称为永久的抗辩权,是指该抗辩权的行使会导致对方请求权的消灭,如时效届满的抗辩权就属于消灭的抗辩权;二是延缓的抗辩权,又可称为一时的抗辩权,该抗辩权的行使只能使对方的请求权在一定期限内不能行使,即请求权的效力向后延展。

双务合同履行中的抗辩权,是指在符合法定条件时,当事人一方对抗对方当事人的履行请求权,暂时拒绝履行其债务的权利,它包括同时履行抗辩权、先履行抗辩权和不安履行抗辩权。它们的行使,只是在一定期限内中止履行债务,并不消灭债的履行效力。产生抗辩权的原因消失后,债务人仍应履行其债务,所以,双务合同履行中的抗辩权为一时的抗辩权,延缓的抗辩权。

一、同时履行抗辩权

同时履行抗辩权,是指双务合同的当事人在没有约定和法定的先后履行顺序时,一方在对方未为对待给付以前,可以拒绝履行自己债务的权利。该制度是大陆法系国家民法的概念,同时履行抗辩权是诚信原则在双务合同履行中的具体应用,即当事人一方在自己未履行合同义务或根本没有提出履行义务时,也无权要求对方的履行,以此抗辩权来对抗对方的履行请求权,督促对方义务的行使,期待双方债权的同时实现,从而使双方利益趋于平衡。我国《民法典》第525条规定:"当事人互负债务,没有先后履行顺序的,应当同时履行。一方在对方履行之前有权拒绝其履行请求。一方在对方履行债务不符合约定时,有权拒绝其相应的履行要求。"

同时履行抗辩权的构成要件主要包括以下几个方面。

(1)须在同一个双务合同中,当事人双方互负对等债务。

同时履行抗辩权的主张,必须基于同一双务合同而产生的对待给付。因此,同时履行抗辩权的成立,必须具备双方当事人基于同一双务合同互负债务这一要件。

(2)须合同中没有约定履行顺序或依法、依交易习惯无法确定履行顺序,且双方互负的债务均已届清偿期。如果未届清偿期,抗辩权的行使将不具有法律意义。

(3)须对方未履行债务或履行债务不符合约定。此处所说的履行不符合约定是指履行严重违约,为了限制同时履行抗辩权的滥用,各国法律一般都规定以违约程度的严重性作为同时履行抗辩权的行使前提。

(4)须对方的对待给付是可能的。同时履行抗辩权制度旨在促使双方当事人同时履行其债务,当对方当事人的对待给付已不可能时,则同时履行的目的已经不可能达到,因此不发生同时履行抗辩权问题,应寻求合同解除制度的救济。

关于同时履行抗辩权行使的效力,由于它属于延缓的抗辩权,不具有消灭对方请求权的效力,其效力仅是在对方当事人适当给付之前有权暂时中止自己履行,一旦对方作出适当履行则同时履行抗辩权消灭,如果当事人不为对待给付的话将导致相应违约责任的产生。

二、先履行抗辩权

先履行抗辩权,是指当事人互负债务,有先后履行顺序的,负有先履行义务的一方当事人,届期未履行合同义务或履行债务不符合约定的,后履行一方当事人有权拒绝自己的履行,属于后履行人对先履行人的抗辩,也可以称为后履行抗辩权。我国《民法典》第526条规定:"当事人互负债务,有先后履行顺序,应当先履行债务一方未履行的,后履行一方有权拒绝其履行请求。先履行一方履行债务不符合约定的,后履行一方有权拒绝其相应的履行请求。"

先履行抗辩权的构成要件主要包括以下几个方面:

(1)须双方当事人因同一双务合同而互负对等债务。此要求与同时履行抗辩权相同。

(2)该双务合同须有先后履行顺序,即一方当事人负有先履行的义务。履行是否具有先后履行顺序是后履行抗辩与先履行抗辩权的根本区别,该履行顺序可以是当事人约定的也可以是依照交易习惯确定的。

(3)先履行一方未履行或其履行不符合合同的约定。

如果先履行义务人在履行期届至后不履行自己的义务或履行义务不符合

合同的约定都构成违约行为,则后履行方有权拒绝己方的履行义务,而无须承担违约责任。

对于先履行抗辩权行使的效力,只是赋予后履行方中止履行自己债务的权利,以对抗先履行一方的履行请求,保护自己的期限利益、顺序利益;而当先履行一方采取了补救措施或将违约行为变为适当履行时,先履行抗辩权就会丧失其成立的基础,后履行一方必须按约履行其债务。当然,先履行抗辩权的行使不影响后履行一方主张违约责任。

三、不安履行抗辩权

不安履行抗辩权,是指在有先后履行顺序的同一双务合同中,负有先履行义务的当事人在有确切证据证明后,履行义务当事人有丧失或者可能丧失履行债务能力的情况时,可中止自己履行的权利。双务合同中,在后履行债务一方丧失或者可能丧失债务履行能力的情况下仍然要求先履行债务一方先作出给付则有悖公平,因此不安抗辩权制度的设置赋予了先履行方在这些情况下中止履行债务的权利。

不安履行抗辩权制度是大陆法系合同法中的一项重要制度,各国普遍加以规定,但在适用条件上则不尽相同。我国《民法典》第527条规定:"应当先履行债务的当事人,有确切证据证明对方有下列情形之一的,可以中止履行:(一)经营状况严重恶化;(二)转移财产、抽逃资金,以逃避债务;(三)丧失商业信誉;(四)有丧失或者可能丧失履行债务能力的其他情形。当事人没有确切证据中止履行的,应当承担违约责任。"

不安抗辩权的构成要件主要包括以下几个方面:

(1)双方当事人因同一双务合同而互负债务。这一条件与前两项抗辩权的条件相同,不安抗辩权亦为双务合同的效力表现,其成立须双方当事人因同一双务合同而互负债务,并且相互的债务构成对价关系。

(2)当事人双方有先后的履行顺序。不安履行抗辩权是先履行人对后履行义务人的抗辩,所以必须要求依照合同约定、法律规定或交易习惯能够确定合同的先后履行顺序。

(3)先履行义务人一方的债务已届清偿期。如果未届清偿期,先履行义务一方并不会产生履行义务,主张不安履行抗辩权是没有法律意义的,且在先履行义务人履行期限到来之前,后履行义务人的履行状态是不确定的,其暂时的履行能力降低很有可能在先履行义务人履行期限到来时得到恢复,因此必须强调先履行义务人一方的债务已届清偿期。

(4)先履行义务人有证据证明后履行义务人的履行能力明显降低,有不能为对待给付的现实危险。这些情形包括经营状况严重恶化,转移财产、抽逃资金以逃避债务,丧失商业信誉和其他丧失或者可能丧失履行债务能力的情形。

为了保证该项权利不会被滥用,并兼顾后履行义务人的利益,不安抗辩权的行使有其限制性条件:一是先履行义务人必须自负举证责任,以证明后履行义务人的履行能力明显降低,有不能为对待给付的现实危险,最终由仲裁机构或者法院作出最终裁断。如果先履行义务人没有确切证据而中止履行,应当承担违约责任;二是先履行义务人行使不安抗辩权的,应及时通知后履行义务人,该通知的内容包括中止履行的意思表示及指明后履行义务人提供适当担保的合理期限。

我国《民法典》第528条规定:"当事人依据前条规定中止履行的,应当及时通知对方。对方提供适当担保的,应当恢复履行。中止履行后,对方在合理期限内未恢复履行能力且未提供适当担保的,视为以自己的行为表明不履行主要债务,中止履行的一方可以解除合同并可以请求对方承担违约责任。"由此可见,不安抗辩权行使后产生的法律后果主要表现为以下几个方面:

(1)先履行一方已经发出通知后,在后履行一方当事人没有提供适当担保之前,有权中止自己的履行。

(2)后履行一方当事人接到通知后,向对方提供了适当担保的,不安抗辩权消灭,合同恢复履行,主张不安抗辩权的当事人应当承担先履行的义务。

(3)先履行债务的当事人中止履行并通知对方当事人后,对方当事人在合理期限内没有恢复履行能力,也没有提供适当担保的,视为以自己的行为表明不履行主要债务,先履行债务的当事人产生法定解除权,可以单方解除合同,同时还可以追究后履行一方的违约责任。

这一规定实际上是将不安履行抗辩权与预期违约制度进行了有效衔接。不安抗辩权是大陆法系民法中保护债权的抗辩权制度,预期违约是英美法系中对守约方进行保护的制度,同样将中止履行作为守约方的一种保护措施。我国《民法典》合同编延续了《合同法》的做法,在对不安抗辩权和预期违约制度分别规定的同时,为了协调不安抗辩权与法定解除制度、预期违约制度之间的关系,将不安抗辩权的效力与预期违约制度进行了衔接,将不安抗辩权中"对方在合理期限未恢复履行能力并且未提供适当担保的行为"视为默示预期违约行为,并可以主张默示预期违约的法律效果。也就是说,当事人行使不安抗辩权并中止履行后,对方在合理期限内未恢复履行能力并且未提供适当担保的,视为以自己的行为表明不履行主要债务。中止履行的一方,即行使不安抗辩权的一方不但可以解除合同,还可以请求对方承担赔偿损失等违约责任。

思考题

1. 简述合同履行的原则有哪些?
2. 简述情势变更原则是什么?
3. 简述双务合同履行中的抗辩权是什么?
4. 简述不安抗辩权与先履行抗辩权的区别有哪些?
5. 简述连带之债的履行是什么?
6. 简述真正利益第三人的责任有哪些?

第七章 合同的保全

【本章概要】合同的保全,即合同债权的保全,是指法律为防止因债务人的责任财产不当减少或不增加给债权人的债权带来危害,允许债权人代债务人之位向第三人行使债务人的权利,或者请求法院撤销债务人与第三人的民事行为的法律制度。这次《民法典》的编纂将合同的保全从合同的履行中单独出来成章,规定了债权人的代位权和撤销权两种保全制度。

【本章难点】代位权和撤销权的区别。

【引　题】甲向乙借款1万元,到期未偿还,而甲的经济状况十分糟糕,除了下列权利外别无财产可供偿还,在符合条件的情况下,债权人乙可以代位行使甲的权利是(　　)。

A.甲对其女儿的请求支付赡养费的权利

B.甲对其母的继承权

C.甲对其债务人享有的偿还贷款的请求权

D.甲因被第三人打伤而对第三人享有的损害赔偿请求权

合同的保全,即合同债权的保全,是指法律为防止因债务人的责任财产不当减少或不增加给债权人的债权带来危害,允许债权人代债务人之位向第三人行使债务人的权利,或者请求法院撤销债务人与第三人的民事行为的法律制度。债务人的全部财产亦称为责任财产,债务人以其责任财产作为其承担债务责任的一般担保,所以责任财产的增减与一般债权能否实现关系密切,如果债务人任意处分财产、减少责任财产,就会影响一般债权的实现,故法律赋予债权人干预债务人处分责任财产的权利,这就是债权人债权的保全制度。

我国《民法典》规定合同保全的基本方法有两种:代位权和撤销权。合同保全的特点主要表现在以下几个方面:

第一,合同的保全是债的对外效力的体现。根据合同的相对性原则,合同中的权利义务,包括合同责任,仅对缔约双方当事人具有法律约束力,一般不会对合同之外的第三人产生效力。但是当债务人的责任财产减少并影响到债权人权利实现时,债权人的代位权或撤销权的行使均可对合同外的第三人发生法律效力。

第二,在合同保全制度中,债权人享有的代位权和撤销权都是实体权利,属于债权的法定权能,无须当事人在合同中约定。

第三,合同的保全主要发生在合同生效之后,合同履行完毕之前。

第四,按照《民法典》第535条、538条和539条的规定:"合同保全的行使都应以诉讼的方式进行。"合同保全制度突破了合同相对性原则,将对合同之外的第三人发生法律拘束力,因此需要慎重对待,其保全措施是否适当应当交由司法机关判断。

第一节 代位权

代位权是指债务人怠于行使自己对相对人享有的权利而危及债权人的债权时,债权人为了保全自己的债权,可以自己的名义向法院诉请代位行使债务人对相对人之债权的权利。债权人的代位权起源于罗马法中的代位请求权或称间接诉权,大陆法系国家并非都有代位权制度,《德国民法典》《瑞士民法典》中就没有代位权制度,他们主要是通过强化对债务人责任财产的执行手段,达到保障债权人的债权实现的目的。而法国、日本、意大利等国家以及我国台湾地区都设置了代位权制度。《法国民法典》第1341-1条规定,如果债务人怠于行使自己具有财产性质的权利或者提起具有财产内容的诉讼,对其债权人的权利造成损害的,债权人可以债务人的名义行使权利或提起诉讼,但该权利或诉讼与债务人人身相关的除外。

我国合同法立足于中国实际需要,参考境外相关立法例也规定了代位权制度,该法第73条规定,"因债务人怠于行使其到期债权,对债权人造成损害的,债权人可以向人民法院请求以自己的名义代位行使债务人的债权,但该债权专属于债务人自身的除外。代位权的行使范围以债权人的债权为限。债权人行使代位权的必要费用,由债务人负担。"我国《民法典》对代位权制度基本上延续了合同法的规定,同时根据实践需要作了一定的修改。《民法典》第535条规定:"因债务人怠于行使其债权或者与该债权有关的从权利,影响债权人的到期债权实现的,债权人可以向人民法院请求以自己的名义代位行使债务人对相对人的权利,但是该权利专属于债务人自身的除外。"代位权的行使范围以债权人的到期债权为限。债权人行使代位权的必要费用,由债务人负担。相对人对债务人的抗辩,可以向债权人主张。

一、代位权的成立要件

第一,债权人与债务人之间存在合法有效的债权债务关系,而且债务人享有合法有效的对外债权,这两种法律关系的存在是代位权存在的基础。

第二,债务人怠于行使其债权或者与该债权有关的从权利,对债权人造成了损害,即代位权针对的是债务人对合法债权及相关从权利的消极行为。"怠于行使其债权或者与该债权有关的从权利"意即债务人应当行使其权利,且能够行使而不行使,具体是指债务人不履行其对债权人的债务,又不以仲裁或者诉讼方式向其债务人主张其享有的具有金钱给付内容的债权或者与该债权有关的从权利,已经影响到债权人的到期债权实现的。

第三,债权人的债权已经到期或者虽未到期但是影响债权人的债权实现。《民法典》第535条规定代位权的行使范围以债权人的到期债权为限,但《民法典》第536条又规定了到期债权的例外,该法条规定:"债权人的债权到期前,债务人的债权或者与该债权有关的从权利存在诉讼时效期间即将届满或者未及时申报破产债权等情形,影响债权人的债权实现的,债权人可以代位向债务人的相对人请求其向债务人履行、向破产管理人申报或者作出其他必要的行为。"也就是说在一定条件下,债权到期前,也应当允许债权人代位行使债务人的权利,作出中断诉讼时效、申报债权等必要的行为,该行为在理论上也可称为"保存行为"。债权到期前债权人代位权行使的条件是债务人对相对人享有的债权或者与该债权有关的从权利可能存在诉讼时效期间即将届满或者未及时申报破产债权等情形,影响债权人的债权实现。

第四,债务人的债权不是专属于债务人自身的债权。债权人可以代为行使的权利必须是非专属于债务人的权利。对于何为专属于债务人自身的债权,我国《民法典合同编通则司法解释》第34条规定了5种类型:一是抚养费、赡养费或者扶养费请求权;二是人身损害赔偿请求权;三是劳动报酬请求权,但是超过债务人及其所扶养家属的生活必需费用的部分除外;四是请求支付基本养老保险金、失业保险金、最低生活保障金等保障当事人基本生活的权利;五是其他专属于债务人自身的权利。

二、代位权的行使

代位权只能以诉讼的方式行使,行使代位权的主体是债权人。在代位权之诉中,债权人应当以自己的名义行使代位权,即债权人作为原告,或多个债权人作为共同原告,但如果已经有人提起代位权之诉或正在代位诉讼,其他债权人不得提起,否则法院将驳回。而代位权之诉中的被告是债务人的相对人,债权人可以将债务人列为第三人,没有列为第三人的,人民法院可以追加债务人为第三人。如果两个或者两个以上债权人以同一债务人的相对人为被告提起代位权诉讼的,人民法院可以合并审理。对于代位权之诉,我国《民法典合同编通则司法解释》第35条还规定由被告住所地人民法院管辖,依法应当适用专属管辖规定的除外。债务人或者相对人以双方之间的债权债务关系订有管辖协议为由提出异议的,人民法院不予支持。

我国《民法典》第535条第2款规定:"代位权的行使范围以债权人的到期债权为限。债权人行使代位权的必要费用,由债务人负担。"对超出到期债权范围以外的部分,不能行使代位权。

三、代位权行使的效力

债权人行使代位权,对债务人、债务人的相对人和债权人都会产生一定的法律效果。

(一) 对债权人的效力

关于债权人的代位权之诉获得法律支持后,相对人的履行能否直接归属于债权人的问题,在理论和实践中存在着一定争议。传统民法坚持"入库规则",即从债的平等性原则出发,债权人应当把代位权所取得的财产"入库",即归入债务人的责任财产后,所有债权人再从债务人处平等受偿。但"入库规则"在实践中也产生了打击债权人行使代位权的积极性,不利于发挥制度功能等问题,因此建议要改变传统的"入库规则"。我国最新法律规定债权人享有直接受偿权,以体现对债权人积极行使代位权的激励作用。《民法典》第537条规定:"人民法院认定代位权成立的,由债务人的相对人向债权人履行义务,债权人接受履行后,债权人与债务人、债务人与相对人之间相应的权利义务终止。债务人对相对人的债权或者与该债权有关的从权利被采取保全、执行措施,或者债务人破产的,依照相关法律的规定处理。"

特别注意的是,债权人的直接受偿权只是产生了使行使代位权的债权人先于其他债权人受清偿的实际效果,而不是赋予了行使代位权的债权人一种类似担保物权、建设工程价款优先受偿权这样的优先权,也不能排除适用企业破产法的有关规定。因此法条明确规定,债务人对相对人的债权或者与该债权有关的从权利被采取保全、执行措施或者债务人破产的,依照相关法律的规定处理。

(二) 对于债务人的效力

代位权的行使是债权人以自己的名义直接行使债务人的债权,从法理上说债权人行使代位权的效果应当直接归属于债务人,但按照我国《民法典》规定的债权人直接受偿权,债权人按照法律规定享有直接受偿权代位受领后,债务人对相对人享有的债权在受偿范围内消灭。

(三) 对债务人相对人的效力

在代位权诉讼中,由于债权人是以自己的名义向债务人的相对人提起诉讼,所以在法律地位上,债权人与债务人相同,相对人对债务人享有的一切抗辩权均可向债权人主张。代位权的请求一旦获得法律支持,则债务人的相对人应当依照法院的判决向债权人作出履行。

第二节 撤销权

债权人的撤销权,又称为废罢诉权、保罗诉权,是指债权人依法享有的为保全其债权,对债务人无偿或者低价处分作为债务履行资力的现有财产,以及放弃其债权或者债权担保、恶意延长到期债权履行期限的行为,请求法院予以撤销的权利。债权人撤销权与代位权都具有保全债务人责任财产的功能,区别在于债权人行使代位权是防止债务人消极行使权利而让责任财产不当减少,债权人行使撤销权是通过撤销债务人积极减少责任财产的不当行为来达到债权保全的目的。

我国原《合同法》第 74 条规定了债权人的撤销权:"因债务人放弃其到期债权或者无偿转让财产,对债权人造成损害的,债权人可以请求人民法院撤销债务人的行为。债务人以明显不合理的低价转让财产,对债权人造成损害,并且受让人知道该情形的,债权人也可以请求人民法院撤销债务人的行为。撤销权的行使范围以债权人的债权为限。债权人行使撤销权的必要费用,由债务人负担。"我国《民法典》第538条和第539条分别规定了债务人无偿处分财产和债务人有偿处分财产的两种撤销权。

一、债权人撤销权的成立要件

(一)债务人无偿处分财产行为撤销权的成立要件

《民法典》第538条规定:"债务人以放弃其债权、放弃债权担保、无偿转让财产等方式无偿处分财产权益,或者恶意延长其到期债权的履行期限,影响债权人的债权实现的,债权人可以请求人民法院撤销债务人的行为。"由此可见,其主要应具备以下构成要件。

(1)债务人实施了损害债权人债权实现的财产上的法律行为。一种损害行为包括债务人以放弃其债权、放弃债权担保、无偿转让财产等方式无偿处分财产权益。其中"放弃其债权""放弃其债权担保"中的"放弃"不同于"怠于行使"行为,"放弃"一般要通过民事法律行为的形式作出,不论该债务人的债权已届清偿期或未届清偿期,债权人都可以通过撤销权制度予以撤销。另一种损害行为是债务人恶意延长其到期债权的履行期限,影响债权人的债权实现,其中"恶意"是指债务人明知道其延长到期债权履行期限的行为会影响债权人的债权实现仍然实施的主观状态。

(2)债务人的行为有害于债权。不论是债务人减少积极财产的行为还是增加消极财产的行为都将使债务人的清偿资力减少,但这并非是债权人行使撤销权的必要条件,只有当该行为对债权人债权的实现造成危害时,该权利才得以成立。至于如何认定"影响债权人债权的实现",要结合债权人的债权情况、债务人的责任财产状况等在个案中予以具体判断,不可僵化理解,既要防止对债务人行为的不当、过分干预,也要防止设定过于严苛的条件损害撤销权的正常行使。

(二)债务人有偿处分财产行为撤销权的成立要件

《民法典》第539条规定:"债务人以明显不合理的低价转让财产、以明显不合理的高价受让他人财产或者为他人的债务提供担保,影响债权人的债权实现,债务人的相对人知道或者应当知道该情形的,债权人可以请求人民法院撤销债务人的行为。"对于债务人的有偿处分行为,因为债务人的相对人取得利益也付出了代价,因此需要更重视对交易安全因素的考量,需要更加严格的适用条件。由此可见,其主要应当具备以下构成要件。

1.客观要件

(1)债务人实施了损害债权人债权实现的财产上的法律行为。具体损害行为包括债务人以明显不合理的低价转让财产、以明显不合理的高价受让他人财产或者为他人的债务提供担保的。至于何谓"明显不合理的低价""明显不合理的高价",需要结合具体交易情况,在个案中作具体判断。对此,我国《民法典合同编通则司法解释》第42条做出了明确的规定:"对于《民法典》第539条规定的'明显不合理'的低价或者高价,人民法院应当按照交易当地一般经营者的判断,并参考交易时交易地的市场交易价或者物价部门指导价予以认定。转让价格未达到交易时交易地的市场交易价或者指导价百分之七十的,一般可以认定为'明显不合理的低价';受让价格高于交易时交易地的市场交易价或者指导价百分之三十的,一般可以认定为'明显不合理的高价'。而且明确了债务人与相对人存在亲属关系、关联关系的,不受规定的百分之七十、百分之三十的限制。"

"为他人的债务提供担保的行为",既包括为他人的债务担任保证人,也包括为他人的债务以自己的财产设定抵押、质押等。

(2)债务人的行为影响债权人的债权实现。债务人以明显不合理的低价转让财产、以明显不合理的高价受让他人财产或者为他人的债务提供担保的行为,要在客观上影响债权人债权的实现才能撤销。

2.主观要件

主观要件是指债务人以及相对人的主观恶意。债务人的恶意是指债务人在行为时必须有诈害的意思,即明知该行为将有害于债权人的债权;相对人的恶意是指其取得一定的财产或取得一定的财产利益时,已经知道债务人所为的行为有害于债权人的债权。

在债务人以不合理价格转移财产的情形下,要求债务人主观上有逃避债务的恶意,且低价处分财产行为的受让人知道或者应当知道该情形。应当注意的是,在有偿行为的情况下,债务人的恶意是债权人撤销权的成立要件,即只要债务人有诈害的故意,撤销权就可以成立,而无须相对人的恶意;而相对人的恶意则是债权人撤销权行使的要件,即如果相对人是善意的,无过失的,出于维护交易安全的考虑,撤销权将无法行使。

二、撤销权的行使

撤销权只能以诉讼的方式进行,行使撤销权的主体是债权人。在撤销权之诉中,债权人以自己的名义作为原告,而应当以债务人和债务人的相对人为共同被告,由债务人或者相对人的住所地人民法院管辖,但是依法应当适用专属管辖规定的除外。两个以上债权人就债务人的同一行为提起撤销权诉讼的,人民法院可以合并审理。我国《民法典》第540条规定:"撤销权的行使范围以债权人的债权为限。"

为了保护交易的安全,《民法典》第541条规定了撤销权行使的期限:"撤销权自债权人知道或者应当知道撤销事由之日起一年内行使。自债务人的行为发生之日起五年内没有行使撤销权的,该撤销权消灭。"该撤销权在性质上属于除斥期间,是法律为形成权设定的行使期间。形成权是指因单方民事行为即能引起民事法律关系产生、变更、终止的权利。除斥期间届满,形成权消灭。

三、撤销权行使的效力

原《合同法》没有对撤销权行使的效力加以规定,《民法典》进行了补充,其第542条规定:"债务人影响债权人的债权实现的行为被撤销的,自始没有法律约束力。"

(一) 对债务人和相对人的效力

根据《民法典》第542条的规定,债务人的行为一经撤销即自始失去法律效力。已经交付给相对人的,相对人应当返还,无法返还的应当作价返还;未交付的不用交付。

(二) 对债权人的效力

债权人有义务将收取的利益归入债务人的一般责任财产,作为全体一般债权人的共同担保。债权人应按照比例分别受偿。债权人行使撤销权所支付的律师费、差旅费等必要费用,由债务人负担;相对人有过错的,应当适当分担。

【疑难问题论争3】

代位权与撤销权能否同时行使?

债权人撤销权与代位权作为合同保全的两项基本制度,二者能否同时行使的问题一直以来为学界所争论。《民法典分编(草案)》(二审稿)第331条第2款规定:"债权人请求人民法院撤销债务人行为的,可同时依法以自己的名义代位行使债务人在其行为被撤销后对相对人所享有的权利。"依据这一规定,为了充分保障债权,债权人在行使撤销权的同时,还可以代位行使债务人对相对人的权利,这实际上是肯定了债权人可以同时行使债权人代位权与撤销权。草案设置这一规则的理论基础在于,债权人撤销权和代位权一样,都是债权的法定权能,都属于债权保全的方法,且必须附随于债权而存在。债权人代位权与撤销权作为债权保全的方法,也都使债权产生对第三人的效力,但由于代位权与撤销权的行使效果不同,因此,在行使撤销权的同时允许债权人行使代位权,有利于债权人及时获得清偿,从而达到保全债权、保障债权实现的目的。在司法实践中,也存在部分法院在判决中认可了债权人可以同时行使代位权与撤销权。然而最终《民法典》合同编并未采纳草案中的这一规定,一些学者也对同时行使规则的合理性提出了质疑,理由在于:债权人代位权与撤销权虽然都具有保全债权的功能,但由于二者在制度功能、行使条件、法律效果等方面均存在较大差别,因此,不宜由债权人同时行使。① 且若允许二者同时行使,可能会导致撤销权没有适用的余地、物上请求权和债权请求权的混淆以及程序法上当事人身份的混乱等不利后果。不可否认的是,在某些情况下债权人可能兼有行使撤销权和代位权的需求,如债务人放弃债权或债权担保的,既有积极损害债权人利益之意又兼具消极处置其债权权利的表象,债权人除了有权要求撤销该等放弃行为的,还应有权就债务人怠于行使其债权或者与该债权有关从权利的行为,以自己的名义代位行使债务人对相对人的权利。因此,应否在现有合同保全制度中增设同时行使规则仍有待进一步探讨。

思考题

1. 试析合同履行中的两种保全制度有什么区别。
2. 简述代位权的行使要件及法律效力有哪些。
3. 简述撤销权的行使要件及法律效力有哪些。

---

① 王利明:《债权人代位权与撤销权同时行使之质疑》,载《法学评论》,2019年第2期,第1-8页。

第八章　合同的变更及转让

【本章概要】合同的变更从广义上来讲包括合同内容的变更和合同主体的变更,而合同主体的变更即合同的转让。本章主要介绍合同内容的变更和合同主体的变更,分为两节,第一节是狭义的合同变更,主要介绍合同内容的变更;第二节是合同主体的变更,即合同的转让,包括债权转让、债务转让、债务加入以及债权债务的概括转让。在合同法规定的基础上,本章更为明确了债务加入的规则,完善了债权禁止转让特约、债务人在债权转让中的抵销权等规则。

【本章难点】债务转让、由第三人履行、第三人代为履行之间的区别。

【引　题】甲公司对乙公司享有50万元债权,甲公司对丙公司、丁公司各有40万元货款未付。现甲公司将其50万元债权转让给戊公司,将对丙的债务转让给乙公司,另出于营业需要,从甲公司分出新公司庚,甲公司与庚公司达成债务分配协议,约定丁公司的债务由庚公司承担。请分析上述债权债务转让的效力。

第一节　合同的变更

合同的变更从广义上理解,包括合同主体的变更和合同内容的变更,本节合同的变更是指狭义的变更,即合同内容的变更。

一、合同变更的概念和特征

合同的变更是指有效成立的合同在尚未履行或未履行完毕以前,由于一定的法律事实的出现而使合同内容发生改变。例如,标的的数量、质量发生改变等。合同虽然是当事人经协商一致达成的,对双方当事人均具有法律约束力,都不得擅自改变合同的内容。但是,当事人在订立合同时难免对涉及合同的问题有所疏漏或在合同履行中出现情况变化,导致合同内容需要调整。因此,当事人可以本着协商的原则就合同的变更达成一致。《民法典》第5条也明确规定:"民事主体从事民事活动,应当遵循自愿原则,按照自己的意思设立、变更、终止民事法律关系。"

按照我国《民法典》的相关规定,合同变更的特征主要表现在以下几个方面。

(1)合同的变更是对合同非要素内容的变更。合同变更是在合同同一性和连续性的基础上进行的,因此是除要素内容之外的合同的其他内容的变更。而所谓要素变更是指合同标的改变,它既包括标的种类的改变,又包括合同性质的改变。如果涉及合同要素条款的变更则在性质上属于合同的更新,又可称为合同的更改。在发生合同更新的情况下,更改前后的合同在内容上将会失去同一性和连续性,导致原合同关系的消灭,新合同关系的产生。例如,赠与合同因为增加价款而变为买卖合同或者买卖电器的合同改变标的物成为买卖粮食的合同。

(2)合同变更以当事人协商一致为原则。我国《民法典》第543条规定"当事人协商一致,可以变更合同",由此可见,我们此处所探讨的合同的变更是指当事人双方协商一致的变更,而不包括法定的变更,如情势变更。

二、合同变更的条件

(1)合同变更须以原合同关系的有效存在为前提。合同的变更,是改变原合同关系,无原合同关系便无变更的对象,所以合同的变更离不开原已存在的合同关系这一条件。合同无效,自始即无合同关系;合同被撤销,合同自始失去法律约束力,亦无合同关系;追认权人拒绝追认效力未定的合同,仍无合同关系。在这些情况下,自无变更合同的余地。①

(2)双方当事人必须协商一致,并对变更的内容作出明确约定。我们此处所探讨的合同变更是指当事人双方协商一致的变更,而不包括法定的变更,所以要求当事人必须协商一致并对变更的内容作出明确约定。根据《民法典》第136条第2款的规定,一方当事人非依法律规定或者未经对方当事人同意不得擅自变更合同的内容,否则变更后的内容不仅对另一方没有约束力,而且应当

---

① 崔建远著:《合同法总论》(中卷),北京:中国人民大学出版社2012年版,第561页。

承担违约责任。根据《民法典》第133条的规定,当事人的协商一致无论是事先协商约定还是事后协商,都属于通过意思表示变更民事法律关系的民事法律行为。因此,当事人协商变更法律关系都应当符合民事法律行为成立和效力的规定,即无论明示变更还是默示变更都必须明确。如果不明确,根据我国《民法典》第544条规定:"当事人对合同变更的内容约定不明确的,推定为未变更。"

(3)合同的变更须遵守法律要求的方式。法条未对变更合同的形式作出限制,但是最好采用书面形式,这样有利于明确双方的权利和义务,有利于纠纷和争议的解决。针对有效的合同进行协议变更一定要遵守法律的特别要求,我国《民法典》第502条第2款规定:"依照法律、行政法规的规定,合同应当办理批准等手续,依照其规定,未办理批准等手续影响合同生效的,不影响合同中履行报批等义务条款以及相关条款的效力。应当办理申请批准等手续的当事人未履行义务的,对方可以请求其承担违反该义务的责任。"

三、合同变更的效力

合同变更的效力或者变更后合同效力的认定,要遵从合同生效、合同无效的一般规则判定。合同一经变更便发生以下法律效力。

(1)就合同已经变更的部分发生债权债务消灭的法律效力,同时,合同未变更的部分仍保持原有的效力状态,对当事人具有约束力,当事人应当按照变更后的合同履行。

(2)合同的变更仅对合同未履行部分发生法律效力,对已经履行的部分没有溯及力,当事人不得主张对已经履行的部分按变更后的内容重新履行,除非当事人另有约定。

(3)合同的变更不影响当事人请求损害赔偿的权利。因合同的变更给对方当事人造成损失或合同变更以前由于一方的过错给另一方造成损失的,应负损害赔偿责任。

第二节 合同的转让

合同的转让就是合同主体的变更,又称为合同权利义务的转让,是指在不改变合同内容的前提下,合同关系的一方当事人依法将其合同的权利与义务全部或部分地转让给第三人的法律行为。我国《民法典》使用的是债权债务转让的概念,因为本书为合同法,内容仅限于债权债务因合同行为转让,所以直接使用合同转让的概念。此处的合同转让是指通过合同行为而使得合同权利义务发生转移的法律行为,包括合同权利的转让、合同义务的转让、债务加入以及权利义务的概括转让。

一、合同权利的转让

合同权利转让又称为债权让与,是指不改变合同关系的内容,债权人一方将其合同债权全部或部分地转移给第三人的行为。合同权利的转让是应债权资本化和自由流通的要求而产生的,其设立的目的在于满足合同债权人自由处分债权的愿望,从而达到鼓励交易、促进市场经济发展的目的。同时,债权人作为让与人与第三人作为受让人之间必须经过协商一致达成债权转让合同,而且转让合同作为民事法律行为应当适用民事法律行为的一般性规定。《民法典》第545条规定,债权人可以将债权的全部或者部分转让给第三人。

(一)合同权利转让的条件

(1)合同权利转让的前提是存在合法有效的合同债权。如果该合同根本不存在或合同效力存在瑕疵,则针对该合同的权利转让均为无效,因此给善意受让人造成的损害应当由转让人承担。

(2)合同权利让与人与受让人之间必须达成合法有效的转让合意,并且该合同不得违背法律的有关规定。

(3)被转让的合同权利必须具有可转让性。

我国《民法典》第545条规定了三种不得转让的合同债权:一是根据债权性质不得转让。根据债权性质不得转让的权利,主要是指合同是基于特定当事人的身份关系或者对特定人资质能力等的信赖而订立合同产生的债权,以及债权人的变动会危害债务人基于合同关系所享有的利益、实质性地增加了债务人的负担或风险、损害债务人的利益债权。一般情况下,不作为债权也不可被单独转让,不可分的债权根据债权性质也不得被部分转让。二是按照当事人的约定不得转让。当事人可以对债权的转让作出特别约定,禁止债权人将权利转让给第三人,债权人未遵守约定将权利转让给他人的行为构成违约,造成债务人利益损害的应当承担违约责任。但是应当注意的是,当事人约定非金钱债权不得转让的,不得对抗善意第三人;当事人约定金钱债权不得转让的,不得对抗第三人。三是依照法律规定不得转让。如果相关法律对债权转让作出了禁止性规定,这些规定就应当遵守。违反此禁止性规定转让债权的,应当认定为无效。比如,《中华人民共和国文物保护法》第25条第1款规定:"非国有不可移动文物不得转让、抵押给外国人。"民事主体违反这一规定,将文物买卖合同中的权利转让给外国人的,其转让所有权的行为是无效的。

(4)合同债权的转让应当通知债务人,未经通知,该转让对债务人不发生法律效力。对于债权转让的构成存在三种立法例,即不必经债务人同意也无须通知债务人、不必经债务人同意但须通知债务人、必须经过债务人同意。

债权人转让债权有利于债权的流通性、发挥债权的经济价值。但是,为了保护债务人的利益,为了避免债权人转让债权的行为给债务人的利益造成影响,因此,《民法典》规定了债权转让的通知。我国《民法典》第546条规定:"债权人转让权利的,应当通知债务人。未经通知,该转让对债务人不发生效力。该转让的通知到达债务人时生效,且未经受让人同意,该通知不得撤销,即债权人单方面不得撤销该转让协议。"这种制度既顾及了债务人利益的保护,保证债务人能及时了解到权利转让的情况,避免债务人重复履行和向错误的债权人履行所可能造成的损失,同时,也没有对债权人转让债权的行为进行实质性的约束,不会影响正常交易的运转。

另外,需要注意的是,债权转让通知的目的是保护债务人,但是否通知债务人并不影响受让人对转让债权的取得。因此,法条明确规定受让人取得转让债权不以通知债务人为条件,债权转让合同的效力不因未通知债务人而受影响。

(二)合同权利转让的效力

1.合同权利转让的对内效力

合同权利转让的对内效力即合同权利转让在合同权利的转让人与受让人之间发生的法律效力。

(1)主权利与从权利的转移。

合同当事人既可以将合同权利全部转让,也可以部分转让。合同权利全部转让的,第三人作为受让人取代原合同权利人即让与人的地位成为新的合同权利人;合同权利部分转让的,第三人作为受让人,除受让人和让与人另有约定外,受让人与让与人按份享有合同权利。

除了主权利的转移外,从权利也可以按照法律的规定发生转移。我国《民法典》第547条规定:"债权人转让债权的,受让人取得与债权有关的从权利,但是该从权利专属于债权人自身的除外。受让人取得从权利不因该从权利未办理转移登记手续或者未转移占有而受到影响。"抵押权、质权、保证等担保权利以及附属于主债权的利息等孳息请求权，都属于主权利的从权利，由于从权利从属于主权利，当然随主权利的转移而转移。另外，《民法典》第407条也规定了抵押权随债权转让而转让；第696条第1款规定了保证人的保证责任随债权转让而转移。当然，考虑到有的从权利的设置是针对债权人自身的，与债权人不可分割，因此，法条规定专属于债权人自身的从权利不随主权利的转让而转让。例如，《民法典》第421条规定："最高额抵押担保的债权确定前，部分债权转让的，最高额抵押权不得转让，但是当事人另有约定的除外。"

特别需要注意的是《民法典》第547条在合同法的基础上增设第2款，即债权的受让人对从权利的取得无须办理转移登记手续或者转移占有。也就是说，债权受让人取得这些从权利是基于法律的规定，并非基于法律行为的物权变动，这样的规定有利于保障主债权顺利实现。在债权转让前，这些从属性的担保权利已经进行了公示，公示公信的效果已经达成，因此没有进一步保护第三人进而维护交易安全的必要。

(2)转让人对受让人应承担相应的义务。这些义务主要包括：第一，权利瑕疵担保责任，即转让人应当保证转让的债权有效存在并不受到权利的追索；第二，转让人应当履行交付与告知义务；第三，除非转让人与受让人有明确约定，否则，转让人对债务人的履行能力不负担保责任。

2.合同转让的对外效力

合同转让的对外效力，主要是指合同转让对债务人的法律效力。

(1)债务人应当承担对受让人的履行义务。

(2)债务人享有对抗原债权人的抗辩权。我国《民法典》第548条规定，债务人接到债权转让通知后，债务人对让与人的抗辩，可以向受让人主张。这一规定是为了保证债务人不会因为债权转让致使其应当行使的抗辩和其他权利无法行使。这些抗辩包括阻止或者排斥债权的成立、存续或者行使的所有事由所产生的一切实体抗辩以及程序抗辩，包括诉讼时效完成的抗辩，债权不发生的抗辩，债权因清偿、提存、免除、抵销等而消灭的抗辩，基于双务合同产生的同时履行抗辩权、不安抗辩权和先履行抗辩权，先诉抗辩权以及程序上的抗辩等。[①]

(3)债务人享有对原债权人的抵销权。我国《民法典》第549条规定："有

---

① 黄薇著：《中华人民共和国民法典合同编解读》(上)，北京：中国法制出版社2021年版，第297页。

下列情形之一的,债务人可以向受让人主张抵销:(一)债务人接到债权转让通知时,债务人对让与人享有债权,且债务人的债权先于转让的债权到期或者同时到期;(二)债务人的债权与转让的债权是基于同一合同产生。"同时,依据《民法典》第553条的规定,在合同权利义务概括转让的情形,对于原债务人对债权人享有的债权,受让人不得向债权人主张抵销。

该法条的规定也是出于对债务人利益的保护,债权人转让权利既然不需要经债务人同意,那么债务人的利益也不应该因债权人转让权利的行为而遭受损害,因此,如果债务人对债权人享有债权,债务人当然可以依照法律的规定向受让人行使抵销权。根据《民法典》第568条第1款关于法定抵销的规定,当事人互负债务,该债务的标的物种类、品质相同的,任何一方可以将自己的债务与对方的到期债务抵销;但是,根据债务性质、按照当事人约定或者依照法律规定不得抵销的除外。结合两个法条的规定,可以看出债务人对受让人主张抵销权的条件有以下几点:一是债务人必须对让与人享有债权,且标的物种类、品质相同;二是债务人对让与人享有债权的法律原因必须在债务人接到债权转让通知时已经存在;三是债务人对让与人的债权先于转让的债权到期或者同时到期;四是债务人对让与人的债权与转让债权是基于同一合同产生的。

需要注意的是,债务人向受让人主张此种抵销的,应当依据《民法典》第568条第2款的规定通知受让人并且抵销不得附条件或者附期限。

债务人针对表见让与的履行有效。表见让与是指当债权人将债权让与第三人的事项通知债务人后,即使让与并未发生或该让与无效,债务人基于对让与人通知的信赖而向该第三人所为的履行行为仍然有效。

因债权转让而额外增加的债务人的履行费用有约定的按约定处理;没有约定的,从保护债务人利益的角度出发,应当由债权让与人承担。《民法典》第550条规定:"因债权转让增加的履行费用,由让与人负担。"

二、合同义务的转移

合同义务的转移,又可称为债务承担,是指在不改变债的内容的前提下,债权人、债务人与第三人之间达成的协议将合同债务全部或部分转移给第三人承担。包括债务全部移转或部分转移的免责的债务承担和债务加入之并存的债务承担。

(一)免责的债务承担

免责的债务承担是指在不改变债务内容的前提下,债务人将债务全部或部分地移转给第三人,由第三人全部或部分地取代原债务人的地位而负担债务。我国《民法典》第551条规定的就是免责的债务承担:"债务人将债务的全部或者部分转移给第三人的,应当经债权人同意。债务人或者第三人可以催告债权人在合理期限内予以同意,债权人未作表示的,视为不同意。"

1.合同义务转移的条件

(1)合同义务转让的前提是存在有效的合同关系。

(2)一般情况下合同义务的转移是由合同义务让与人与受让人之间达成合法有效的转让合意,并且该合同不得违背法律的有关规定。但是合同义务的转移也可以由债权人、债务人以及受让人三方达成共同的协议,这其实就是债权人提前行使同意的权利。还应当注意的是债务转移合同也有可能是债权人和第三人之间签订的。此时,该合同一般情况下对债务人是有利的,但是,也有可能出现债务人对此不存在利益的情形,甚至债务人有合理的理由要求履行债务。例如,债务人考虑到其被取代对声誉的影响,或者无法通过履行债务训练团队以吸引未来的业务,甚至可能已经和他人签订辅助性的合同以履行债务,此时可能要被迫解除这些合同。因此,该类债务转移合同至少应当通知债务人,债务人应当能够拒绝债权人和第三人之间签订的债务转移合同对其发生效力。[①]

(3)被转让的合同义务必须具有可转让性,不得转让的合同义务可以比照不得转让的合同债权加以确定。

(4)合同义务的转让必须经过债权人同意。这是合同权利转让与义务转让最大的区别。之所以要求合同义务的转让需要经过债权人的同意,是因为债务人的变更会使得债务人的履约能力发生改变,可能会对债权人权利的实现产生较大影响。因此,不论债务人转移的是全部债务还是部分债务都需要征得债权人同意,未经债权人同意的,债务人转移债务的行为对债权人不发生法律效力,债权人有权拒绝第三人的履行,而且可以要求债务人履行义务并承担不履行或者迟延履行债务的法律责任。

2.合同义务转移的法律效力

(1)合同义务转移后,义务的受让人作为债务人的法律地位产生。如果是全部的债务转移,原合同义务人退出合同关系,受让人成为新的合同义务人;如果是部分的债务转移,原合同义务人与受让部分合同义务的人成为共同的合同

---

① 黄薇著:《中华人民共和国民法典合同编解读》(上),北京:中国法制出版社2021年版,第305页。

义务主体,除另有约定外,第三人和债务人对债权人负有按份债务。

(2)新债务人承担与主债务有关的从债务。我国《民法典》第554条规定:"债务人转移债务的,新债务人应当承担与主债务有关的从债务,但是该从债务专属于原债务人自身的除外。"从债务是指附随于主债务的债务,从债务与主债务密切相关,不能与主债务分离而单独存在,所以当主债务发生转移以后,从债务也随之转移。

(3)受让人享有原债务人对债权人的抗辩。我国《民法典》第553条规定:"债务人转移债务的,新债务人可以主张原债务人对债权人的抗辩;原债务人对债权人享有债权的,新债务人不得向债权人主张抵销。"受让人享有原债务人对债权人的抗辩权是因为一旦新的债务人取代了原债务人的地位就意味着新债务人和原债务人具有相同的法律地位,当然可以债务人的身份继续向债权人主张抗辩权。

需要特别注意的是,在债务转移中,新债务人不能行使原债务人的抵销权,这一规定与债权转让中的抵销规定不同。因为如果赋予新债务人享有原债务人对债权人的抵销权无异于承认新债务人可以处分原债务人的权利。

(二)并存的债务承担

并存的债务承担又称为债务加入,是指第三人与债务人约定加入债务,或者第三人向债权人表示愿意加入债务,原债务人与第三人共同对债权人承担连带债务的制度。债务加入与债务转移的区别在于,在债务加入中,第三人和原债务人一起对债权人负有连带债务,因此债务加入也被称为并存的债务转移;而在债务转移中,即使是部分的债务转移,除另有约定外,第三人和债务人对债权人仅负有按份债务。我国《民法典》第552条规定的就是并存的债务承担:"第三人与债务人约定加入债务并通知债权人,或者第三人向债权人表示愿意加入债务,债权人未在合理期限内明确拒绝的,债权人可以请求第三人在其愿意承担的债务范围内和债务人承担连带债务。"

1.并存的债务承担适用的条件

(1)合同义务转让的前提是存在有效的合同关系。

(2)存在债务加入合同且债务人知情。该债务加入合同既可以是第三人和债务人的约定,也可以是第三人直接向债权人表示愿意加入,还可以是债务人、第三人和债权人三方的共同约定,无论哪一债务加入方式,都应当通知债务人。

(3)债权人没有拒绝。虽然债务加入一般不会对债权人造成损失,但是不能完全防止对债权人增加不便,因此法条规定债权人有权在合理期限内明确拒绝。

2.并存的债务承担的法律效力

(1)除非另有约定,第三人和债务人一起对债权人负连带债务。当然,连带债务的范围应当限制在第三人愿意承担的债务范围内。

(2)同样适用《民法典》第553条和第554条关于新债务人抗辩、抵销权和承担有关从债务的相关规定。

(3)第三人加入债务并与债务人约定了追偿权的,人民法院应予支持;没有约定追偿权,第三人依照不当得利等规定在其已经向债权人履行债务的范围内请求债务人向其履行的,人民法院应予支持,但是第三人知道或者应当知道加入债务会损害债务人利益的除外。债务人就其对债权人享有的抗辩向加入债务的第三人主张的,人民法院应予支持。

三、合同权利、义务的概括转移

合同权利义务的概括转移又可称为合同地位转让,是指合同的当事人一方将自己的权利、义务概括地移转给第三人。合同权利义务的概括转移既包括约定转移也包括法定转移,如法人的合并分立就是典型的法定转移。但是,《民法典》此处所说的权利义务的概括转移是指依照当事人之间的合意而发生的转移,如房屋租赁合同中权利义务的转让。我国《民法典》第555条规定:"当事人一方经对方同意,可以将自己在合同中的权利和义务一并转让给第三人。"

既然包括了合同义务的转移,所以概括转移必须经过债权人的同意,合同的权利和义务一并转让的其他问题适用债权转让、债务转移的有关规定。合同权利义务的概括转移不同于债权转让和债务转移的是,它是合同一方当事人对合同权利和义务的全面处分,其实际上包括权利的转让和义务的转移两方面内容。权利义务一并转让后,原合同关系消灭,第三人取代了转让方的地位,由此产生了新的合同关系。

【疑难问题论争4】

债务转移与第三人代为履行的区别。

《民法典》第524条规定了第三人代位履行,即债务人不履行债务,第三人对履行该债务具有合法利益的,第三人有权向债权人代为履行;但是,根据债务性质、按照当事人约定或者依照法律规定只能由债务人履行的除外。《民法典》第551条规定了债务的转移,债务人将债务的全部或者部分转移给第三人的,应当经债权人同意。债务人或者第三人可以催告债权人在合理期限内予以同意,债权人未作表示的,视为不同意。

二者的区别主要表现在以下几个方面:

(1)债务人转移义务的应当征得债权人的同意。而第三人代为履行债务的,符合法律规定时,第三人单方表示代替债务人清偿债务或者与债务人达成代替其清偿债务的协议,不需要经债权人的同意;第三人对履行该债务具有合法利益的,债权人甚至无权拒绝。

(2)债务人转移义务的,第三人作为新的债务人相应地取代原债务人。而第三人代为履行的,不涉及债务人的变化,第三人只是履行主体或称为履行辅助人而不是债务人,债权人不能把第三人作为债务人进行要求。

(3)债务人转移义务后,第三人相应地成为债务人,债权人可以直接请求其履行债务而不能再要求原债务人履行。在第三人代为履行的情况下,第三人不履行或者不完全履行,债权人只能要求债务人承担责任而不能要求第三人承担责任。

思考题

1. 合同债权让与的条件和效力有哪些?
2. 合同义务转让的条件和效力有哪些?
3. 合同变更的条件有哪些?
4. 不可转让的债权有哪些?
5. 并存的债务承担与免责的债务承担有什么区别?

第九章 合同权利义务的终止

【本章概要】合同权利义务的终止即合同的终止,又可称为合同的消灭,是指因一定法律事实的出现而使合同关系不复存在,当事人之间的债权债务消灭,当事人不再受合同关系的约束。本章主要介绍合同终止的原因,包括合同已经按照约定履行、抵销、提存、免除、混同等,合同的解除也会导致合同权利义务的终止。

【本章难点】解除权行使的方式;协议解除与约定解除权的区别;抵销的条件及法律后果。

【引　题】甲向乙购买价值 50 万元的钢材,合同约定甲应于 5 月 12 日付款。此前因另一合同关系,乙欠甲 30 万元,此欠款已于 4 月 20 日到期,而乙一直未付。5 月 3 日,甲收到乙的通知,得知乙已将 50 万元钢材款债权转让给丙。5 月 12 日,丙向甲索要 50 万元钢材款。请分析乙转让债权的行为是否有效?甲可否向丙主张债务的抵销?

第一节　合同终止的概述

　　合同的权利义务终止即合同的终止,又称为合同的消灭,是指因一定法律事实的出现而使合同关系不复存在,当事人之间的债权债务在客观上消灭,当事人不再受合同关系的约束。

　　合同是有期限的民事法律关系,它不能永久存在,当某种法律事实出现时,合同的权利义务关系就会在客观上消灭。合同的终止不同于合同的解除,按照我国《民法典》的相关规定,合同的解除是合同终止的一种原因。

一、合同权利义务关系终止的原因

按照我国《民法典》第557条的规定,有下列情形之一的,债权债务终止:(一)债务已经履行;(二)债务相互抵销;(三)债务人依法将标的物提存;(四)债权人免除债务;(五)债权、债务同归于一人(混同);(六)法律规定或者当事人约定终止的其他情形。合同解除的,该合同的权利义务关系终止。

《民法典》使用的是债权债务终止的概念,因此第557条列举的六项原因不仅会导致合同关系的终止,也会导致其他债权债务关系的终止。而合同解除仅适用于合同权利义务关系,因此,法条将合同的解除与债权债务的终止相区分。

【疑难问题论争5】
合同终止与合同解除的区别。

关于合同终止与合同解除的区别,在《合同法》制定之时就有过争论,主张二者应加以区分的理由为:合同终止与合同解除都是使合同债权债务消灭的事由,两者效力和适用范围不同。合同终止是使继续性的合同关系自终止之日起向将来消灭的行为;而合同解除是使合同权利义务关系自始消灭的行为。[①] 合同终止既可适用于违约情形,也可适用于非违约情形;而合同解除性质上是对违约的一种补救,是一种特殊的合同责任。合同权利义务的消灭,指合同关系的消灭,是合同权利义务关系全体的消灭,主要是合同的解除。故不应笼统使用"合同的权利义务终止"概念,将单个债权债务的消灭和合同整体权利义务关系的消灭混在一起,建议将债的消灭原因与合同消灭原因分别规定。[②] 我国《民法典》第557条将债权债务终止和合同解除分别加以规定,故第1款采用的是"债权债务终止"措辞,适用于所有债权债务(包括合同)终止的情况;第2款则限定于合同解除的情形,规定合同解除的后果是导致合同权利义务关系的整体消灭,故使用"合同的权利义务关系终止"的措辞,在逻辑体系和用语上更为严密规范。

二、合同终止的法律后果

(1)当事人之间的合同权利、义务关系自终止事由发生之日起消灭,同时,

[①] 王利明著:《合同法研究》(第2卷),北京:中国人民大学出版社2003年版,第309页。
[②] 韩世远著:《合同法总论》,北京:法律出版社2008年版,第446页。

依附于主权利义务关系的从权利、从义务一并消灭,合同当事人不再受合同权利义务的约束。《民法典》第 559 条规定:"债权债务终止时,债权的从权利同时消灭,但是法律另有规定或者当事人另有约定的除外。"

(2)负债字据的返还,这也是后合同义务的一种要求。负债字据是合同权利义务的证明,如果在合同中存在负债字据的,合同关系终止之后,债权人应当将负债字据返还给债务人;如果债权人不能返还负债字据的,应当向债务人出具债务已经消灭的字据。

(3)合同权利义务关系终止之后,当事人还应遵循诚信原则,履行相应的法定或附随义务。例如,我国《民法典》第 558 条规定:"债权债务终止后,当事人应当遵循诚信等原则,根据交易习惯履行通知、协助、保密、旧物回收等义务。"

(4)合同权利义务的终止不影响合同中争议解决条款和结算、清理条款的效力。《民法典》第 507 条规定,"合同不生效、无效、被撤销或者终止的,不影响合同中有关解决争议方法的条款的效力。"第 567 条规定:"合同的权利义务关系终止,不影响合同中结算和清理条款的效力。"

(5)合同终止不影响当事人请求赔偿损失的权利。

第二节 合同的清偿

合同的清偿又称为合同的履行,是指债务人依照法律规定或合同约定所实施的完成义务的行为,并使债的目的得到实现。我国《民法典》第 557 条没有使用清偿的概念,而是使用了"债务已经履行"的概念,实际上,履行和清偿是一个问题的两个方面,履行是从债务人按照约定为给付行为的动态过程理解;而清偿则是从合同权利义务终止以及债的消灭结果角度来理解。从清偿的性质上看,我国学者多认为清偿属于非法律行为,即清偿无须具备清偿的意思表示,不适用法律行为的相关规定,如无民事行为能力人或者限制民事行为能力人也可为清偿。但是在清偿的具体手段上,既可以是事实行为,也可以是法律行为,可以是作为,也可以是不作为。

关于合同履行的主体、履行的规则等问题我们在前面合同履行一章中已有详细阐述,此处仅就清偿的两个特殊问题展开。

一、代物清偿

代物清偿是指以他种给付代替合同原定给付而使合同债权债务关系消灭的行为。依据全面履行、适当履行的要求,债务人原则上应当按照债的标的履行债务,不得以其他标的代替,但是当出现实际履行债务在法律上或者事实上不可能,或者实际履行费用过高,或者不适于强制履行,或者债务人无力履行原定给付等情况时,经双方当事人达成合意的,债务人也可以代物清偿,代物清偿仍然发生债权债务关系消灭的法律后果。

(一)代物清偿的要件

(1)须有原债权债务关系存在,这是代物清偿的基础。

(2)须以他种给付代替原定给付。给付的形态包括支付金钱、交付财物、移转权利、提供劳务、提交成果、不作为等。以一种给付代替他种给付,才为代物清偿。

(3)须有当事人之间的合意。由于代物清偿改变了原债中的给付,因而必须依照债权人、债务人的合意才能成立。

(4)须清偿受领人现实受领他种给付。债权人与债务人达成代物清偿的合意,即成立代物清偿契约,此代物清偿契约为要物契约,须清偿人现实地为给付行为并经清偿受领人受领的,才发生代物清偿的效力。

(5)为代物清偿的第三人必须有为债务人清偿的意思,否则即构成非债清偿,发生不当得利返还的效果。①

(二)代物清偿的效力

(1)使债权债务关系归于消灭。在代物清偿后,债的关系消灭,债权的从权利也随之消灭。

(2)发生标的物的瑕疵担保责任。当原债权债务关系基于有偿契约而发生时,即产生标的物的瑕疵担保责任。如果代替给付具有权利上或者物的质量上的瑕疵时,适用瑕疵担保责任的有关规定。

(3)关于代物清偿中差额部分的处理。在代物清偿中,原定给付与他种给付的价值并不一定相等,一般情况下,当事人可以就价值差额部分作出约定。如果没有约定,当价值不等时,如果原定给付的价值高于他种给付的价值,则债务人应一并履行他种给付少于原定给付的差额;如果原定给付的价值低于他种

---

① 崔建远主编:《合同法》,北京:法律出版社 2016 年版,第 212 页。

给付的价值,则债权人应补偿或者退回他种给付超出原定给付的差额。

二、清偿抵充

清偿抵充是指债务人对于同一债权人负担数项同种类债务,或负担同一项债务而约定数次给付时,如果债务人的给付不足以清偿其全额债务,约定、指定给付抵充某项债务的制度。①

1.清偿抵充的要件

在债务人对同一债权人负担的数项债务中,既可能有附利息的,也会有不附利息的;既可能有附条件的,也会有不附条件的;既可能有设定担保的,也会有未设定担保的。当债务人的履行不足以清偿债权人的全部债务时,到底如何确定债务人履行的是哪一项债务,是有利息的,还是无利息的,是有担保的,还是无担保的等,这对债权人和债务人均有重要的利害关系,因此为解决这一问题,许多国家设定了清偿抵充的规则。

根据世界大多数国家民法的规定,清偿抵充的构成要件主要有以下三点。①须债务人对于同一债权人负担数宗债务;②须数宗债务之给付种类相同;③须债务人提出之给付不足清偿全部债务。债务人提出之给付如果足以清偿全部债务,则全部债务因清偿而消灭,即无抵充可言。唯有清偿人提出的给付不足清偿全部债务,才会发生究竟应当抵充何宗债务的问题。

2.清偿抵充的类型

我国《民法典》参考大陆法系相关国家和地区的立法经验,将债的清偿抵充方法设定为三种类型:约定抵充、指定抵充和法定抵充。按照债法上的通俗见解,抵充可以划分为意定抵充和法定抵充两种方式。意定抵充,即根据当事人的意思决定的抵充,又可进一步细分为合意抵充与指定抵充。合意抵充,系根据当事人的合意决定的抵充,又称合同抵充。当事人的约定即使与法律的规定不同,亦属有效。指定抵充,即由一方当事人指定的抵充。清偿人在为给付时,可以向清偿受领人作出意思表示,指示其清偿所要抵充的债务。之所以如此,是因为在债的关系中清偿人本已处于弱势地位,故赋予其指定权,有利于保护其利益,而且也与清偿抵充及清偿人的本来意图相一致。② 抵充指定权原则上归属于债务履行人,债务履行人不为指定时,视为放弃抵充指定权,此时即应当适用法定抵充的方法。法定抵充,即由法律规定的抵充。法律所规定的抵充

---

① 史尚宽著:《债法总论》,台北:荣泰印书馆 1978 年版,第 752 页。
② 韩世远著:《合同法总论》(第四版),北京:法律出版社 2018 年版,第 428 页。

顺序,意在补充当事人意思之不完备,仅在欠缺当事人意定抵充的场合,才有法定抵充的适用。

我国《民法典》第560条第1款规定的是约定抵充和指定抵充两种抵充方法,第2款则是关于法定抵充的规定,对由同一债务人所负担的种类相同的数项债务所确定的抵充方法的适用顺序为:约定抵充优先,指定抵充次之,最后才是法定抵充。对于约定抵充,既可以在清偿前或者清偿时约定也可以在清偿后约定或者变更原抵充约定,但不能影响担保人等有利害关系的第三人利益。

3.法定抵充的顺序

我国在《民法典》第560条规定:"债务人对同一债权人负担的数项债务种类相同,债务人的给付不足以清偿全部债务的,除当事人另有约定外,由债务人在清偿时指定其履行的债务。债务人未作指定的,应当优先履行已经到期的债务;数项债务均到期的,优先履行对债权人缺乏担保或者担保最少的债务;均无担保或者担保相等的,优先履行债务人负担较重的债务;负担相同的,按照债务到期的先后顺序履行;到期时间相同的,按照债务比例履行。"可见,适用法定抵充的方法进行抵充时,对数个相同种类债务的抵充顺序如下:①已到期的债务。②债务均到期的,没有担保的债务。该规定旨在保护债权人的利益,使得债权人未清偿的债务尽量存在担保。③债务均到期的,担保最少的债务。目的也是保护债权人的利益。④债务均到期的,债务人负担较重的债务。该规定是保护债务人的利益,优先清偿负担较重的债务可以使得债务人因清偿而获益最多。⑤债务均未到期的,先到期的债务。⑥以上情况均相同,到期时间也相同的债务,则按债务比例履行。

4.关于费用、利息和主债务的清偿抵充顺序

确定费用、利息和主债务的清偿抵充顺序的基本原则依然是有约定的按约定,无约定按法定。《民法典》第561条规定:"债务人在履行主债务外还应当支付利息和实现债权的有关费用,其给付不足以清偿全部债务的,除当事人另有约定外,应当按照下列顺序履行:(一)实现债权的有关费用;(二)利息;(三)主债务。"

需要注意的是关于费用、利息和主债务的清偿抵充的规定着重于债权人利益的保护,因此排除了债务人指定的权利。

第三节 合同解除

广义的合同解除是指在合同有效成立后，没有履行或没有履行完毕之前，当事人双方通过协议或者一方行使解除权的方式，使合同关系提前消灭，它包括双方协议解除和单方行使解除权两种情况。而狭义的合同解除则是指单方行使解除权的解除，即当事人一方行使法定的或约定的解除权，使合同效力归于消灭。

从我国《民法典》的规定来看，合同的解除属于广义上的解除。

一、合同解除的特征

（1）合同解除的对象是有效的合同。合同解除制度设立的目的就在于使已经生效的合同归于消灭，所以必须以有效的合同为前提；如果合同因欠缺有效要件而绝对无效或具备可撤销的原因，则应分别适用无效合同和可撤销合同的有关规定，而不能适用合同解除的规定。

（2）合同解除必须具备一定的条件。按照法律规定，合同解除的条件既可以是约定的也可以是法定的。

（3）合同解除必须要通过当事人的解除行为。也就是说，即使符合了约定或法定的解除条件，合同也不能够自动解除，必须有当事人的解除行为。解除行为是指合同当事人使合同关系消灭的法律行为。根据《民法典》的规定，解除行为包括协商一致解除合同的双方行为和行使解除权解除合同的单方行为两种。协商一致的双方解除无须通知，而当事人根据约定解除权或法定解除权主张合同解除的，必须通知对方，合同自通知到达时解除。

（4）合同解除的效力是使合同关系在一般情况下自始消灭。根据我国《民法典》第566条的规定，合同解除后，尚未履行的，终止履行；已经履行的，根据履行情况和合同性质，当事人可以请求恢复原状或者采取其他补救措施，并有权请求赔偿损失。合同因违约解除的，解除权人可以请求违约方承担违约责任，但是当事人另有约定的除外。主合同解除后，担保人对债务人应当承担的民事责任仍应当承担担保责任，但是担保合同另有约定的除外。

可见合同解除的效力体现在两个方面,一是向将来发生效力,即终止履行;二是合同解除可以产生溯及力(即引起恢复原状的法律后果)。而对于溯及力的问题,又可以分为两种情况:①对于协议解除、约定解除是否具有溯及力,应当由双方当事人自行协商或在合同中进行约定,当事人协商不成或约定不明时,可适用法定解除中有关解除效力的规定;②对于法定解除,可根据具体情况区别对待,继续性合同的解除原则上应没有溯及力,非继续性合同的解除原则上有溯及力。

二、合同解除的类型

(一)合意解除

合意解除是指合同的解除须经双方当事人的意思表示一致方可成立的解除方式。按照合意解除的方式不同又可将其分为约定解除权和协商解除。

1.约定解除权(单方解除)

约定解除权是指当事人事先合意,以合同条款的形式,在合同成立以后未履行或未完全履行之前,由一方当事人在约定解除合同的事由发生时享有解除权,并据此通过行使解除权,使合同关系归于消灭。按照合同自由原则,当事人因协商一致而缔结合同,也有权对解除合同的事由作出约定。其中,约定解除权的合意称为解约条款,解除权可以保留给当事人一方,也可以保留给当事人双方。保留解除权,可以在当事人订立合同时约定,也可以在以后另外订立保留解除权的合同。

特别需要注意的是,约定解除权和附解除条件的合同之间的区别。《民法典》第158条规定:"民事法律行为可以附条件,但是根据其性质不得附条件的除外。附生效条件的民事法律行为,自条件成就时生效。附解除条件的民事法律行为,自条件成就时失效。"可见合同也是可以附解除条件的。两者的主要区别表现在,在约定解除权的情况下,约定事由的发生不能导致合同的自动解除,必须由解除权人行使解除权才能导致合同解除;而附解除条件的合同,在条件成就时合同自然失效,不需要当事人再做其他的行为。

2.协商解除(双方解除)

协商解除是指在合同有效成立之后,在未履行或未完全履行之前,当事人双方通过协商一致同意将合同解除的行为。协商解除是双方当事人通过订立一个新合同来解除原有的合同,又可称为事后合意,而且双方当事人就合同解除后的效力问题可以直接商定。需要注意的是,协议解除不得违背国家利益和社会公共利益。

(二)法定解除(单方解除)

法定解除是指由法律直接规定合同解除的条件,在合同依法成立之后,没有履行或没有履行完毕之前,一旦法律规定的解除条件成立,有解除权的当事人便可单方行使解除权。

法定解除的设定是对任意解除合同的限制,而且发生法定解除事由之后并非一定要解除合同,而是由有解除权的当事人自主选择是否行使解除权,这样的制度设定既可以合理保护双方当事人的合法权益又可以起到鼓励交易、避免资源浪费的作用。

根据我国《民法典》第563条规定,有下列情形之一的,当事人可以解除合同。

(1)因不可抗力致使不能实现合同目的。所谓不可抗力是指不能预见、不能避免且不能克服的客观情况。一般情况下,地震洪水等自然灾害、战争、罢工骚乱等社会异常事件以及隔离禁运等政府行为都属于不可抗力。需要注意的是,不可抗力的发生并非必然导致合同的解除条件成立,只有当不可抗力致使合同目的不能实现时,当事人才可以解除合同。也就是说只有在不可抗力已使债务人不能履行主债务,或者虽然合同还能够继续履行,但履行已使债权人失去订立合同的预期目的时,债权人才能够单方解除合同。

(2)在履行期限届满前,当事人一方明确表示或者以自己的行为表明不履行主要债务。这一规定就是预期违约制度,它包括明示预期违约和默示预期违约。当一方当事人在履行期限到来之前有明示或默示违约行为(指根本性的违约行为),另一方当事人就可以提前解除合同,以保护自己的合法利益。这里要注意的是,预期违约与不安抗辩权的相互衔接,对此我们在合同履行部分有分析。

(3)当事人一方迟延履行主要债务,经催告后在合理的期限内仍未履行。迟延履行,是指债务人无正当理由,在合同约定或推定的履行期间届满仍未履行合同债务的违约行为。但是在当事人迟延履行主要义务时,法律并不允许对方立即解除合同,因为解除合同对债务人而言,往往会因为准备履行的费用得不到补偿而造成严重的损失。因此,为了平衡双方当事人的利益关系,同时出于鼓励交易的考量,应当给予迟延履行一方一定的宽限期,待宽限期结束后,违约方仍未履行合同,受损方就可以行使解除合同的权利。需要注意的是,此处要求迟延履行的是主要债务,一般是指影响合同目的实现的债务,具体何为主要债务,应当依照具体个案进行判断。

《民法典》许多具体的规定均源于此。例如,第722条规定:"承租人无正当理由未支付或者迟延支付租金的,出租人可以请求承租人在合理期限内支付;承租人逾期不支付的,出租人可以解除合同。"

(4)当事人一方迟延履行债务或者有其他违约行为致使不能实现合同目的。这一规定包括两种行为:一是迟延履行的违约行为。此处的迟延履行导致合同目的不能实现,是说履行期限对于债权的实现至关重要,超过了合同约定的期限履行合同,合同的目的就不能实现。二是其他违约行为致使不能实现合同目的。主要指违反的义务对合同目的的实现十分重要,如果一方不履行此义务,将使另一方当事人根据合同有权期待的利益落空。

总之,一方迟延履行债务或者有其他违约行为的后果都不能实现合同目的,也就是说法定解除权的行使前提是构成根本违约。一旦构成"根本违约",受损方无须催告便可以单方行使合同解除权。可见,我国《民法典》强调了违约结果的严重性,即合同目的落空是构成认定根本违约的唯一标准。

《民法典》许多具体的规定均源于此。例如,《民法典》第597条规定:"因出卖人未取得处分权致使标的物所有权不能转移的,买受人可以解除合同并请求出卖人承担违约责任。"《民法典》第711条规定:"承租人未按照约定的方法或者未根据租赁物的性质使用租赁物,致使租赁物受到损失的,出租人可以解除合同并请求赔偿损失。"

(5)法律规定的其他情形。无论是哪一种解除权,其发生必须以"不履行主要义务"或"不能实现合同目的"为前提条件,即必须达到根本违约才能解除合同,其目的是限制解除权的滥用,以保护交易的安全。例如,因行使不安抗辩权而中止履行合同后,对方在合理期限内没有恢复履行能力,也没有提供适当担保的,中止履行的一方就可据此请求解除合同。

需要特别注意的是,《民法典》第563条第2款规定以持续履行的债务为内容的不定期合同,当事人可以随时解除合同,但是应当在合理期限之前通知对方。这类合同的解除有两个条件,一是"以持续履行的债务为内容"的合同,也就是继续性合同,如租赁合同、保管合同、合伙合同等,这类合同是以持续履行的债务为内容的;二是要求是不定期的合同,既未约定履行期间或者约定不明确,也没有办法确定履行期间的合同。符合以上两个条件的合同,当事人可以随时解除合同。依此规定,《民法典》中还有许多具体的体现,例如,《民法典》第730条规定:"在不定期租赁中,当事人可以随时解除合同,但是应当在合理期限之前通知对方。"

三、解除权的行使及消灭

(一) 解除权行使的方式

《民法典》第565条规定:"当事人一方依法主张解除合同的,应当通知对方。合同自通知到达对方时解除;通知载明债务人在一定期限内不履行债务则合同自动解除,债务人在该期限内未履行债务的,合同自通知载明的期限届满时解除。对方对解除合同有异议的,任何一方当事人均可以请求人民法院或者仲裁机构确认解除行为的效力。当事人一方未通知对方,直接以提起诉讼或者申请仲裁的方式依法主张解除合同,人民法院或者仲裁机构确认该主张的,合同自起诉状副本或者仲裁申请书副本送达对方时解除。"可见,解除权产生之后并不导致合同的自动解除,解除权人必须行使解除权才能使得合同解除。法条规定了解除权行使的方式有以下两种:

1.通知解除

当事人根据约定解除权和法定解除权主张解除合同的,应当通知对方,合同自通知到达对方时解除。特殊情况下,解除权人为了给对方一个纠正自己违约的机会,可能会在解除通知中给对方一个催告期限,明确对方在合理期限内仍不履行的话,合同将在期限届满时自动解除,而无须解除权人在此之后另发一份解除通知。

法律规定解除权的行使可以直接向对方发出解除通知是为了避免造成时间的拖延和不必要的损失,但是,如果对方当事人对通知解除合同有异议的当然可以请求人民法院或者仲裁机构来确认合同解除的效力。发出解除通知的当事人也可以通过诉讼或者仲裁的方式最终确定解除的效力以解决合同的争议。人民法院或者仲裁机构认为解除权成立的,则合同自解除通知到达对方时解除。

2.诉讼或仲裁解除

当事人为了避免周折和通知及举证的不利,也可以在解除权产生后不向对方发出解除通知,而直接以提起诉讼或者申请仲裁的方式依法主张合同的解除。合同直接以提起诉讼或者申请仲裁的方式依法主张解除合同,人民法院或者仲裁机构确认该主张的,合同自起诉状副本或者仲裁申请书副本送达对方时解除。

(二) 解除权的消灭

合同解除权系形成权,依法定或约定享有合同解除权的一方当事人,经其单方面意思表示即可使合同效力归于消灭。解除权的行使打破了已有的交易秩序,对当事人的权利义务将产生重大影响,如果解除权人对于享有的合同解除权,既不行使也不放弃,因合同随时有被解除的可能,将使合同当事人的权利义务关系长期处于不稳定的状态,这与我国民法保护交易安全和维护社会经济秩序稳定的立法目的相悖。因此,合同解除权与其他形成权一样,受到除斥期间的限制。故当事人经过除斥期间不行使法定解除权或约定解除权,则应认定解除权归于消灭。

我国《民法典》第564条规定了解除权消灭的两种情况:一是法律规定或当事人约定的解除权行使期限届满;二是解除权期限未确定的,自解除权人知道或者应当知道解除事由之日起一年内不行使或者经相对人催告解除权人后,解除权人在催告期限或合理期限内未行使解除权的,解除权消灭。需要注意的是该期间的起算并非解除权发生之日而是自解除权人知道或者应当知道解除事由之日。另外,根据《民法典》第199条的规定,该期间不适用有关诉讼时效中止、中断和延长的规定,期间届满后解除权消灭。

四、合同解除的效力

《民法典》第566条规定了合同解除的效力:"合同解除后,尚未履行的,终止履行;已经履行的,根据履行情况和合同性质,当事人可以请求恢复原状或者采取其他补救措施,并有权请求赔偿损失。合同因违约解除的,解除权人可以请求违约方承担违约责任,但是当事人另有约定的除外。主合同解除后,担保人对债务人应当承担的民事责任仍应当承担担保责任,但是担保合同另有约定的除外。"

(1)合同解除的效力体现在两个方面:一是向将来发生效力,即尚未履行的,终止履行;二是合同解除可以产生溯及力(即引起恢复原状的法律后果)。而对于溯及力的问题,还可以分为两种情况:一是对于协议解除、约定解除是否具有溯及力,应当由双方当事人自行协商或在合同中进行约定,当事人协商不成或约定不明时,可适用法定解除中有关解除效力的规定;二是对于法定解除,可根据具体情况区别对待,非继续性合同的解除原则上有溯及力,继续性合同的解除原则上应没有溯及力,即不产生恢复原状的效力。所谓继续性合同,在大陆法上是指债务不能一次履行完毕,必须持续履行才能完成的合同,如租赁合同、承揽合同等大部分以提供劳务为标的的合同。继续性合同之所以不能溯及既往,是因为债务履行后即为受领人所消费或被物化,难以恢复原状或者恢复原状会使善意第三人的利益受到损害。

（2）合同的解除不影响合同中解决争议条款和有关清理条款的效力。这些条款继续有效，仍可以作为处理善后事宜的依据。《民法典》第507条规定："合同不生效、无效、被撤销或者终止的，不影响合同中有关解决争议方法的条款的效力。"第567条规定："合同的权利义务关系终止，不影响合同中结算和清理条款的效力。"

（3）合同的解除不影响合同当事人请求赔偿的权利。《民法典》第566条规定了当事人有权请求赔偿损失，赔偿范围应当包括不履行合同义务所造成的损失和恢复原状所造成的损失。

第四节　抵销

抵销是指两人互负债务时，各以其债权充抵其债务的清偿方式，从而使自己的债务与对方的债务在对等的数额内消灭。在抵销中，主张抵销的人享有的债权，称为主动债权、为抵销的债权、抵销债权或反对债权；他方对主张抵销的人享有的债权叫作被动债权、被抵销的债权或主债权。

抵销因其产生的根据不同可分为法定抵销和约定抵销。抵销使得当事人不必相互履行即可消灭债权债务，既具有便利当事人履行合同的作用，在某种意义上又具有担保的功能。

一、法定抵销

（一）法定抵销的概念

法定抵销是指两人互负给付种类相同的债务，一方主张以自己的债务与对方到期的债务按对等数额消灭的单方意思表示，法定抵销是抵销的典型形式。

我国《民法典》第568条规定了法定抵销："当事人互负债务，该债务的标的物种类、品质相同的，任何一方可以将自己的债务与对方的到期债务抵销；但是，根据债务性质、按照当事人约定或者依照法律规定不得抵销的除外。当事人主张抵销的，应当通知对方。通知自到达对方时生效。抵销不得附条件或者附期限。"可见，我国对于法定抵销的性质采用了单独行为说，即抵销为单方的法律行为,依当事人一方的意思表示而发生,具有与清偿同样的消灭债的效力。

(二)法定抵销的构成要件

根据我国《民法典》第568条第1款的规定,法定抵销的构成有以下要件:

1.须双方当事人互负债务、互享债权,而且该债权债务必须合法有效

双方当事人互负的债权债务可能会因同一个法律关系而发生,也可能基于两个或两个以上的法律关系发生,但都应当是合法有效的债权债务,这也是法定抵销成立的前提。

2.须双方债务的种类、品质要相同

债务种类品质不相同的,原则上不允许抵销,除非法律另有规定。因为只有双方债务的种类、品质相同时,当事人双方才有相同的经济目的,抵销才可以满足双方当事人的利益需要。抵销的债务一般为金钱之债和种类之债。然而种类虽然相同,但品质不相同时,原则上不允许抵销,但允许高品质的给付抵销较低品质的给付,即允许品质较高的主动债权与品质较低的被动债权抵销。

当以特定物为给付物时,即使双方的给付物属于同一种类,也不允许抵销。但若一方的给付物为特定物,对方的给付物为同种类的不特定物,则不允许以种类债权对特定债权抵销,但允许以特定债权抵销种类债权,即特定债权可以作为主动债权。

3.须债务之性质可以抵销

按照我国《民法典》的规定,以下债务是不得抵销的:

(1)依债的性质不得抵销的。某些合同债务的性质决定合同双方必须相互履行才能达到订立合同的目的,若进行抵销则不能达到债的目的。例如,不作为的债务、约定向第三人给付的债务以及提供劳务的债务等。

(2)依法律规定不得抵销的债务。此类债务主要包括:①禁止强制执行的债务,如我国民诉法规定:法院决定扣留、提取收入时,应保留被执行人及其所抚养的家属的生活必需费用;查封、扣押、冻结、拍卖、变卖被执行人的财产,应当保留被执行人及其所抚养的人的生活必需品。②违约金债务也不得以扣发款等方式作为充抵。③因故意侵权行为所负的债务。④约定应向第三人为给付的债务。

(3)依当事人约定不得抵销的债务。

当事人之间特别约定不得抵销的,基于意思自治原则,法律承认此种约定的效力,当事人不得主张抵销。但应当注意的是,如果当事人之一将其债权转让给第三人则这种不得抵销的约定就不得对抗善意的受让人,以保护债权善意

受让人的利益。

4.主动债权须已届清偿期

《民法典》第 568 条规定:"任何一方可以将自己的债务与对方的到期债务抵销。"此处所说的对方的到期债务就是主动债权。在符合其他条件的情况下,如果双方的债务均已经到期,双方当然均可主张抵销。从法条的规定来看,法定抵销的成立并不需要双方的债务均届清偿期,只需要主张抵销的债权人的债权已经到期,即主动债权须已届清偿期,实际上是主张抵销的人放弃了自己的期限利益而提前履行,只要其提前履行不损害另一方当事人的利益即可。

二、约定抵销

当事人之间相互所负的债务,可以依照意思自治原则,由双方当事人协商一致订立抵销合同而消灭。我国《民法典》第 569 条规定:"当事人互负债务,标的物种类、品质不相同的,经协商一致,也可以抵销。"

由此可见,在约定抵销中,当事人双方可以自由约定抵销的条件,完全排除法定抵销的条件限制。约定抵销必须坚持自愿、公平的原则,防止以欺诈、胁迫手段或者显失公平,使对方当事人在违背真实意思的情况下作出同意抵销的表示。判断约定抵销的效力时,适用民事法律行为的一般规则。

三、抵销的效力

(1)抵销使双方债权按照抵销数额而消灭。如果双方债务的数额相同,则其所负债务均归于消灭;如果数额不同,则数额少的一方的债务全部消灭,另一方的债务在与对方债务相等的数额内消灭,其余额仍然存在。

(2)抵销自当事人的通知到达对方时生效。法定抵销,当事人主张抵销的应当通知对方,通知未到达对方,抵销不生效;约定抵销,双方达成抵销协议时,除双方另有约定外,即发生抵销的法律效力,不必履行通知义务。对于法定抵销,我国《民法典》第 568 条第 2 款规定:当事人主张抵销的,应当通知对方。通知自到达对方时生效。抵销不得附条件或者附期限。抵销权在性质上属于形成权,依照当事人一方的意思表示即可发生法律效力,但是抵销必须以通知的方式作出。而且抵销的通知不得附条件或者附期限,因为抵销附条件或期限之后,抵销的效力便难以确定,与设定抵销制度的目的相违背,而且有害于对方当事人的利益。

当事人一方依据《民法典》第 568 条的规定主张抵销,人民法院经审理认为抵销权成立的,应当认定通知到达对方时双方互负的主债务、利息、违约金或者损害赔偿金等债务在同等数额内消灭。

(3)行使抵销权的一方负担的数项债务种类相同,但是享有的债权不足以抵销全部债务,当事人因抵销的顺序发生争议的,人民法院可以参照《民法典》第560条的规定处理;行使抵销权的一方享有的债权不足以抵销其负担的包括主债务、利息、实现债权的有关费用在内的全部债务,当事人因抵销的顺序发生争议的,人民法院可以参照《民法典》第561条的规定处理。

(4)因侵害自然人人身权益,或者故意、重大过失侵害他人财产权益产生的损害赔偿债务,侵权人主张抵销的,人民法院不予支持。

第五节　提存

提存是指由于债权人的原因而无法向其交付合同标的物时,债务人将该标的物提交给提存机关而消灭债务,使债权债务关系终止的制度。其意义主要在于保护债务人的利益,救济受领迟延制度的不足。因为债务的履行往往需要债权人的协助,而当债权人无正当理由拒绝受领或不能受领时,债务人的债务无法消灭,使得债务人无限期受到合同关系的约束,让债务人无期限地等待履行,为履行提供的担保也不能消灭,而且还要保管标的物,显然对债务人不利。因此,设定提存制度以消灭债权债务关系,使债务人可以从债务的约束中得以解脱。

在提存法律关系中存在三方当事人,一是提存人,是指为履行清偿义务或担保义务而向提存机关申请提存的人,包括债务人、债务人的代理人、可以为清偿的第三人,如保证人、抵押人、出质人。二是提存机关,即国家设立的接受提存标的物并进行保管以及将提存物发还债权人的专门机关,我国的提存机关为公证处或法院指定的银行,而且一般应在合同履行地的提存机关履行。三是提存受领人,即原合同的债权人。

关于提存的客体范围比较广泛,货币、有价证券、票据、提单、权利证书、贵重物品、担保物或其替代物、不动产、其他适宜提存的标的物。债务人提存时,不得以与债的内容不符的标的物交付提存机关。而且我国《民法典》第570条第 2 款规定:标的物不适于提存或者提存费用过高的,债务人依法可以拍卖或者变卖标的物,提存所得的价款。所谓标的物不适于提存,是指标的物不适于长期保管或者长期保管将损害价值的,如易腐烂、易燃易爆等物品。所谓标的物提存费用过高一般指提存费与所提存的标的的价额不成比例,如需要特殊设备或者人工照顾的动物。

一、提存的原因

从总体上说,提存是由于债权人的原因造成的,我国《民法典》第570条规定具体的提存原因有以下几种:

(1)债权人无正当理由拒绝受领。在合同履行期届至后,债权人无正当理由拒绝受领债务人履行的,债务人可以将履行标的物提存以消灭债权债务关系。

(2)债权人下落不明。主要是指无法确定债权人的地址,或无法得知债权人的下落,使得合同的履行无法实现。债权人下落不明也包括债权人的代理人下落不明。

(3)债权人死亡未确定继承人、遗产管理人,或者丧失民事行为能力未确定监护人。债权人死亡或者丧失民事行为能力并不必然导致债务人债务的消灭,只有当债权人死亡后其继承人、遗产管理人未确定,或者债权人因为丧失民事行为能力且债权人的监护人未确定的情况下,造成债务人无法履行其债务的,债务人可以将标的物提存。

(4)法律规定的其他情形。这主要指债务人非因过失而无法确切地知道债权人的其他情形。例如,债权人和债权人的受让人之间就债权转让发生争议,此时债务人无法确知真正的债权人是谁,从而不知向谁履行。《民法典》第529条就规定,债权人分立、合并或者变更住所没有通知债务人,致使履行债务发生困难的债务人可以中止履行或者将标的物提存。

除此之外,债权人不在债务履行地又不能到履行地受领的或者双方自由约定以提存作为履行的方式等,也可以作为提存原因之一。

二、提存的成立与效力

(一)提存的成立

《民法典》第571条规定:"债务人将标的物或者将标的物依法拍卖、变卖所得价款交付提存部门时,提存成立。提存成立的,视为债务人在其提存范围内已经交付标的物。"这是关于提存成立的规定,提存成立的时间和效力对确定风险转移和孳息归属的时间、债务人是否承担违约责任、债权人领取提存物权利的存续期间等都具有重要意义。

按照提存的一般程序,债务人应当先申请并提交相关的材料,由提存部门作出是否受理的决定。决定受理提存申请的,经过法律规定的程序提存相关标的物,由提存部门依法验收并登记存档。根据法条规定,债务人将标的物或者将标的物依法拍卖、变卖所得价款交付提存部门时提存就成立。具体来说,①提存货币的,以现金、支票交付提存部门的日期或提存款划入提存部门提存账户的日期为提存成立的日期;②提存的物品需要验收的,以提存部门验收合格的日期为提存成立的日期;③提存的有价证券、提单、权利证书或无须验收的物品以实际交付提存部门的日期为提存成立的日期。

需要注意的是,提存成立的视为债务人在其提存范围内已经交付标的物,但并非必然、绝对地导致债务消灭。

(二) 提存的效力

1.在提存人与提存机关之间的效力

(1)自提存之日起,提存机关取得对提存物占有的权利,同时负有妥善保管提存物并通知债权人领取的义务。如果因提存机关的故意或者重大过失造成提存物毁损、灭失的,提存机关应当承担赔偿责任。

(2)提存物交付提存后,提存人原则上不得取回提存物。《民法典》第574条第2款规定:"债权人未履行对债务人的到期债务,或者债权人向提存部门书面表示放弃领取提存物权利的,债务人负担提存费用后有权取回提存物。"我国《提存公证规则》第26条也规定:"提存人可凭人民法院生效的判决、裁定或提存之债已经清偿的公证证明取回提存物;提存受领人以书面形式向公证处表示抛弃提存受领权的,提存人得以取回提存物。可见,我国对提存物以禁止取回为原则。如果提存人取回提存物的,视为未提存,因此产生的费用由提存人承担。"

2.在提存人与债权人之间的效力

(1)自提存之日起,债权债务关系消灭,债权人不得再向债务人请求履行合同。此为提存的主要法律效力之所在。但是,如果提存的标的物存在瑕疵,或者提存标的物与债的标的不符,债权人因此原因拒绝受领提存标的物的,能构成《民法典》第557条第3项规定的"债务人依法将标的物提存",债务并不消灭。

(2)标的物所有权转移。自提存之日起,提存人丧失对提存物的所有权,不论债权人是否领取都视为债务人在其提存范围内已经交付标的物,转由债权人享有。提存标的物的孳息也归债权人所有。

(3)标的物的风险转移。依照《民法典》第604条的规定,除法律另有规定或者当事人另有约定的以外,标的物毁损、灭失的风险,在标的物交付之前由出卖人承担,交付之后由买受人承担。因此自提存之日起,提存人不再承担标的物意外灭失的风险,转由债权人承担。

(4)提存通知的义务。《民法典》第572条规定:"标的物提存后,债务人应当及时通知债权人或者债权人的继承人、遗产管理人、监护人、财产代管人。"标的物提存成立后,视为债务人在其提存范围内已经交付标的物,但债权人并未现实地获得其债权利益。为了便于债权人领取提存物,债务人有义务将提存的事实及时通知债权人或者债权人的继承人、遗产管理人、监护人、财产代管人。提存通知的义务虽然本身不是提存成立的要件,但是属于法律规定的义务,债务人必须履行,如怠于通知造成债权人损害,债务人应负有赔偿责任。

3.在债权人与提存机关之间的效力

(1)债权人可随时领取提存物,但债权人对债务人附有到期债务的,在债权人未履行债务或提供担保之前,提存部门根据债务人的要求应当拒绝其受领提存物。提存机关的拒绝仅以提存人在提存时或债权人提取提存物之前明确将该事实告知提存机关为限。

债权人领取提存标的物时,应当提供身份证明、提存通知书或公告,以及有关债权的证明。委托他人代领的,应提供有效的授权委托书。由其继承人领取时应当提交继承的有效法律文书。因债权的转让、抵销等原因由第三人领取提存标的物的,应当提供已取得提存之债权的有效法律文书。

(2)债权人领取提存物的限制。债权人虽然可以随时领取提存物但该权利长期不行使则会使权利长期处于不稳定状态,也会给提存部门增加负担,因此《民法典》第574条第2款规定了债权人领取提存物的限制,"债权人领取提存物的权利,自提存之日起五年内不行使而消灭,提存物扣除提存费用后归国家所有。但是,债权人未履行对债务人的到期债务,或者债权人向提存部门书面表示放弃领取提存物权利的,债务人负担提存费用后有权取回提存物。"

(3)债权人承担提存费用。标的物寄存于提存机关产生的费用包括提存公证费、公告费、邮电费、保管费、评保鉴定费、代管费、拍卖变卖费、保险费以及为保管、处理、运输提存标的物所支出的其他费用。如果提存人依法取回提存物的,上述费用由提存人负担。

第六节 免除

一、免除的概念和特征

债务免除是债权人抛弃债权,从而消灭合同关系的单方行为。根据法律的规定,债务免除具有以下特点:

1. 债务免除是单方行为

对于债务免除的性质,各国民法有两种不同的认识,一是认为免除是契约行为,即债务的免除需要征得债务人的同意。大陆法系多数国家持这种观点,如德国民法第397条规定"债权人以契约对债务人免除其债务者,债务关系消灭";第二种观点认为债务的免除是单方行为,即依照债权人单方的意思表示就可以消灭债权债务关系。日本及我国台湾地区立法采取单方行为说。我国《民法典》第575条规定:"债权人免除债务人部分或者全部债务的,债权债务部分或者全部终止,但是债务人在合理期限内拒绝的除外。"从该条的规定来看并没有要求免除须经过债务人同意,但是允许债务人通过行使拒绝权,使债务免除的效果溯及既往地不发生效力。因此,我国立法对于债务的免除采取的是修正的单方行为模式。

2. 债务免除是无因行为

债务免除的原因有很多,如赠与、和解或对待给付等,但是免除的成立只因债权人的免除行为而成立,不会因为免除原因的消灭而影响免除的效力。

3. 债务免除是无偿行为

债务免除是债权人抛弃债权的单方行为,并不以取得相应对价为条件。尽管免除的条件既可以是无偿也可以是有偿的,但是免除行为本身是无偿的。

4. 债务免除是非要式行为

债务免除的意思表示没有特定形式的要求,既可以采取书面形式,也可以采取口头或其他形式。

二、免除的成立要件

债务免除既然是一种法律行为,则需要具备以下几点相应要件:

(1)免除人应对债权享有处分权。债务的免除实际上就是债权人单方面抛弃自己的债权,因此债权人必须对该债权享有处分权。当然,免除是可以附条件或者附期限的。

(2)免除人应向债务人或其代理人为意思表示,向第三人作出免除债务的意思表示不发生免除的法律效力。

(3)债务免除不得撤回。免除是债权人的单方行为,无须对方当事人的同意,免除一旦成立表示将会发生债务消灭的法律后果,因此免除不得撤回。

(4)免除不得损害债务人及第三人的合法权益。正因为免除无须债务人的同意,所以不能损害债务人的权益。同样,免除不能损害第三人的合法权益。例如,已就债权设定质权的债权人不得免除债务人的债务而以之对抗质权人。

三、债务免除的效力

(1)免除使债权债务关系部分或全部终止。债务免除成立后,合同的权利义务部分或者全部终止,其无偿性不影响该法律效力。债权人在作出债务免除的意思表示时,应当预想到其法律后果,并谨慎作出。

(2)主债务因免除而消灭后,从债务如利息债务、担保债务等也一同消灭。需注意的是,免除从债务的,主债务并不消灭。

(3)债务免除不得损害第三人的利益。免除不得损害第三人的利益,否则对第三人不发生免除效力。

第七节 混同

一、混同的概念及原因

混同是指债权债务同归一人,致使合同关系及其他债的关系消灭的事实。我国《民法典》第576条规定:"债权和债务同归于一人的,债权债务终止,但是损害第三人利益的除外。"由此可见，混同是一种法律事实，只要发生债权债务同归一人的事实就会导致债权债务消灭，无须任何意思表示。混同发生的原因有两个。

(1)债权债务的概括承受，即合同关系的一方当事人概括承受他方的权利和义务。概括承受是发生混同的主要原因，例如，合并前的两个主体之间的债权债务因同归于合并后的主体而消灭；债权人继承债务人的债权债务；债务人继承债权人的债权债务；第三人继承债权人和债务人的债权债务等。

(2)特定承受。债务人受让债权人的债权或者债权人承受债务人的债务。

二、混同的法律效力

(1)混同将导致合同关系及其债的关系绝对消灭，从权利或从债务也归于消灭。需要注意的是，在连带债务人中一人与债权人混同时，合同仅在该连带债务人应承担的债务额度内消灭，其他连带债务人对剩余部分的债务仍负连带责任。

(2)损害第三人利益的债权不因混同而消灭。当债权债务同归于一人而合同权利义务关系损害第三人利益，即合同权利系他人权利标的时，从保护第三人利益出发，债权债务不因混同而消灭。例如，甲将其对乙的债权出质给丙，此后甲乙之间的债权债务即使发生混同，为了保护质权人丙的利益，作为权利质权标的的债权不应消灭。

(3)法律另有规定时，混同也不发生消灭债的效力。对于一些特殊交易情形，相关法律有特别规定不产生债权债务消灭的法律效果。

思考题

1.合同终止的条件和效力有哪些？
2.合同解除的条件、方式及效力有哪些？
3.债权、债务法定抵销的条件及效力有哪些？
4.提存的原因及效力有哪些？
5.免除的特征有哪些？
6.混同的性质及效力有哪些？

第十章 违约责任

【本章概要】违约责任是指民事主体在无法定事由的情况下,未履行或未按照约定履行合同约定的义务而需要承担的民事责任。本章主要学习违约责任的概念和特点、违约形态以及违约责任的承担方式等,重点理解违约的形态以及违约责任承担方式,特别注意两种特殊的违约形态。

【本章难点】违约的特殊形态以及违约金和定金的问题。

【引　　题】下列(　　)不属于违约责任?为什么?

　　A.赔偿损失　　　B.支付违约金
　　C.解除合同　　　D.强制履行

第一节　违约责任概述

违约责任属于民事责任范畴。民事责任是指民事主体违反了民事义务所应承担的不利后果。民事义务包括法定义务和约定义务,也包括积极义务和消极义务、作为义务和不作为义务。违约责任则是指民事主体在无法定事由的情况下,未履行或未按照约定履行合同约定的义务而需要承担的民事责任。违约责任表现为法律对违约行为的否定性评价,具有国家强制性。违约行为产生的法律后果不限于违约责任,还可能包括解除合同、返还不当得利等。[1]

故不能将违约责任与违约的法律后果等同。大陆法系习惯于将违约责任

---

[1] 郑玉波主编:《民事责任之分析》,载《民法债篇论文选辑》(上),台北:五南图书出版有限公司1984年版,第64-65页。

理解为合同债务履行的一般担保,或者理解为债务人不履行合同义务时依法产生的第二项义务,如损害赔偿、支付违约金等。英美法系习惯使用违约救济,但违约救济与违约责任并不完全相同,违约救济是守约方对违约方违约行为的补救手段,既可以要求违约方承担违约责任,也可以要求解除合同、返还不当得利等。

一、违约责任的特征

违约责任属于民事责任的一种,因此它具有民事责任的一般法律特征,同时它还具有区别于其他民事责任的特征:

1.违约责任是不履行或不适当履行合同债务所引起的法律后果

这一特征包含了两层含义:①违约责任的成立以有效合同的存在为前提。如果没有有效的合同,就谈不上合同债务,因此也就没有什么违约责任。合同义务是第一性义务,而违约责任是第二性义务,两者具有同一性,无合同义务即无违约责任;②违约责任的成立是当事人违反合同约定义务的结果。这是违约责任不同于其他民事责任的关键之处。

2.违约责任具有相对性

前文我们分析了合同权利义务具有相对性,而作为违反合同义务应当承担的违约责任也同样具有相对性。违约责任的相对性是指违约责任仅仅发生于特定的当事人之间,合同关系以外的人不承担违约责任,合同当事人也不对合同关系以外的第三人负违约责任。违约责任的相对性来源于合同的相对性。合同的相对性是指合同关系只存在于特定的当事人之间,是特定当事人之间的债权债务关系。只有合同的当事人才能基于合同关系向对方提出请求或者提起诉讼,而不能向与其他无关的第三人提出请求,也不能擅自为第三人设定合同上的义务。既然合同关系只能存在于特定的当事人之间,那么,作为违反合同义务之法律结果的违约责任也只能存在于特定的当事人之间,此即违约责任的相对性。

具体说来,违约责任的相对性包含以下几层含义:①违反合同债务的当事人应对自己的违约行为负责,不能将违约责任推卸给别人。如《民法典》第523条规定:"当事人约定由第三人向债权人履行债务,第三人不履行债务或者履行债务不符合约定的,债务人应当向债权人承担违约责任。"②因第三人的原因造成违约的,债务人仍应对债权人负违约责任,而不应由第三人向债权人负违约责任。例如,《民法典》合同编第593条规定:"当事人一方因第三人的原因造成违约的,应当依法向对方承担违约责任。当事人一方和第三人之间的纠纷,依照法律规定或者按照约定处理。"当然,如果第三人的行为构成了对债权人债权的侵犯,第三人应对债权人承担侵权责任,这就是第三人侵害债权制度。③债务人应当向债权人承担违约责任,而不是向国家或第三人承担违约责任。当然,违约责任作为合同责任,其相对性也会有例外,例如,《民法典》第522条规定的真正意义的第三人。

3.违约责任的确定具有一定的任意性

作为法律责任的一种,违约责任当然具有强制性。但与侵权责任等民事责任不同的是,违约责任在具有强制性的同时,还具有一定程度的任意性,法律允许当事人在一定的范围内事先对违约责任作出约定。例如,《民法典》第585条规定:"当事人可以约定一方违约时应当根据违约情况向对方支付一定数额的违约金,也可以约定因违约产生的损失赔偿额的计算方法。"违约责任的任意性是由合同的性质及合同自由原则决定的。

当然,违约责任的任意性不应减少违约责任的强制性,同时当事人对违约责任的约定也是有一定范围和程度限制的。例如,《民法典》第585条第2款规定,当事人约定的违约金低于或者过分高于违约所造成的实际损失的,当事人可以请求人民法院或者仲裁机构予以增加或者适当减少。

4.违约责任具有补偿性与惩罚性,以补偿性为主,以惩罚性为辅

违约责任在性质上旨在弥补或补偿因违约行为所造成的损害结果,目的在于使受害人所受损害得到及时的恢复或补救,从而维护当事人利益的平衡,因此违约责任应以补偿性为主。但当违约行为未造成损害后果或违约责任重于损害后果时,违约责任则具有惩罚性。

5.违约责任是一种纯财产责任

合同是财产流转的法律形式,相应地,合同关系属于财产关系而非人身关系。而且,追究违约责任的主要目的在于补救合同中权利人因为对方当事人违反合同造成的经济损失,所以违约责任是一种纯财产责任。例如,实际履行、赔偿损失、支付违约金、执行定金罚则等等,大都可以由财产、金钱来进行计算,属于财产责任范畴。

二、违约责任的归责原则

违约责任的归责原则是指确定违约责任是否成立,即违约行为人是否应对其违约行为承担违约责任的原则,简单讲就是需要承担责任的正当理由。在现行各国的民法典和合同法中,违约责任的归责原则通常有过错责任、过错推定

责任和无过错责任三种。违约责任无论采取无过错归责还是过错归责,其最终目的都是对风险进行合理分配。

我国《民法典》第577条规定:"当事人一方不履行合同义务或者履行合同义务不符合约定的,应当承担继续履行、采取补救措施或者赔偿损失等违约责任。"由此可见,违约责任的构成无须主观上的过错,为无过错责任。无过错责任原则又可以称为无过失责任原则、客观责任原则、严格责任原则,是指违约责任的成立无须当事人主观上具有过错,只要存在违约行为,违约方就应对其违约行为负责。这种归责原则借鉴了国际上的发展趋势,既有利于减轻非违约方的举证负担,保护非违约方的利益,方便裁判,同时又可以增强当事人的守约意识。

违约责任的归责原则在个别情况下也采用过错责任,如《民法典》第824条规定:在运输过程中旅客随身携带物品毁损、灭失,承运人有过错的,应当承担损害赔偿责任。又如第841条规定:因托运人托运货物时的过错造成多式联运经营人损失的,即使托运人已经转让多式联运单据,托运人仍然应当承担损害赔偿责任等。

由此可见,我国《民法典》规定的违约责任的归责原则以严格责任原则为主,而以过错责任原则为补充。需要注意的是无过错责任不等于绝对责任,在实践中存在债务人不应承担风险的情形,那么就会限缩债务人的责任,以平衡各方的利益。

三、违约责任的构成要件

违约责任的构成要件是指违约责任成立所必须具备的要件。

违约责任的构成要件与违约责任的归责原则有密切的关系。在采用严格责任原则的情况下,违约责任的构成要件只有一个,即违约行为。只要有违约行为,而不论当事人主观上是否有过错,也不论该行为是否造成了实际损失,当事人都必须承担违约责任。

同时《民法典》为了合同权利人与义务人之间的利益平衡,避免由违约方承担绝对违约责任所导致的风险的不合理分配,规定了一些例外的情况。

(一)法定的免责或责任限制

《民法典》第590条第1款规定:"当事人一方因不可抗力不能履行合同的,根据不可抗力的影响,部分或者全部免除责任,但是法律另有规定的除外。"第591条第1款规定:"当事人一方违约后,对方应当采取适当措施防止损失的扩大;没有采取适当措施致使损失扩大的,不得就扩大的损失请求赔偿。"第592条规定:"当事人都违反合同的,应当各自承担相应的责任。当事人一方违约造成对方损失,对方对损失的发生有过错的,可以减少相应的损失赔偿额。"

除此之外,《民法典》还在典型合同中规定了具体的免责或者减责事由。例如,《民法典》第893条规定:"寄存人交付的保管物有瑕疵或者根据保管物的性质需要采取特殊保管措施的,寄存人应当将有关情况告知保管人。寄存人未告知,致使保管物受损失的,保管人不承担赔偿责任;保管人因此受损失的,除保管人知道或者应当知道且未采取补救措施外,寄存人应当承担赔偿责任。"

(二)过错原则下的责任

前文阐述过《民法典》在个别情况下采用过错责任原则,那么就会出现无过错无责任条的情况。例如,《民法典》第660条第2款规定:"依据前款规定应当交付的赠与财产因赠与人故意或者重大过失致使毁损、灭失的,赠与人应当承担赔偿责任。"第662条第2款规定:"赠与人故意不告知瑕疵或者保证无瑕疵,造成受赠人损失的,应当承担赔偿责任。"

(三)当事人约定的免责或责任限制

根据意思自治原则,《民法典》承认当事人之间自愿协商一致的免责或者限制责任条款的效力,仅在特殊情况下限制这些条款的效力。例如,第506条规定,合同中的下列免责条款无效:①造成对方人身损害的。②因故意或者重大过失造成对方财产损失的。也就是说,如果当事人事先约定免除非因故意或者重大过失造成对方财产损失的条款,除法律另有规定外,是有效的。例如,《民法典》第618条规定:"当事人约定减轻或者免除出卖人对标的物瑕疵承担的责任,因出卖人故意或者重大过失不告知买受人标的物瑕疵的,出卖人无权主张减轻或者免除责任。"

第二节 违约行为形态

违约行为是指合同当事人违反合同义务的行为,即不履行合同义务或者履行合同义务不符合约定条件的行为。我们可以将违约行为简单归结为不履行或不适当履行行为。对于违约行为的形态，我们可以分别从债务履行行为和违约行为给相对人造成的损害两个不同角度进行分析。

一、从债务履行行为角度分析

从债务履行行为角度分析，违约行为分为预期违约和实际违约，实际违约又包括完全不履行、迟延履行、瑕疵履行等。

(一) 预期违约

《民法典》第 578 条规定："当事人一方明确表示或者以自己的行为表明不履行合同义务的，对方可以在履行期限届满前请求其承担违约责任。"这一规定就是预期违约制度在我国法律上的体现。预期违约原是英美合同法中的制度，是指合同一方在合同规定的履行时间到来之前违背合同约定的行为，而对方当事人可以在履行期限到来之前要求违约方承担责任的制度。合同权利是一种期待利益，尽管合同履行期限尚未届满，但预期违约已经对这种期待利益造成损害，基于公平理念使守约方得到与实际违约相同的救济，避免守约方遭受更大的损失。预期违约制度的目的是使守约方提前得到法律上的救济，防止其蒙受本来可以避免的损失。

预期违约的类型包括明示违约和默示违约两种。明示违约是指债务人在履行期限到来之前，明确向对方作出不履行合同义务之意思表示的行为；默示违约是指债务人在履行期限到来之前，通过自己的行为表明将不履行合同义务的违约方式，如转移财产、抽逃资金等。

特别注意的是，不同于民法典第 563 条所规定的预期违约的解除，在预期违约的解除中，需要当事人一方明确表示或者以自己行为表明其不履行的是主要债务致使不能实现合同目的，但是此处规定的预期违约包括当事人预期不履行无论是否为主要义务，即使是从给付义务或者附随义务等，对方当事人都有权请求其承担违约责任。

除此之外，也要注意预期违约制度与第 527 条、第 528 条规定的不安抗辩权的相互衔接。

对预期违约，守约方享有选择权，可以在履行期限届满之前要求违约方承担违约责任，也可以等待履行期限届满，追究违约方实际违约的违约责任。

(二) 实际违约

与预期违约相对应的是实际违约，也就是合同履行期限届至之后的违约，

按照我国《民法典》的规定,实际违约行为主要有以下几种类型:

1. 完全不履行

完全不履行行为包括拒绝履行、履行不能和履行根本违约。

拒绝履行包括债务人的拒绝履行和债权人的拒绝受领。

债务人拒绝履行合同,是指债务人在没有法定事由的情况下,有履行能力但以明示或默示的方式表示不履行的违约形态。债务人有权拒绝履行,如享有同时履行抗辩权、先履行抗辩权等,并不构成拒绝履行。有学者认为,违法的拒绝履行是违约责任的构成要件,行使权利的拒绝履行不引起违约责任。①

履行不能,是指债务人在客观上已经没有履行能力。例如,特定物毁损灭失致使给付不能,债务人丧失工作能力致使无法提供合同约定的劳务等。因自然原因的履行不能,称为事实上的履行不能;因法律禁止履行的履行不能,称为法律上的履行不能。

履行根本违约是指当事人虽然履行了合同,但其履行行为根本上违反了合同的主要义务,致使合同的目的落空。

2. 迟延履行

迟延履行又称逾期履行,是指在合同债务已经到期,合同当事人能够履行而不按法定或者约定的时间履行的情况。迟延履行是合同当事人在合同履行时间上的不当履行。迟延履行分为债务人迟延履行和债权人的迟延两种类型。

3. 瑕疵履行

瑕疵履行,是指债务人履行的标的物、履行行为不符合当事人约定或者法律的规定,以至不能实现合同全面履行或者合同目的的行为。瑕疵履行在德国民法上称为积极侵害债权,我国台湾地区"民法"则称为不完全给付。瑕疵履行的范围包括履行的时间、数量、标的物、方法、地点、附随义务等与当事人约定、法律规定或与实现合同目的不相符合的情形。学理上,瑕疵履行主要原因分为瑕疵给付和加害给付。

瑕疵给付,指债务人的履行不符合规定或约定的条件,致使债权人减少或丧失合同履行的价值或效用,即侵害的是债权人的履行利益。

加害给付不是一般的不完全履行,加害给付不仅违反了合同的约定,而且还因其履行有瑕疵而造成了债权人的人身或财产的损失,不仅侵害债权人的履行利益还侵害债权人的既有利益。加害给付具有侵权行为的性质,会造成违约责任和侵权责任的竞合。

---

① 崔建远著:《合同法学》,北京:法律出版社2015年版,第254页。

二、从履行给相对人造成的损害角度分析

从履行给相对人造成的损害角度分析,违约行为可分为根本违约、非根本违约。如果违约方严重违约以至于使相对方合同根本目的的落空,则为根本违约。否则,则为非根本违约。《民法典》第 563 条中规定的"不能实现合同目的"而赋予非违约方解除权,肯定了根本违约在我国立法中的应用。《联合国国际货物销售合同公约》第 25 条规定:"一方当事人违反合同的结果,如使另一方当事人蒙受损失,以至于实际上剥夺了他根据合同规定有权期待得到的东西,即根本违反了合同,除非违反合同一方并不预知,而且一个同等资格、通情达理的人处于相同的情况中也没有理由预知会发生这种结果。"其中"根据合同规定有权期待得到的东西"实际上就是当事人订立合同的根本目的。根本违约与非根本违约的区分,对判断合同是否应当被解除具有非常重要的意义。

三、两种特殊违约形态

(一) 违反预约合同

预约合同以约定将来订立本约为内容,是一项独立的合同,与其他合同一样具有法律效力。如果当事人违反预约合同,违约方承担解除合同、赔偿损失、支付违约金等违约责任,自无疑义。有疑问的是,守约方能否以要求违约方继续履行为请求救济? 如果可以,是否违反意思自治的基本原则? 如果不可以,是否可以依据"根据债务的性质不得强制履行"解释? 按照日本学者我妻荣的观点,预约合同的效力就是在当事人之间产生对本约内容承诺的义务。依此解释,对预约合同的强制继续履行,就可以理解为"强制本约按照预约的内容成立"。[①] 从这个意义上讲,预约合同继续履行的违约责任形式,则可以实现逻辑自洽了。

(二) 因第三人行为导致违约

如果因为第三人的原因导致合同当事人违约的,违约方依法应向对方承担违约责任。《民法典》第 593 条规定:"当事人一方因第三人的原因造成违约的,应当依法向对方承担违约责任。当事人一方和第三人之间的纠纷,依照法律规定或者按照约定处理。"例如,A 与 B 订立买卖合同,约定由 A 向 B 交付货物。但因 C 违反了其与 A 之前订立的买卖合同不能向 A 交货,于是,A 无法履行向 B 交货的义务。在此情况下,A 同样应当向 B 承担违约责任,A 与 C 之间

---

① 李永军著:《合同法》(第六版),北京:中国人民大学出版社 2021 年版,第 240 页。

的纠纷依照双方约定另行处理。

第三节 违约责任的承担

根据《民法典》第577条、第581条、第585条、第587条的规定,违约责任的承担方式主要包括:继续履行、第三人替代履行、赔偿损失、违约金、定金罚则及其他方式。

一、继续履行

继续履行又可称为强制实际履行,是指在合同一方当事人违约后,依另一方请求由裁判机构裁决违约当事人按照合同约定内容履行合同义务的一项违约救济制度。合同订立的直接目的就在于保障合同的履行,在当事人违约时,法律规定可强制其实际履行,符合合同当事人的预期。至于实际履行与损害赔偿的替代与优先关系,不同法律制度的价值取向具有明显的差异。英美法系普通法上的判决主要优先适用损害赔偿,只有当衡平法院认为适用损害赔偿救济对当事人的利益保护不充分、不公平,并且认为实际履行是可能的、合理的时候,可适用强制实际履行的救济方式。大陆法系在违约救济方面,首先适用实际履行而非损害赔偿,除非实际上已经没有履行可能。英美法系更看重受违约损害的当事人是否受到法律充分救济,大陆法系更看重当事人是否遵守了自己的诺言。近年来,英国判例法的发展倾向于扩大适用实际履行救济方式的应用。大陆法系在适用实际履行时附加以受害人请求为条件,而大多数受害人在违约方没有实际履行的情况下,更多倾向于金钱赔偿的方式解决。从法律适用的实际来看,两大法系渐趋相同。①

我国《民法典》规定的实际履行主要有以下两种表现形态。

第一,金钱债务必须实际履行。金钱债务是指以债务人给付一定货币作为内容的债务,包括以支付价款、报酬、租金、利息,或者以履行其他金钱债务为内容的债务。《民法典》第579条规定:"当事人一方未支付价款、报酬、租金、利息,或者不履行其他金钱债务的,对方可以请求其支付。"货币具有高度流通性

---

① 李永军著:《合同法》(第六版),北京:中国人民大学出版社2021年版,第248页。

和可替代性,一般不会出现法律上或者事实上不能履行,或者不适于强制履行等情形,因此违约方应当继续履行。

第二,非金钱债务除例外情形可以请求实际履行。《民法典》第580条规定:"当事人一方不履行非金钱债务或者履行非金钱债务不符合约定的,对方可以请求履行,但是有下列情形之一的除外:(一)法律上或者事实上不能履行;(二)债务的标的不适于强制履行或者履行费用过高;(三)债权人在合理期限内未请求履行。有前款规定的除外情形之一,致使不能实现合同目的的,人民法院或者仲裁机构可以根据当事人的请求终止合同权利义务关系,但是不影响违约责任的承担。"

债权人请求继续履行,必须以非金钱债务能够继续履行为前提,如果非金钱债务不能继续履行,对方就不能请求继续履行。我国《民法典》规定对非金钱债务不适用强制履行的情形主要有:①法律上或者事实上不能履行。无论是法律上的不能履行还是事实上的不能履行,均使合同失去实际履行的意义,故不应也不能请求实际履行。②债务的标的不适于强制履行或者履行费用过高。所谓债务的标的不适于强制履行,是指根据债务的性质不宜强制履行。如委托合同、技术开发合同、演出合同、绘画合同等,此类合同具有较强的人身专属性,如果允许强制实际履行,则与现代社会尊重人格、保护人身自由的基本价值相悖。所谓履行费用过高,是指若强制实际履行代价太大甚至超过了当事人依据合同牟取的利益。立法在实际履行和违约赔偿之间进行利益平衡,规定履行费用过高的合同,不宜要求强制实际履行。③债权人在合理期限内未请求履行。合理期限是一个不确定的概念,需要依据合同的种类和性质、交易习惯或者惯例、当事人双方的意思等多种因素综合考虑。合理期限不是诉讼时效或除斥期间,而是失权期间。请求履行可以有多种形式,如直接请求、提起诉讼或申请仲裁、提出反诉或者申请反请求、协商、部分履行等。

对于非金钱债务的违约,守约方除了可以请求违约方继续履行外,还可以请求违约方承担赔偿损失等其他民事责任。至于继续履行和其他责任形式之间的关系,在不同的立法例中有所不同,英美法系以赔偿损失为原则,继续履行为例外;大陆法系则以继续履行为原则,赔偿损失为例外。

二、替代履行费用

我国《民法典》第581条规定:"当事人一方不履行债务或者履行债务不符合约定,根据债务的性质不得强制履行的,对方可以请求其负担由第三人替代履行的费用。"这一规定是《民法典》总结实践和理论经验的全新规定。

替代履行费用适用的前提是该债务根据性质不得强制履行,例如,《民法典》第713条第1款规定:"承租人在租赁物需要维修时可以请求出租人在合理期限内维修。出租人未履行维修义务的,承租人可以自行维修,维修费用由出租人负担。"可见,在实际履行中并非第三人先替代履行后才可以请求债务人负担费用,债权人可以直接请求债务人负担由第三人之后替代履行的费用。

需要注意的是,该请求权是实体法上的请求权,不以进入到执行程序为前提,因此,替代履行与民事诉讼法规定的执行措施不同。

三、采取补救措施

《民法典》第582条规定:"履行不符合约定的,应当按照当事人的约定承担违约责任。对违约责任没有约定或者约定不明确,依据本法第五百一十条的规定仍不能确定的,受损害方根据标的的性质以及损失的大小,可以合理选择请求对方承担修理、重作、更换、退货、减少价款或者报酬等违约责任。"

债务人履行合同义务不符合约定的主要是品质、数量等,采取补救措施有利于维持当事人之间的合同关系,符合鼓励交易原则,当然采取补救措施必须具备可能性。补救措施的采取是有先决条件的,如果债务人和债权人事先对此有约定的,应当按照约定承担违约责任;如果当事人对违约责任没有约定或者有约定但约定不明确的,应当协议补充,不能达成补充协议的,按照合同相关条款或者交易习惯确定;以上条件均无法达成的,则受损害方可根据标的的性质以及损失的大小,合理选择请求对方承担修理、重作、更换、退货、减少价款或者报酬等违约责任。

需要注意的是,这些补救措施之间也是有先后顺序的。当修理、重作、更换是不可能、不合理或者没有效果时,或者债务人拒绝,或在合理期间内仍不履行的,债权人可请求退货、减少价款或者报酬。其中,退货并不直接导致合同的解除,它是一种中间状态,依据具体情形,可能会导致更换或重作,也可能会导致合同的解除。

四、赔偿损失

赔偿损失又称为违约损害赔偿,是指违约方的违约行为给对方当事人造成损失时,依据合同的约定或者法律的规定向对方当事人支付一定数额的金钱用于弥补其损失的一种责任方式。

我国《民法典》上的赔偿损失与返还财产、恢复原状、修理、重作、更换等违约责任方式并列,我国法律的赔偿损失采取金钱赔偿主义,即采取以金钱估价损害而赔偿受害人的方式。赔偿损失可区分为迟延赔偿和填补赔偿。当违约行为表现为债务人未于履行期履行债务构成迟延履行,而合同尚未解除时,违约方应为的赔偿损失称为迟延赔偿,债权人可以同时主张迟延赔偿和强制履行。当违约行为表现为债务人迟延履行、拒绝履行、瑕疵履行,因而合同被解除时,违约方应为的赔偿损失称为填补赔偿,债权人不能同时主张填补赔偿和强制履行。

(一) 赔偿损失的构成

违约赔偿损失责任的构成要件包括:一是有违约行为,即当事人不履行合同义务或者履行合同义务不符合约定;二是违约行为造成了对方的损失;三是违约行为与对方损失之间有因果关系,对方的损失是违约行为所导致的;四是无免责事由。

其中,赔偿损失之损失是指违约行为使相对方遭受财产或法益上的不利。①财产上的损失和非财产上的损失。财产上的损失是指赔偿权利人在财产上所发生的损失,既包括财产的减少,也包括应当增加而未增加的财产损失。非财产上的损失,是指权利人在财产之外所受的损害,包括精神损失和身体损害。②履行利益损失、信赖利益损失和维持利益损失。履行利益损失又称期待利益损失,是指合同正常履行后使债权人获得的利益损失。信赖利益损失,也称消极利益损失,是指合同当事人因信赖合同有效,却因合同不成立、无效、被撤销或不被追认所蒙受的利益损失。维持利益损失也称为固有利益或完全性利益,是指合同当事人因违反保护义务,侵害相对人的人身权或物权所造成的损失。③实际利益损失(直接利益受损)和预期利益损失(间接利益损失)。实际利益受损也称为积极损失,是指合同一方的违约行为导致相对方现有财产的减少。预期利益损失也称为消极利益损失,是指合同一方的违约行为导致相对方应增加而未增加的利益损失。

(二) 赔偿损失的规则

违约赔偿损失的范围由法律直接规定或由双方约定。在法律没有特别规定和当事人没有另行约定的情况下,应按完全赔偿原则,即因违约方的违约使受害人遭受的全部损失都应当由违约方承担赔偿责任,包括对实际损失和可得利益的赔偿。完全赔偿可以从不同侧面理解,一是确定赔偿范围的标准应当以受害人的损失为依据;二是赔偿的范围不能超过受害人的损失,即受害人不能因此而获利。

在遵循完全赔偿原则的前提下,确定赔偿范围还应当注意以下几个规则:

(1)合理预见规则。所谓合理预见规则是指违约方承担的损害赔偿责任的范围不得超过其在订立合同时所能预见或者应当预见的损失的规则。这不仅适用于对可得利益的限制,也适用于对实际损失的限制。我国《民法典》第584条规定:"当事人一方不履行合同义务或者履行合同义务不符合约定,造成对方损失的,损失赔偿额应当相当于因违约所造成的损失,包括合同履行后可以获得的利益;但是,不得超过违约一方订立合同时预见到或者应当预见到的因违约可能造成的损失。"立法上确立合理预见规则的目的是鼓励交易,防止利用合同使交易当事人陷于不合理的被动地位,承受不可预期的、不利的后果。其中,预见的标准应当是客观的理性人标准,是一个正常勤勉的人处在违约方的位置所能合理预见到的。人民法院应当根据当事人订立合同的目的,综合考虑合同主体、合同内容、交易类型、交易习惯、磋商过程等因素,按照与违约方处于相同或者类似情况的民事主体在订立合同时预见到或者应当预见到的损失予以确定。

(2)减轻损失规则。我国《民法典》第591条第1款规定:"当事人一方违约后,对方应当采取适当措施防止损失的扩大;没有采取适当措施致使损失扩大的,不得就扩大的损失要求赔偿。"减轻损失规则设立的目的是增进社会整体的经济效益,同时促进合同当事人之间在履约上的协作。

(3)双方违约、有过失规则。这是指当事人双方都存在违约责任,而根据各自应负的责任确定赔偿责任和赔偿范围。这并非双方当事人的责任相互抵销,而是依据双方当事人违约责任的大小、轻重、主次,分别承担责任。《民法典》第592条规定:"当事人都违反合同的,应当各自承担相应的责任。当事人一方违约造成对方损失,对方对损失的发生有过错的,可以减少相应的损失赔偿额。"

(4)损益相抵规则。原《最高人民法院关于审理买卖合同纠纷案件适用法律问题的解释》(以下简称《买卖合同司法解释》)第23条规定:"买卖合同当事人一方因对方违约而获得利益,违约方主张从损失赔偿额中扣除该部分利益的,人民法院应予以支持。"其中,可以扣除的利益包括中间利息、因违约实际减少的受害人的某些税负、商业保险金、社会保险金、以新替旧中的差额、毁损物件的残值、免予支付的费用、因损害事故的发生而获得的利益等。损益相抵是确定赔偿损失范围的规则,不是债的抵销,不适用债的抵销规则。

(5)三倍赔偿规则。当经营者对消费者提供商品或服务有欺诈行为时,其损失赔偿额不受合同法规定的限制,而是依照《中华人民共和国消费者权益保护法》(以下简称《消费者权益保护法》)的规定承担,即增加赔偿的金额为消费者购买商品的价款或接受服务的费用的三倍。

五、违约金责任

(一)违约金的概念及类型

违约金是指由当事人约定或由法律规定,合同一方违约须向另一方支付一定金钱或者相当于一定金额的其他给付。一般情况下,违约金通过合同的相应条款加以约定,这些条款被称为违约金条款或者违约金责任条款。一些域外立法及学说将其看作从属于主合同的从合同,作为债的担保。①

(1)依违约金在合同中担负的功能不同,违约金可分为赔偿性违约金和惩罚性违约金。所谓赔偿性违约金,是指为弥补违约而遭受的损失,合同当事人预定违约所致损失赔偿额,也称损害赔偿额的预定。合同一方当事人在另一方违约的情况下,向违约方主张承担赔偿损失的违约责任时,应当举证证明损失发生的事实以及损失与违约之间的因果关系等,为了避免此类举证的困难和纠纷,合同当事人可约定违约金或者损失的计算方法。在此情况下,当事人主张违约金的,一般不得主张赔偿损失。惩罚性违约金是指为了制裁违约行为担保合同履行,合同当事人预定一定数额的赔偿金,与实际损失并无直接关系,具有惩罚威慑性质。大陆法系和英美法系的立法和学理基本上支持赔偿性违约金而反对惩罚性违约金,波斯纳认为,惩罚性违约金在阻止违约的同时,也阻止了有效率的违约,而且还有可能诱导合同当事人挑起相对方违约从中获利。霍姆斯指出:"在普通法中,所谓违约的责任也不过意味着,如果你不想履约,则不得不承担赔偿,仅此而已。"②从我国《民法典》第585条规定来看,我国立法规定的违约金属于赔偿性违约金。

(2)依违约金发生的原因不同,将违约金分为约定违约金和法定违约金。所谓约定违约金,是指当事人在合同条款中约定的违约金,包括违约金数额、支付条件以及支付方式等。我国《民法典》第585条规定:"当事人可以约定一方违约时应当根据违约情况向对方支付一定数额的违约金。"法定违约金是指由法律法规直接规定固定比率或固定金额的违约金。我国《民法典》第513条规

---

① 崔建远主编:《合同法》(第七版),北京:法律出版社2021年版,第255页。
② 李永军著:《合同法》(第六版),北京:中国人民大学出版社2021年版,第256-257页。

定:"执行政府定价或者政府指导价的,在合同约定的交付期限内政府价格调整时,按照交付时的价格计价。逾期交付标的物的,遇价格上涨时,按照原价格执行;价格下降时,按照新价格执行。逾期提取标的物或者逾期付款的,遇价格上涨时,按照新价格执行;价格下降时,按照原价格执行。"该条规定的价格制裁应属法定违约金的形式之一。中国人民银行关于逾期罚息的规定也可视为法定违约金。

(二)违约金与赔偿损失及实际履行的关系

关于违约金与赔偿损失的关系,首先,由于违约金主要功能为填补守约方的损失,故当违约造成损害时,受害方在获得损害赔偿后,不得另外要求支付违约金。根据我国《民法典》关于违约金赔偿性质的规定,当违约造成损失时,受害方不得同时请求支付违约金和赔偿损失。其次,依据契约自由和公平原则,当违约金低于实际损失时,受害人有权请求调增。再次,当违约没有给另一方造成损失时,通常情况下,根据"没有损害就没有赔偿"的原则,违约金条款被视为惩罚性违约金而无效。但在我国立法上,当迟延履行时,即使没有给另一方造成损失,也应当支付违约金。《民法典》第585条第3款规定:"当事人就迟延履行约定违约金的,违约方支付违约金后,还应当履行义务。"

关于违约金与实际履行的关系,通常情况下,在债权人向债务人请求支付违约金时,不得同时请求履行给付,但当约定迟延履行违约金时,在请求支付违约金时,可以同时请求实际履行。《民法典》第585条第3款的规定即反映了此项内容。

(三)违约金数额的确定

违约金作为损失赔偿额的预定,如果与损失额相差悬殊,将违反违约金以补偿性为主、以惩罚性为辅的性质。允许对约定过高或过低的违约金进行调增或调减,防止以意思自治为由完全放任当事人约定过低或过高的违约金,体现了合同法的诚实信用和公平原则。《民法典》第585条第2款前段规定:"约定的违约金低于造成的损失的,人民法院或者仲裁机构可以根据当事人的请求予以增加;约定的违约金过分高于造成的损失的,人民法院或者仲裁机构可以根据当事人的请求予以适当减少。"需要注意的是,当合同当事人请求调增违约金时,其前提是约定违约金低于守约方因违约所遭受的损失,而不是"过分低于"。当合同当事人请求调减约定违约金时,其前提是约定违约金"过分高于"守约方因违约所遭受的损失,而不是"高于"。当事人对约定违约金的调增或调减仅享有请求权,其决定权在人民法院或仲裁机构。人民法院应当以《民法典》第584条规定的损失为基础,兼顾合同主体、交易类型、合同的履行情况、当事人的过错程度、履约背景等因素,遵循公平原则和诚信原则进行衡量,并作出裁判。约定的违约金超过造成损失的百分之三十的,人民法院一般可以认定为过分高于造成的损失。在确定违约金数额时,与有过失规则、减损规则以及损益相抵规则同样适用。

六、定金责任

(一)定金的概念及性质

定金是指一方当事人为保证合同义务的履行而预先交付另一方一定数额的金钱。债务人履行债务的,定金应当抵作价款或者收回。《民法典》第586条规定:"当事人可以约定一方向对方给付定金作为债权的担保。定金合同自实际交付定金时成立。定金的数额由当事人约定;但是,不得超过主合同标的额的百分之二十,超过部分不产生定金的效力。实际交付的定金数额多于或者少于约定数额的,视为变更约定的定金数额。"

定金既不同于预付款,也不同于押金,它在性质上属于金钱担保,是担保的一种。由于定金是预先交付的,定金惩罚的数额在事先也是明确的,因此通过定金罚则的运用可以督促双方自觉履行合同,起到双方担保的作用。

定金作为担保合同,是实践性合同,自实际交付定金时才成立。如果当事人订立定金合同后,不履行交付定金的约定,则定金合同不成立,当事人不承担违约责任。同时,定金合同是一种从合同,按照《民法典》第682条第1款的规定:"主债权债务合同无效、被撤销或者确定不发生效力的,定金合同也随之无效或者不发生效力。"

(二)定金的种类

(1)违约定金是指在接受定金以后,一方当事人不履行债务或者履行债务不符合约定致使不能实现合同目的的,应按照定金罚则予以处理。

(2)立约定金是当事人约定以交付定金作为订立主合同的担保,给付定金的一方拒绝订立主合同的无权要求返还定金;收受定金的一方拒绝订立合同的应当双倍返还定金。

(3)成约定金是指约定以交付定金作为主合同成立或者生效的要件。但是,给付定金的一方虽然未支付定金,但主合同已经按照约定履行或者已经履行主要部分的,不影响主合同的成立或者生效。

(4)证约定金是以定金作为订立合同的证据。

(5) 解约定金是指交付定金的一方可以按照合同的约定以丧失定金为代价而解除主合同，收受定金的一方可以以双倍返还定金为代价而解除主合同。

其中，成约定金可以被认为是附生效条件的合同，立约定金可以被认为是预约的违约定金，而证约定金仅仅是证明合同成立的方式之一，解约定金可以被认为是一种约定解除权。虽然《民法典》仅规定了违约定金，但在实践中，当事人在合同中可以约定定金的种类。

(三) 定金与违约金及赔偿金的关系

关于违约金与定金的关系，其相同之处在于两者均为合同预先约定的以金钱为主要给付的保证合同履行的违约责任。不同之处在于，定金一方须事先给付，是法定担保方式。而违约金是违约行为发生后再行支付，非属法定担保方式。为了避免合同当事人因同一种违约行为承受两种不同不利后果，《民法典》第588条第1款规定："当事人既约定违约金，又约定定金的，一方违约时，对方可以选择适用违约金或者定金条款。"第1款规定了在违约金和定金责任竞合的情况下当事人享有选择权，但二者不能并用。需要注意的是，二者不能并用仅指针对同一违约行为，如果违约金和定金是针对不同的违约行为，仍然存在并用的可能性。另外，如果定金的性质为解约定金时，违约金和定金仍有并用的可能，除非违约金指向的是全部履行利益。

关于定金与赔偿损失之间的关系，《民法典》第588条第2款规定："定金不足以弥补一方违约造成的损失时，对方可以请求赔偿超过定金数额的损失。"根据法律规定，定金的数额不得超过主合同标的额的20%，但是当定金不足以弥补违约造成的损失时，对于不足部分的损失，当事人可以同时主张赔偿损失。反之，如果定金数额高于违约造成的损失，对于超出部分的定金，当事人不得请求酌减。定金和赔偿损失之间的关系为单向补充关系。

七、价格制裁

我国《民法典》第513条规定："执行政府定价或者政府指导价的，在合同约定的交付期限内政府价格调整时，按照交付时的价格计价。逾期交付标的物的，遇价格上涨时，按照原价格执行；价格下降时，按照新价格执行。逾期提取标的物或者逾期付款的，遇价格上涨时，按照新价格执行；价格下降时，按照原价格执行。"该条规定就是以价格制裁作为违约责任的一种承担形式，也可以作为法定违约金的一种。

【疑难问题论争 6】

当事人约定较高违约金,同时约定放弃司法酌减权,此类约定是否有效?(违约金酌减权的预先放弃条款是否有效?)

对于违约金酌减预先放弃条款的效力问题,我国现行法律未作出明确规定,司法实践和理论界也存在许多争议。实务中,一种观点认为司法酌减规则是任意性规范,当事人事先约定放弃违约金酌减权不违反法律、行政法规的效力性强制性规定,因此此约定是有效的;另一种观点认为,司法酌减规则属于强制性规范,当事人必须依照法律适用,不能事先约定排除。但理论界几乎一致认为司法酌减规则是任意性规范,当事人事先约定排除是合法有效的。总体来看,实践中,对此类约定的效力应当区分民事活动和商事活动。在民事活动中,为了充分保障当事人的交易,维护公平交易,倾向于认为司法酌减规则是强制性规范,因此大多数案件认定此类约定违反公平原则,是无效的;但在商事活动中,由于商人具备较高的风险判断能力和控制能力,应该充分尊重当事人间的意思自治,倾向于认为该约定是任意性规范,因此,商事活动中通常认定该约定合法有效。

思考题

1. 违约责任主要有哪些形式?
2. 若违反预约合同,是否可以要求强制履行?
3. 对于约定违约金,合同双方当事人能否约定排除司法酌减或酌增?
4. "三金"(违约金、定金、补偿性法定损害赔偿金)能否并行适用?
5. 因一方违约行为损害他人人身、财产权益的,受损害方能否既主张违约责任又主张侵权责任?为什么?

第三编

分 论

第十一章 买卖合同

【本章概要】了解买卖合同相关法律规定,熟悉买卖合同的分类及标准,重点掌握本章中买卖合同的法律效力,掌握出卖人和买受人的义务,以及相关风险负担等规则。对于特殊买卖合同能够清楚辨别并熟练运用。

【本章难点】买卖合同中的风险负担规则。

【引　题】甲、乙结婚后购得房屋一套,仅以甲的名义进行了登记。后甲、乙感情不和,甲擅自将房屋以时价出售给不知情的丙,并办理了房屋所有权变更登记手续。对此,下列(　　)选项是正确的?

A.买卖合同有效,房屋所有权未转移。
B.买卖合同无效,房屋所有权已转移。
C.买卖合同有效,房屋所有权已转移。
D.买卖合同无效,房屋所有权未转移。

第一节　买卖合同概述

一、买卖合同概述

(一)买卖合同的概念

买卖合同是出卖人转移标的物的所有权于买受人,买受人支付价款的合同(《民法典》第595条)。显然,出卖人和买受人是合同中的基本当事人。合同当事人应是合格的民事主体,应当具有民事行为能力,应当不被特别法所排除(如限制流通物的合同当事人只有特定主体才是适格当事人),对标的物是否享有所有权并不影响合同的效力。买卖合同的标的物可以是流通物和限制流通物,禁止流通物不能成为买卖合同的标的物。我国立法中,买卖合同的标的物还应当是有形财产,包括动产、不动产等。无形财产(如知识产权、债权等)、电力、水、气、热等财产的买卖有专门的法律规范,不属于买卖合同的标的物。电子信息产品属于买卖合同标的物的例外情形。根据我国买卖合同的司法解释规定,买卖合同的标的物可以是无须以有形载体交付的电子信息产品。买卖合同最本质的特点是货物与货币所有权的交易,钱与钱的交易、物与物的交易、劳务与金钱、物之所有权与金钱的交易等均不属于买卖合同。债因不同,合同的性质不同。不过,《民法典》第647条规定:"当事人约定易货交易,转移标的物所有权的,参照适用买卖合同的有关规定。"由于买卖合同对交易要素体现得最为充分,是合同法中的典型合同,可以成为合同的原型。《民法典》第646条规定,法律对其他有偿合同有规定的,依照其规定,没有规定的,参照适用买卖合同的有关规定。

(二)买卖合同的特征

1.买卖合同是以转移物之所有权并取得价款为最终目的的合同

出卖人让渡标的物的所有权于买受人,买受人支付相应价款,是买卖合同的基本性质,是买卖合同的最终目的,也是买卖合同区别于租赁合同、借贷合同、承揽合同、赠与合同、易货合同等其他类型合同最主要的标志。需要注意的是,转移物之所有权并取得价款是合同的目的,但并不代表买卖合同本身就是物之所有权的转移,换句话说,当事人订立买卖合同,其直接结果是使出卖人负担了转移物之所有权的义务,买受人负担了支付对应价款的义务,但物之所有权并没有直接当然地转移。物之所有权转移需要依靠公示行为的完成,即交付或登记。当事人未完成物之所有权转移,仅意味着因未履行合同义务需要承担违约责任,并不影响合同的成立,也不影响合同的效力。

2.买卖合同是有偿合同、双务合同

买卖合同当事人一方转移标的物于另一方,相应地,另一方须支付价款,是典型的有偿合同。有偿合同与无偿合同在法律适用原则上是有区别的,主要体现在对合同当事人的注意义务和责任要求不同、缔约能力的要求不同、撤销权的规定不同、财产返还的规定不同等。买卖合同当事人的权利义务相互对应、相互反对,一方的权利正是另一方的义务,是典型的双务合同。双务合同与单务合同在履行抗辩权、风险负担等方面的法律规则有很大区别。

3.买卖合同是诺成合同、不要式合同

除法律有特别规定或当事人有特别约定的,买卖合同自合同当事人意思表示一致时,即发生法律效力,不以物的交付或其他给付行为作为合同成立的要件,因而是诺成合同。除法律有明确的规定(如海商法、城市房地产管理法等)或合同有明确约定的情况外,合同采取何种形式,可由当事人自己决定,因而是不要式合同。根据《买卖合同司法解释》第1条规定,当事人之间没有书面合同,一方以送货单、收货单、结算单、发票等主张存在买卖合同关系的,人民法院应当结合当事人之间的交易方式、交易习惯以及其他相关证据,对买卖合同是否成立作出认定。对账确认函、债权确认书等函件、凭证没有记载债权人名称,买卖合同当事人一方以此证明存在买卖合同关系的,人民法院应予支持,但有相反证据足以推翻的除外。

二、买卖合同的分类

(1)依据是否以法律特别规定为标准,可将买卖合同分为一般买卖合同和特殊买卖合同。

《民法典》合同编对分期付款合同、样品买卖合同、试用买卖合同、拍卖合同、招投标合同等规定特别规则,我们将这些适用特别规则的合同称为特殊买卖合同,除此之外的买卖合同为一般买卖合同。一般买卖合同的法律适用先后顺序为:买卖合同的规定、合同编通则的规定。而特殊买卖合同的法律适用先后顺序为:关于该买卖合同的特殊规定、买卖合同的规定、合同编通则的规定。

(2)依据买卖合同的标的不同,可将买卖合同分为动产买卖合同和不动产买卖合同。

现实生活中动产买卖合同数量远大于不动产买卖合同。区分动产买卖合同和不动产买卖合同的途径首先是所有权转移的公示方式,前者是交付,后者是登记;其次是诉讼管辖的原则,前者是"原告即被告"原则,后者是不动产所在地原则。

(3)依据买卖合同标的物特定与否,可将买卖合同分为特定物买卖合同和非特定物买卖合同。

由于特定物在合同订立时已经可以确定,有些国家法律规定在合同成立时特定物所有权可以转移,而种类物只有经过特定化后所有权才能发生移转。在标的物灭失需要救济时,特定物买卖合同的救济是赔偿损失,而非特定物买卖合同可以是替代履行。

(4)依据买卖合同的标的物是否须特定主体经营,可将买卖合同分为受限制的买卖合同和不受限制的买卖合同。

限制流通物只能由国家指定的特定主体经营,非限制流通物经营主体不受限制,任何人均可以买卖。

三、买卖合同的条款

《民法典》第596条规定:"买卖合同的内容一般包括标的物的名称、数量、质量、价款、履行期限、履行地点和方式、包装方式、检验标准和方法、结算方式、合同使用的文字及其效力等条款。"为了指引当事人完善合同条款,法律列举合同的主要条款,故该条所列条款一般被视为指导性条款,而非买卖合同的必备条款。如果合同欠缺该条款将影响合同成立,那么这个条款便是合同的必备条款。一般认为,当事人、标的物、标的物的数量被认为是买卖合同的必备条款。非必备条款的欠缺可以通过法律的补充性备用条款或者根据合同相关条款、合同性质、合同目的、交易习惯以及诚实信用等方式予以补充和解释。例如,《民法典》第510条规定:"合同生效后,当事人就质量、价款或者报酬、履行地点等内容没有约定或者约定不明确的,可以协议补充;不能达成补充协议的,按照合同相关条款或者交易习惯确定。"又如,《民法典》第511条规定"当事人就有关合同内容约定不明确,依据前条规定仍不能确定的,适用下列规定:(一)质量要求不明确的,按照强制性国家标准履行;没有强制性国家标准的,按照推荐性国家标准履行;没有推荐性国家标准的,按照行业标准履行;没有国家标准、行业标准的,按照通常标准或者符合合同目的的特定标准履行。(二)价款或者报酬不明确的,按照订立合同时履行地的市场价格履行;依法应当执行政府定价或者政府指导价的,依照规定履行。(三)履行地点不明确,给付货币的,在接受货币一方所在地履行;交付不动产的,在不动产所在地履行;其他标的,在履行义务一方所在地履行。(四)履行期限不明确的,债务人可以随时履行,债权人也可以随时请求履行,但是应当给对方必要的准备时间。(五)履行方式不明确的,按照有利于实现合同目的的方式履行。(六)履行费用的负担不明确的,由履行义务一方负担;因债权人原因增加的履行费用,由债权人负担。"

第二节 买卖合同的法律效力

一、出卖人的义务

(一) 交付标的物

1. 交付的方式

交付是指标的物或者提取标的物的权利凭证在法律上或事实上的转移占有。事实上将标的物置于买受人的控制之下为现实交付,交付提取标的物的单证为拟制交付。此外还有简易交付、占有改定和指示交付。简易交付是指在买卖合同成立之前,买受人已经现实地占有标的物,合同生效时间即视为标的物交付(《民法典》第226条)。占有改定是指虽然标的物未发生事实控制的转移,但已转移了法律上的占有(《民法典》第228条)。如承租人购买租赁物或者出卖人售后返租中,买卖合同标的物事实上均无须实际交付,经占有的改定完成法律上的交付。指示交付是指出卖人通过向买受人转让向第三人要求返还原物的请求权从而实现交付的交付方式(《民法典》第227条)。如出租人出售租赁物的,可以通知买受人向承租人主张返还租赁物,替代交付租赁物。电子信息产品的交付,除有当事人约定或交易习惯外,以买受人收到约定的电子信息产品为完成交付的标准。由于技术、网络、计算机系统等原因,出卖人发出电子信息产品并不引发买受人收到信息产品的后果。但也存在出卖人发出电子信息后,买受人可以根据自己的需要自由决定取得或者使用电子信息的时间,如果以买受人收到电子信息为标准,则有失公允。在此情况下,当事人可以约定或交易习惯告知访问密码的方式完成交付。《买卖合同司法解释》第2条规定:"标的物为无须以有形载体交付的电子信息产品,当事人对交付方式约定不明确,且依照民法典第五百一十条的规定仍不能确定的,买受人收到约定的电子信息产品或者权利凭证即为交付。"结合《民法典》第512条第2款的规定,买受人收到约定的电子信息产品是指该电子信息产品进入当事人指定的特定系统且能够检索识别。

2.交付的主体

通常情况下,出卖人本人作为标的物实际交付的主体,完成买卖合同的主给付义务。在一些特殊情况下,标的物可由第三人代为交付。例如,第三人作为出卖人的受托人进行交付;第三人作为出卖人的占有辅助人代为交付;第三人依出卖人的指令进行交付;其他情况下第三人代为履行。第三人代为履行,并不能改变出卖人为给付义务人的事实。第三人不能履行给付的,违约责任由出卖人承担,而非第三人。

3.交付的标的

(1)完整性。标的物有从物的,除非当事人另有约定,从物应当与标的物一并交付。(《民法典》第320条)

(2)质量。出卖人应当按照约定的质量要求交付标的物。出卖人提供有关标的物质量说明的,交付的标的物应当符合该说明的质量要求。当事人对标的物的质量要求没有约定或者约定不明确,可以协议补充;不能达成补充协议的,按照合同相关条款或者交易习惯确定。仍不能确定的,按照强制性国家标准履行;没有强制性国家标准的,按照推荐性国家标准履行;没有推荐性国家标准的,按照行业标准履行;没有国家标准、行业标准的,按照通常标准或者符合合同目的的特定标准履行。(《民法典》第615条、《民法典》第510条、《民法典》第511条)

(3)数量。出卖人多交标的物的,买受人可以接收或者拒绝接收多交的部分。买受人接收多交部分的,按照约定的价格支付价款;买受人拒绝接收多交部分的,应当及时通知出卖人。(《民法典》第629条)

(4)包装。出卖人应当按照约定的包装方式交付标的物。对包装方式没有约定或者约定不明确,可以协议补充;不能达成补充协议的,按照合同相关条款或者交易习惯确定。仍不能确定的,应当按照通用的方式包装;没有通用方式的,应当采取足以保护标的物且有利于节约资源、保护生态环境的包装方式。(《民法典》第619条)

4.交付的时间

出卖人应当按照约定的时间交付标的物。约定交付期限的,出卖人可以在该交付期限内的任何时间交付(《民法典》第601条)。当事人没有约定标的物的交付期限或者约定不明确的,可以协议补充;不能达成补充协议的,按照合同相关条款或者交易习惯确定。仍不能确定的,债务人可以随时履行,债权人也可以随时请求履行,但是应当给对方必要的准备时间(《民法典》第602条)。

通过互联网等信息网络订立的电子合同的标的为交付商品并采用快递物流方式交付的,收货人的签收时间为交付时间。电子合同的标的物为采用在线传输方式交付的,合同标的物进入对方当事人指定的特定系统且能够检索识别的时间为交付时间。(《民法典》第512条)

5.交付的地点

出卖人应当按照约定的地点交付标的物。当事人没有约定交付地点或者约定不明确的,可以协议补充;不能达成补充协议的,按照合同相关条款或者交易习惯确定。仍不能确定的,适用下列规定:(1)标的物需要运输的,出卖人应当将标的物交付给第一承运人以运交给买受人;(2)标的物不需要运输,出卖人和买受人订立合同时知道标的物在某一地点的,出卖人应当在该地点交付标的物;不知道标的物在某一地点的,应当在出卖人订立合同时的营业地交付标的物。(《民法典》第603条)

(二)转移标的物所有权

出卖人应当履行向买受人交付标的物或者交付提取标的物的单证的同时转移标的物所有权的义务。动产物权的转移,自交付时发生效力,但是法律另有规定的除外。船舶、航空器和机动车等的物权自交付时转移,未经登记,不得对抗善意第三人。[①] 不动产物权的转移经依法登记发生效力;未经登记,不发生效力,但是法律另有规定的除外。需要注意的是,根据《民法典》知识产权保留条款的规定,具有知识产权的标的物发生所有权移转的,除法律另有规定或者当事人另有约定外,该标的物的知识产权不属于买受人。(《民法典》第600条)

(三)瑕疵担保责任

出卖人对其交付的标的物,应当担保其权利完整并且不会被第三人追索,以及应当担保其具有通常交易观念认为应当具有的效用和品质,否则应当承担相应的法律后果。瑕疵担保责任包括物的瑕疵担保责任和权利瑕疵担保责任。出卖人所交付的标的物在品质上不符合合同约定或者法律规定的标准,致使标的物的用途和价值降低或消失,因而负有的一种民事责任,称之为物的瑕疵担保责任;出卖人所交付的标的物在权利上不完整,可能或现实地引起第三人主张权利,因而负有的一种民事责任,称之为权利瑕疵担保责任。

我国法律上是否存在独立的瑕疵担保责任?是否已被违约责任所涵盖?存在两种观点:一种观点认为,瑕疵担保责任已被违约责任所涵盖。对标的物瑕疵担保义务的违反产生相应的违约责任,并不产生其他独立的法律责任。违

---

① 崔建远著:《物权法》(第二版),北京:中国人民大学出版社2011年版,第88-91页。

约责任既包括继续履行、损害赔偿、支付违约金,还包括修理、更换、重作、减价等责任形式。瑕疵担保责任和违约责任均采取严格责任的归责原则,区分的意义并不是很大。另一种观点认为,与违约责任不同,瑕疵担保责任以买受人履行通知义务为前提,受到检验期限和质量异议期限的限制,且修理、更换、重作、减价等不属违约责任的形式。

《民法典》第617条规定:"出卖人交付的标的物不符合质量要求的,买受人可以依据本法第五百八十二条至第五百八十四条的规定请求承担违约责任。"以及《民法典》第612条和第613条的规定,出卖人就交付的标的物,负有保证第三人对该标的物不享有任何权利的义务,但是法律另有规定的除外。买受人订立合同时知道或者应当知道第三人对买卖的标的物享有权利的,出卖人不承担前条规定的义务。由此可见,我国立法的瑕疵担保责任制度采取折中主义,即物的瑕疵担保责任归入违约责任,仅规定了权利瑕疵担保责任。[①]

(四)从合同义务

出卖人应当按照约定或者交易习惯向买受人交付提取标的物单证以外的有关单证和资料(《民法典》第599条)。提取标的物单证以外的有关单证和资料主要应当包括保险单、保修单、普通发票、增值税专用发票、产品合格证、质量保证书、质量鉴定书、品质检验证书、产品进出口检疫书、原产地证明书、使用说明书、装箱单等(《买卖合同司法解释》第4条)。

(五)其他义务

某些标的物在使用年限届满后,如不及时经专业人员回收,可能造成人身伤害或环境污染,出卖人依法或依约负有回收义务。《民法典》第625条规定:"依照法律、行政法规的规定或者按照当事人的约定,标的物在有效使用年限届满后应予回收的,出卖人负有自行或者委托第三人对标的物予以回收的义务。"另外,基于诚实信用原则,出卖人还负有附随义务,如根据合同的性质、目的和交易习惯而履行的通知、协助、保密等义务。违反附随义务虽不能单独诉讼,但可以请求赔偿。

二、买受人的义务

(一)支付价款的义务

1.支付的金额和方式

买受人应当按照约定的数额和支付方式支付价款。对价款的数额和支付

[①] 李永军著:《合同法》(第六版),北京:中国人民大学出版社2021年版,第296页。

方式没有约定或者约定不明确的,可以协议补充;不能达成补充协议的,按照合同相关条款或者交易习惯确定。仍不能确定价款的,按照订立合同时履行地的市场价格履行;依法应当执行政府定价或者政府指导价的,依照规定履行。履行方式不明确的,按照有利于实现合同目的的方式履行。

2.支付金额的调整

执行政府定价或者政府指导价的,在合同约定的交付期限内政府价格调整时,按照交付时的价格计价。逾期交付标的物的,遇价格上涨时,按照原价格执行;价格下降时,按照新价格执行。逾期提取标的物或者逾期付款的,遇价格上涨时,按照新价格执行;价格下降时,按照原价格执行。

3.支付时间

买受人应当按照约定的时间支付价款。如果对支付时间没有约定或者约定不明确的,可以协议补充;不能达成补充协议的,按照合同相关条款或者交易习惯确定。仍不能确定价款的,买受人应当在收到标的物或者提取标的物单证的同时支付。

4.支付地点

买受人应当按照约定的地点支付价款。如果对支付地点没有约定或者约定不明确的,可以协议补充;不能达成补充协议的,按照合同相关条款或者交易习惯确定。仍不能确定价款的,买受人应当在出卖人的营业地支付;但是,约定支付价款以交付标的物或者交付提取标的物单证为条件的,在交付标的物或者交付提取标的物单证的所在地支付。

(二)受领和检验标的物的义务

按照《民法典》第620条至第624条的规定,买受人收到标的物时应当在约定的检验期限内检验。

1.受领与检验

如果买受人不按照约定受领标的物或者拒绝受领标的物,则构成对受领义务的违反。但如果出卖人交付的标的物不符合合同约定,则买受人有权拒绝受领,不构成对受领义务的违反。若无正当理由拒绝受领,出卖人可以以提存方式交付。买受人收到标的物时应当在约定的检验期限内检验。没有约定检验期限的,应当及时检验。

2.检验期限和标准

当事人约定检验期限的,买受人应当在检验期限内将标的物的数量或者质量不符合约定的情形通知出卖人。买受人怠于通知的,视为标的物的数量或者质量符合约定。当事人没有约定检验期限的,买受人应当在发现或者应当发现标的物的数量或者质量不符合约定的合理期限内通知出卖人。买受人在合理期限内未通知或者自收到标的物之日起二年内未通知出卖人的,视为标的物的数量或者质量符合约定;但是,对标的物有质量保证期的,适用质量保证期,不适用该二年的规定。出卖人知道或者应当知道提供的标的物不符合约定的,买受人不受前两款规定的通知时间的限制。当事人约定的检验期限过短,根据标的物的性质和交易习惯,买受人在检验期限内难以完成全面检验的,该期限仅视为买受人对标的物的外观瑕疵提出异议的期限。约定的检验期限或者质量保证期短于法律、行政法规规定期限的,应当以法律、行政法规规定的期限为准。当事人对检验期限未作约定,买受人签收的送货单、确认单等载明标的物数量、型号、规格的,推定买受人已经对数量和外观瑕疵进行检验,但是有相关证据足以推翻的除外。

买受人应在合理期限内通知出卖人,具体认定"合理期限"时,应当综合当事人之间的交易性质、交易目的、交易方式、交易习惯、标的物的种类、数量、性质、安装和使用情况、瑕疵的性质、买受人应尽的合理注意义务、检验方法和难易程度、买受人或者检验人所处的具体环境、自身技能以及其他合理因素,依据诚实信用原则进行判断。例如,无法认定合理期限额,买受人应在收到标的物之日起二年内通知出卖人,该规定的"二年"是最长的合理期限。该期限为不变期间,不适用诉讼时效中止、中断或者延长的规定。买受人在合理期限内提出异议,出卖人以买受人已经支付价款、确认欠款数额、使用标的物等为由,主张买受人放弃异议的,人民法院不予支持,但当事人另有约定的除外。在检验期限、合理期限、二年期限经过后,买受人主张标的物的数量或者质量不符合约定的,人民法院不予支持。出卖人自愿承担违约责任后,买受人又以上述期限经过为由反悔的,人民法院不予支持。

买受人应当按照约定标准检验标的物。出卖人依照买受人的指示向第三人交付标的物,出卖人和买受人约定的检验标准与买受人和第三人约定的检验标准不一致的,以出卖人和买受人约定的检验标准为准。

(三) 保管义务

《民法典》第629条规定:"出卖人多交标的物的,买受人可以接收或者拒绝接收多交的部分。买受人接收多交部分的,按照约定的价格支付价款;买受人拒绝接收多交部分的,应当及时通知出卖人。"在特殊情况下,买受人虽然作出拒绝接受的意思表示,但是有暂时保管并应急处置标的物的义务。

(四) 其他义务

买受人除上述主要义务外,还应当承担依据诚实信用原则产生的法定附随义务,如通知、协助、照顾义务等。

三、风险负担与利益承受

(一) 风险负担

买卖合同的标的物可能因当事人意志以外的原因发生毁损或灭失,如在小额的日常用品的、即时完成履行的买卖合同中,探讨风险负担没有必要。但现代社会中的长期交易中,标的物所有权的转移与实际交付经常处于分离状态,从缔约到交付往往需要经过诸多环节,风险由出卖人还是买受人负担,涉及当事人的重大利益。为了避免纠纷的发生,当事人应当对此作出明确约定,如买卖合同没有对风险负担作出明确约定的,法律需要对风险负担在当事人之间进行合理的分配。

标的物毁损或灭失的风险何时从卖方转移给买方,大致有三种理论。其一,合同成立时风险转移;其二,标的物所有权转移时风险转移;其三,标的物交付时风险转移。我国对风险转移采取的基本立法原则是:当事人有约定的从其约定;没有约定的,自交付时转移;当事人有过错的采取过错主义,自违约之日起发生风险转移。具体规则如下。

(1) 标的物毁损、灭失的风险,在标的物交付之前由出卖人承担,交付之后由买受人承担,无论动产、不动产,还是机动车辆、船舶、航空器,也无论所有权是否转移,标的物的风险均自交付时转移,但是法律另有规定或者当事人另有约定的除外。

(2) 出卖人出卖交由承运人运输的在途标的物,除当事人另有约定外,毁损、灭失的风险自合同成立时起由买受人承担。但是,出卖人出卖交由承运人运输的在途标的物,在合同成立时知道或者应当知道标的物已经毁损、灭失却未告知买受人,应当由出卖人负担标的物毁损、灭失的风险。

(3) 出卖人按照约定将标的物运送至买受人指定地点并交付给承运人后,标的物毁损、灭失的风险由买受人承担,但当事人另有约定的除外。

(4) 当事人没有约定交付地点或者约定不明确、标的物需要运输的,出卖人应当将标的物交付给第一承运人以运交给买受人后风险转移。

(5) 当事人对风险负担没有约定,标的物为种类物,出卖人未以装运单据、加盖标记、通知买受人等可识别的方式清楚地将标的物特定于买卖合同,买受人无须负担标的物毁损、灭失的风险。

(6)因买受人的原因致使标的物未按照约定的期限交付的,买受人应当自违反约定时起承担标的物毁损、灭失的风险。出卖人按照约定或者法律规定将标的物置于交付地点,买受人违反约定没有收取的,标的物毁损、灭失的风险自违反约定时起由买受人承担。出卖人未按照约定交付有关标的物的单证和资料的,不影响标的物毁损、灭失风险的转移。因标的物不符合质量要求,致使不能实现合同目的的,买受人可以拒绝接受标的物或者解除合同。买受人拒绝接受标的物或者解除合同的,标的物毁损、灭失的风险由出卖人承担。

(7)标的物毁损、灭失的风险由买受人承担的,不影响因出卖人履行义务不符合约定,买受人请求其承担违约责任的权利。

(二)利益承受

与风险负担相对的是利益承受的分配。利益承受是指标的物在买卖合同订立后所生孳息的归属。我国《民法典》规定,标的物在交付之前产生的孳息,归出卖人所有;交付之后产生的孳息,归买受人所有。但是,当事人另有约定的除外。(《民法典》第630条)

四、买卖合同的终止

按照合同终止的一般规则,或债务已经履行;或债务相互抵销;或债务人依法将标的物提存;或债权人免除债务;或债权债务同归于一人;或法律规定或者当事人约定终止的其他情形;或合同解除的,该合同的权利义务关系终止。但是买卖合同存在一些特殊规则,分述如下。

(1)因标的物的主物不符合约定而解除合同的,解除合同的效力及于从物。因标的物的从物不符合约定被解除的,解除的效力不及于主物。

(2)标的物为数物,其中一物不符合约定的,买受人可以就该物解除。但是,该物与他物分离使标的物的价值显受损害的,买受人可以就数物解除合同。

(3)出卖人分批交付标的物的,出卖人对其中一批标的物不交付或者交付不符合约定,致使该批标的物不能实现合同目的的,买受人可以就该批标的物解除。

出卖人不交付其中一批标的物或者交付不符合约定,致使之后其他各批标的物的交付不能实现合同目的的,买受人可以就该批以及之后其他各批标的物解除。

买受人如果就其中一批标的物解除,该批标的物与其他各批标的物相互依存的,可以就已经交付和未交付的各批标的物解除。

(4)分期付款的买受人未支付到期价款的数额达到全部价款的五分之一,经催告后在合理期限内仍未支付到期价款的,出卖人可以请求买受人支付全部价款或者解除合同。出卖人解除合同的,可以向买受人请求支付该标的物的使用费。合同解除后得以终止。

第三节 特殊买卖合同

一、分期付款买卖

分期付款买卖是指当事人双方约定出卖人先行移转标的物的占有于买受人,买受人在一定期限内分期支付价款给出卖人的买卖。在分期付款买卖中,出卖人在未得到全部价款的情况下将标的物交付给买受人,出卖人面临较大的风险,因此,实践中的当事人往往通过在合同中约定权利保护和限制条款,以达到双方利益的平衡,其中这类特别约定的条款主要有以下几种:

(1)解除合同或要求支付全部价款的特约。这是为了保证出卖人能够及时收到价款,当买受人付款迟延时,出卖人可解除合同或要求买受人支付全部价款。但同时为防止对于买受人一方可能出现的不公平,《民法典》第634条还规定,分期付款的出卖人只有在买受人未支付到期价款的金额达到全部价款的五分之一的,才可以要求买受人支付到期以及未到期的全部价款或者解除合同。

(2)所有权转移的特约。因分期付款买卖并非就是保留所有权的买卖,所以当事人对所有权的转移有特别约定的,应以书面形式明确表示;当事人无特别约定的,标的物的所有权仍自交付时起转移给买受人。

(3)关于合同解除的特约。根据《民法典》第630条的规定,标的物交付之后的孳息归买受人所有,则不应当返还给出卖人。但是在分期付款买卖合同关系中,合同一旦解除,则合同的效力丧失,如果出卖人行使解除权是基于买受人的违约行为,那么买受人就不能基于合同更不能基于其违约行为而获利,合同解除后,买受人应当向出卖人返还原物及孳息。

二、凭样品买卖

(一) 概念及认定

凭样品买卖是指买卖合同当事人约定以特定样品作为标的物交付标准的合同。现实生活中,有的买卖合同标的物的质量难以用文字描述,约定凭样品交付较为便利。一般情况下,当事人约定凭样品交付,若当事人交付的标的物与样品不符的,应负不完全履行的违约责任。但是如果样品存在隐蔽瑕疵,或者样品的品质与文字说明不符的,则会产生与一般买卖合同不同的问题。

(二) 特殊规则

(1) 凭样品买卖的当事人应当封存样品,并可以对样品质量予以说明。出卖人交付的标的物应当与样品及其说明的质量相同。合同约定的样品质量与文字说明不一致且发生纠纷时当事人不能达成合意,样品封存后外观和内在品质没有发生变化的,人民法院应当以样品为准;外观和内在品质发生变化,或者当事人对是否发生变化有争议而又无法查明的,人民法院应当以文字说明为准。

(2) 凭样品买卖的买受人不知道样品有隐蔽瑕疵的,即使交付的标的物与样品相同,出卖人交付的标的物的质量仍然应当符合同种物的通常标准。

三、试用买卖

(一) 概念及认定

试用买卖是指合同成立时,出卖人将标的物交付给买受人在一定期限内试用,在试用期限届满前由买受人决定是否购买的合同。但是买卖合同存在下列约定内容之一的,不属于试用买卖:①约定标的物经过试用或者检验符合一定要求时,买受人应当购买标的物;②约定第三人经试验对标的物认可时,买受人应当购买标的物;③约定买受人在一定期限内可以调换标的物;④约定买受人在一定期限内可以退还标的物。与一般买卖合同相比,买卖意愿的认定、试用期间确定、试用费及试用风险的负担是试用买卖中需要解决的问题。

(二) 特殊规则

(1) 试用买卖的当事人可以约定标的物的试用期限。对试用期限没有约定或者约定不明确,可以协议补充;不能达成补充协议的,按照合同相关条款或者交易习惯确定。仍不能确定的,由出卖人确定。

(2) 试用买卖的买受人在试用期内可以购买标的物,也可以拒绝购买。试用期限届满,买受人对是否购买标的物未作表示的,视为购买。试用买卖的买受人在试用期内已经支付部分价款或者对标的物实施出卖、出租、设立担保物权等行为的,视为同意购买。

(3)试用买卖的当事人对标的物使用费没有约定或者约定不明确的,出卖人无权请求买受人支付。

(4)标的物在试用期内毁损、灭失的风险由出卖人承担。

四、所有权保留买卖

(一)概念及认定

所有权保留买卖是指当事人可以在买卖合同中约定买受人未履行支付价款或者其他义务的,标的物的所有权属于出卖人的合同。当事人可以作保留标的物所有权的约定,也可以作标的物所有权转移时间的约定。如果没有上述约定,则按照法律规定,自交付或登记之日起,标的物所有权发生转移。所有权保留合同本质上仍是买卖关系,但具有与担保相当的功能。根据《买卖合同司法解释》的规定,所有权保留不适用于不动产买卖。

所有权保留合同的标的物已经交付和占有,依据公示公信原则,从外观看所有权应当归买受人,但内部约定归出卖人,这是这类合同的特殊之处。

(二)特殊规则

(1)登记对抗规则。出卖人对标的物保留的所有权,未经登记,不得对抗善意第三人。

(2)标的物取回规则。当事人约定出卖人保留合同标的物的所有权,在标的物所有权转移前,买受人有下列情形之一,造成出卖人损害的,除当事人另有约定外,出卖人有权取回标的物:①未按照约定支付价款,经催告后在合理期限内仍未支付;②未按照约定完成特定条件;③将标的物出卖、出质或者作出其他不当处分。出卖人可以与买受人协商取回标的物;协商不成的,可以参照适用担保物权的实现程序。

(3)回赎规则。出卖人依据前条第一款的规定取回标的物后,买受人在双方约定或者出卖人指定的合理回赎期限内,消除出卖人取回标的物的事由的,可以请求回赎标的物。买受人在回赎期限内没有回赎标的物,出卖人可以以合理价格将标的物出卖给第三人,出卖所得价款扣除买受人未支付的价款以及必要费用后仍有剩余的,应当返还买受人,不足部分由买受人清偿。

除以上几种特殊买卖之外,互易、招标投标买卖、拍卖合同当事人的权利和义务以及相关程序等,依照有关法律、行政法规的规定。当事人约定易货交易,转移标的物所有权的互易合同,参照适用买卖合同的有关规定。法律对其他有偿合同没有规定的,参照适用买卖合同的有关规定。

思考题

1. 买卖合同双方已履行义务,而后合同因欺诈行为被撤销,但标的物仍由债务人占有,此时标的物毁损灭失的风险由谁承担?

2. 买卖合同双方当事人采用简易交付的,标的物毁损灭失的风险是何时转移的?

3. 买卖合同双方采用占有改定的方式交付,一方在占有期间又将标的物出卖于第三人,此时标的物所有权归属为哪一方?

4. 甲乙双方成立海螺买卖合同,乙交付后,甲剥开海螺发现其中有一颗珍珠,试问此时珍珠的归属为何人?

5. 甲乙成立所有权保留买卖合同,在所有权保留期间,甲将标的物以指示交付的方式出卖于不知情第三人,试问此时标的物所有权归属为何人?

第十二章 供用电、水、气和热力合同

【本章概要】学习供用电、水、气、热力合同的概念及相关法律规定,了解供用电、水、气、热力合同的法律效力,掌握双方当事人的权利义务。

【本章难点】供用电、水、气、热力合同的标的。

【引　题】新奇公司在未接到任何事先通知的情况下突然被断电,遭受重大经济损失。下列(　　)情况下供电公司应承担赔偿责任?

A.因供电设施检修中断供电

B.为保证居民生活用电而拉闸限电

C.因新奇公司违法用电而中断供电

D.因电线被超高车辆挂断而断电

第一节　供用电、水、气和热力合同概述

一、供用电、水、气和热力合同的概念

供用电、水、气和热力合同是指当事人一方作为供应人向另一方提供电、水、气和热力供应,另一方当事人作为利用人支付价款的合同。属于广义上的买卖合同。

此类合同作为一种提供基础设施性质和基本生活资源的合同,关系到人民生产和生活的方方面面,对整个社会经济的发展和人民生活的质量提升都至关重要。《民法典》虽然以供用电、水、气和热力合同专章名称加以规定,实际在条款内容上仅对供用电合同做了相应的规定,而其他供用水、气、热力合同参照

供用电合同适用。

二、供用电、水、气和热力合同的特征

此类合同具有以下主要法律特征：

(1) 合同的公益性。供用电、水、气和热力合同的利用方当事人是一般的社会公众，可以是自然人、法人和其他组织，合同的目的不单纯是为了从中赢利，主要是为了满足人民群众生产生活的需要。

(2) 主体的特殊性。这些供用电、水、气和热力合同的供应方担负着社会基本运行秩序和一定社会服务的职能，因此必须由专门的社会公共机构来承担，且具有一定的垄断性。基于此类合同的公益性，这些供用电、水、气和热力合同的供应方也是以提升民众公共生活水平为目标的企业，承担着强制缔约的义务，而且国家对于此供应合同的收费标准都是有一定限制的。

(3) 客体的特殊性。供用电、水、气和热力合同的标的物是一种特殊的物，虽然是可以被感知的，但是无法以通常的方法固定或保存，而且因为它们关系着基本民生，属于基础资源性物品，所以各国都会对其进行相应的控制和管理。

(4) 合同形式的特殊性。供用电、水、气和热力合同属于公益性合同，标的物也属于特殊的商品，且面对广大的社会民众，不可能一一订立，往往通过格式条款的形式订立，以最大限度地提高效率，降低交易成本。

(5) 合同性质的继续性。供用电、水、气和热力合同是双务、有偿、诺成性合同，同时这类标的物的供应不可能一次履行完成，必须是持续性的，因此属于继续性合同。

第二节　供用电合同

一、供用电合同的概念及特征

供用电合同是指供电人向用电人供电，用电人支付电费的合同。

虽然供用电合同是一种以特殊的商品"电"作为标的物的常见的双务有偿诺成性合同，但是，无论是供电、供水、供气还是供热力都属于具有自然垄断性

的行业,合同标的物具有特殊性,供应时间上具有连续性,合同相对人具有广泛性。因此,需要在了解一般买卖合同的基础上加深对此类合同的理解。供用电合同具有以下法律特征:

(1)合同的主体是供电人和用电人。供电人是指在国家批准的供电营业区内向用户提供电力的供电单位,除此之外,其他任何单位和个人都不得作为供电人。电力这种特殊商品本身又具有网络性和天然垄断性,这就使供电企业对电力的供应及电网的管理具有一定的垄断性。

(2)合同的标的是一种无形物质——电力。这也是民法上"物"的一种,从本质上讲电力属于无体物。同时,电也是国民经济中的重要能源,是一种特殊的商品。

(3)供用电合同具有继续性,属于持续供给合同,因此合同的履行方式处于一种持续状态。在我国,供用电合同可分为生产经营性用电合同和生活消费性用电合同,不论何种供用电合同,电的供应和利用都不是一次性的。

(4)供用电合同一般是以格式条款的形式订立。供电企业对电力的供应及对电网的管理具有一定的垄断性,供电企业为了与不特定的多个用电人订立合同而预先拟定格式条款,双方当事人按照格式条款订立合同。

(5)电力的价格实行统一定价原则。供用电合同的内容即供电合同的条款,它是确定供电方与用电方权利义务的主要依据。

二、供用电合同的内容

供用电合同是格式合同,其合同条款是由供电人单方预先制定好的,经过用电人签字认可后,即可完成合同的订立程序。根据《民法典》第649条的规定,供用电合同的内容一般包括供电的方式、质量、时间,用电容量、地址、性质,计量方式,电价、电费的结算方式,供用电设施的维护责任等条款。

(1)供电的方式、质量和时间。供电方式是指供电人供电的方式,包括主供电源、备用电源、保安电源的供电方式以及委托转供电等内容。供电方式应从实际需求、安全、经济、合理原则出发,依据国家电网的规划及相关规定与用户协商确定。供电质量是指供电频率、电压和供电可靠性三项指标。供电时间就是供电人供电的起止时间。

(2)用电容量、地址和性质。用电容量是指供电人认定的用电人受电设备的总容量,以千瓦(千伏安)表示。用电地址即用电人使用电力的地址,用电性质包括用电人行业分类和用电分类。

(3)计量方式和电价、电费的结算方式。计量方式是指供电人如何计算用电人使用的电量。供电方应当安装用电计量装置作为向用电人计算电费的依据。电价即供电企业向用电人供应电力的价格。电价实行国家统一定价,由电网经营企业提出方案,报国家有关物价部门核准。电费是电力资源实现商品交换的货币形式。

双方可采取下列结算方式:①收取电费保证金;②采取预付电费制;③商定价款互抵协议;④提倡采用商业承兑汇票或银行承兑汇票的结算方式;⑤由供、用、银行三方商签每月电费有期划拨协议;⑥其他方式。

(4)供用电设施的维护责任。双方应当协商确认供电设施运行管理责任的分界点,属于供电人负责的,由供电人负责运行、维护、管理;属于用电人负责的,由用电人负责维护、管理。

除以上规定之外,还需特别注意供电合同的履行地点,《民法典》第650条规定,当事人有约定的按照约定,当事人没有约定或者约定不明确的,以供电设施的产权分界处为履行地点。此处供用电合同的履行地点是指供电人将电力的所有权转移于用电人的转移点。供电设施的产权分界处是划分供电设施所有权归属的分界点,分界点电源一侧供电设施归供电人所有,分界点负荷一侧供电设施归用电人所有。对于单位用电人,供电设施的产权分界处通常为该单位变电设备的第一个磁瓶或开关;对于散户用电人,供电设施的产权分界处通常为进户墙的第一个接收点。供用电双方应当根据供电设施的产权归属承担相应的安装、维护、检修等相关责任。

三、供用电合同的法律效力

供用电合同的法律效力是指供用电合同成立后所产生的法律后果,其表现为供电人与用电人双方的权利义务。由于供用电合同为双务有偿合同,因此其法律效力可经由双方当事人所负担的义务来体现。

(一)供电人的义务

根据我国《民法典》的规定,供电人负有以下义务:

(1)供电人的强制缔约义务。供用电合同涉及基本民生,而且关系社会的公共利益,所以法律规定对供电人的自由进行适当限制,作为供电人的供电企业不能拒绝向某个当事人提供供电服务。《民法典》第648条规定,向社会公众供电的供电人,不得拒绝用电人合理的订立合同要求。

(2)供电人的及时、安全、合格的供电义务。供电人应当按照国家规定的供电质量标准和约定,及时、安全合格地供电。根据《民法典》第651条的规定,供电人未按照国家规定的供电质量标准和约定安全供电,造成用电人损失的,应当承担赔偿责任。但是赔偿不得超过供电人订立合同时预见到或者应当预见到的因违约可能造成的损失。

(3)供电人因限电、检修等停电的通知义务。因供电设施计划检修停电,供电企业应当提前7天通知用户或者进行公告;因供电设施临时检修停电,供电企业应当提前24小时通知重要用户;因发电、供电系统发生故障需要停电、限电时,供电企业应当按照事先确定的限电序位进行停电或者限电,但限电序位应事前通知用户。引起停电或者限电的原因消除后,供电企业应当尽快恢复供电。根据《民法典》第652条的规定:"供电人因供电设施计划检修、临时检修、依法限电或者用电人违法用电等原因,需要中断供电时,应当按照国家有关规定事先通知用电人;未事先通知用电人中断供电,造成用电人损失的,应当承担损害赔偿责任。"供用电合同是一种持续供给合同,供电人应当连续向用电人供电,无特殊情况不得中断,否则应当承担相应的违约责任。

(4)对事故断电的抢修义务。根据《民法典》第653条的规定,因自然灾害等原因断电,供电人应当按照国家有关规定及时抢修,以尽早恢复供电。未及时抢修,造成用电人损失的,应当承担损害赔偿责任。

(二)用电人的义务

根据我国《民法典》的规定,用电人负有以下义务:

(1)用电人按国家核定的电价及时支付电费的义务。根据《民法典》第654条的规定:"用电人应当按照国家有关规定和当事人的约定及时支付电费。用电人逾期不支付电费的,应当按照约定支付违约金。经催告用电人在合理期限内仍不支付电费和违约金的,供电人可以按照国家规定的程序中止供电。供电人依据前款规定中止供电的,应当事先通知用电人。"

(2)用电人的安全、节约、计划用电义务。根据《民法典》第655条的规定:"用电人应当按照国家有关规定和当事人的约定安全、节约和计划用电。用电人未按照国家有关规定和当事人的约定用电,造成供电人损失的,应当承担损害赔偿责任。"

供用水、供用气、供用热力合同,参照供用电合同的有关规定。

【疑难问题论争7】

物业服务人是否得以用电人未缴付物业费为由中止供电?

物业服务人不得以用电人未缴付物业费为由中止供电。在供用电合同中，物业服务人并非合同主体，不享受中止、解除供用电合同的权利，不得以用电人未缴付物业费为由，对供电人和用电人之间的供用电合同进行干涉。对此，《民法典》第944条进行明确规定，物业服务人不得采取停止供电、供水、供热、供燃气等方式催缴物业费。这不仅是因为要维护广大人民群众正常基本生活的需要，也是因为物业服务人并非供用电、水、热、气合同的主体，没有中止、解除合同的主体资格。

思考题

1. 供用电、水、气、热力合同的概念、特点、效力有哪些？

2. 某街区的一个小区突然停电，不久，供电恢复。可是没有几分钟，再次断电。这种状况反复多次之后，一些居民家中的电器如电冰箱、电视机、电脑等被损坏。问：供电方应该承担什么责任？如何处理这种事件？

第十三章 赠与合同

【本章概要】 通过本章的学习,了解赠与合同的概念与特征、赠与合同中赠与人与受赠人之间的权利与义务、赠与合同终止的主要原因。本章内容分为三节,第一节概述,第二节赠与合同的法律效力,第三节赠与合同的终止。

【本章难点】 赠与合同性质;赠与合同的任意撤销与赠与合同的法定撤销。

【引　　题】 甲欠乙20万元到期无力偿还,其父病故后遗留有价值15万元的住房1套,甲为唯一继承人。乙得知后与甲联系,希望以房抵债。甲便对好友丙说:"反正这房子我继承了也要拿去抵债,不如送给你算了。"二人遂订立赠与协议。请问:该赠与协议是否有效?乙应该采用何种方式维护自己的权利?

第一节　概述

一、赠与合同的概念与特征

赠与合同是赠与人将自己的财产无偿给予受赠人,受赠人表示接受赠与的合同。

赠与合同具有以下法律特征:

(1) 赠与合同是转移财产所有权的合同。赠与合同是赠与人将自己的财产给予受赠人并转移财产所有权的合同。它与买卖合同最根本的区别在于无须为取得财产所有权而支付对价。

(2) 赠与合同是典型的单务合同。赠与合同中,赠与人只负有义务而不享有权利,而受赠人只享有权利而不负有义务,是典型的单务合同。虽然法律规定赠与可以附义务,受赠人应当按照约定履行义务。但是受赠人所承担的义务并不是赠与人履行义务的对价,两者之间也不具有对等性,赠与合同也不因负义务而成为双务合同。因为赠与合同是单务合同,所以在合同履行过程中不适用同时履行抗辩权规则,赠与人不得因为受赠人没有履行所附义务而拒绝履行自己的义务;另外,赠与合同也不存在双务合同中的风险负担问题。

(3)赠与合同是无偿合同。在赠与合同中,财产所有权的转移为无偿,受赠人在取得受赠财产的所有权时不必向赠与人付出任何对价。关于无偿,不能将其绝对化,应具体对待。在某种情况下,虽然赠与人可以要求受赠人负担一定的义务,但是此义务并不构成对价。

(4)赠与合同是双方的法律行为。一方有赠与的意思表示而另一方没有愿意接受赠与的意思表示,或者一方有接受赠与的意思表示而另一方则无赠与的意思表示,赠与合同均不成立。

(5)赠与合同是诺成合同。赠与合同不是实践合同,而是典型的诺成性合同,当事人意思表示一致合同即宣告成立。

(6)赠与合同是不要式合同。法律对赠与合同的形式并没有做强制性规定,只要不违反法律法规的规定,各种形式的赠与合同均会被认可。

二、赠与合同的分类

(一)一般赠与与特种赠与

其划分标准为赠与合同的成立、效力是否具有特殊情形。不具有特殊情形的赠与为一般赠与或称单纯赠与;有特殊情形的赠与为特种赠与,或称非单纯赠与,是指在赠与合同的成立或效力方面附着条件、期限或负担等特殊情况的赠与的,如附负担的赠与、死因赠与等。

其中附义务的赠与有区别于一般赠与的特别效力。附义务的赠与又称为附负担的赠与,是指以受赠人为一定给付为条件,亦即使受赠人于接受赠与后负担一定义务的赠与。我国《民法典》第661条规定:"赠与可以附义务。赠与附义务的,受赠人应当按照约定履行义务。"

附义务赠与合同的特别效力主要为以下三点:一是受赠人的赠与可以附义务。需要注意的是其所附义务不是赠与的对价,即所附义务不能大于或者等于受赠人所获得的利益,通常是低于赠与财产的价值。而且,其所附义务不能违反法律或者违背公序良俗。二是受赠人应当按照约定履行义务,但是根据赠与合同的性质,受赠人仅在赠与财产的价值限度内有履行其义务的责任。三是赠与人的瑕疵担保责任。因在附义务赠与中受赠人有履行所附义务的义务,就其履行义务而言,有如同买受人的地位,赠与人则有如同出卖人的地位。所以,《民法典》第662条第1款中规定:"附义务的赠与,赠与的财产有瑕疵的,赠与人在附义务的限度内承担与出卖人相同的责任。"

(二)履行道德义务的赠与与非履行道德义务的赠与

其划分标准是赠与人的赠与目的是否为履行道德上的义务。履行道德义务的赠与是指我国《民法典》第658条所说的具有救灾、扶贫、助残等公益、道德义务性质的赠与合同。履行道德义务的赠与效力较强,赠与人不得随意撤销;而非履行道德义务的赠与,赠与人在标的物交付前或登记前,可以任意撤销。

第二节 赠与合同的法律效力

赠与合同是典型的单务合同,赠与合同的效力主要体现为赠与人的义务和责任。

一、赠与合同对赠与人的效力

1.交付赠与标的物并转移所有权的义务

在赠与合同中,赠与人最基本的义务就是交付赠与财产并转移标的物的所有权。赠与人虽然在赠与的财产权利转移之前可以撤销赠与,但是对于具有救灾、扶贫等社会公益、道德义务性质的赠与合同或者经过公证的赠与合同,不得随意撤销。赠与人不交付赠与财产的,受赠人可以要求交付,如不交付,则构成违约,赠与人应当承担相应的违约责任。有些赠与财产的交付还需依法办理登记等有关手续,如房屋、汽车、股权财产。《民法典》第659条规定:"赠与的财产依法需要办理登记或者其他手续的,应当办理有关手续。"

2.特殊情形下的瑕疵担保义务

赠与合同作为典型的单务合同,一般情况下,赠与人无须承担瑕疵担保责任,只有在特殊情形下才需要承担瑕疵担保义务。赠与人的瑕疵担保义务包括以下几个方面:第一,瑕疵告知义务;第二,因赠与财产的瑕疵而引起的损害赔偿责任。我国《民法典》第662条规定:"赠与的财产有瑕疵的,赠与人不承担责任。附义务的赠与,赠与的财产有瑕疵的,赠与人在附义务的限度内承担与出卖人相同的责任。赠与人故意不告知瑕疵或者保证无瑕疵,造成受赠人损失的,应当承担赔偿责任。"

3.对附道德义务合同的特殊赔偿责任

对于扶贫、助残等公益、道德义务性质的赠与合同,在赠与财产的权利移转给受赠人之前,由于赠与人的故意或者重大过失致使赠与财产发生毁损、灭失而无法实际交付赠与财产的,赠与人应当向受赠人赔偿因其故意或者重大过失所造成的损失。《民法典》第660条第2款规定,依据前款规定应当交付的赠与财产因赠与人故意或者重大过失致使毁损、灭失的,赠与人应当承担赔偿责任。

二、赠与合同对受赠人的效力

赠与合同是典型的单务合同,一般来说,受赠人并不需要承担义务。但对于附义务的合同,当事人可以在自愿平等的基础上进行协商,在合同中约定受赠人的义务,一般来说,合同中附加给受赠人的义务不得超过其所享受的权利。

一旦合同中对受赠人的义务作了相应的规定,受赠人就应该按照合同的约定善意地履行义务,不得借故不履行或者不完全履行相应的义务,否则赠与人可以拒绝转移赠与财产,或者受赠人应该承担相应的违约责任。

第三节 赠与合同的终止

赠与合同的终止,又叫赠与合同的消灭,是指依法成立的赠与合同因为法定原因的出现使得其效力终止,从而赠与合同当事人的权利义务归于消灭。导致赠与合同终止的原因主要有以下几种:

一、因赠与合同履行完毕而终止

因合同履行完毕而使得合同终止不仅是赠与合同终止的一个重要原因,也是正常情况下合同终止的原因。

二、因任意撤销而终止

赠与的任意撤销是指赠与合同成立后,赠与财产的权利转移之前,赠与人可以根据自己的意思不再为赠与的行为。《民法典》第 658 条规定了赠与合同的任意撤销,赠与人在赠与财产权利转移之前可以撤销赠与。

但是为了防止这种任意撤销权对诚信原则和公序良俗的冲击,法律对赠与的任意撤销作出了相应的限制。《民法典》第 658 条第 2 款规定:"经过公证的赠与合同或者依法不得撤销的具有救灾、扶贫、助残等公益、道德义务性质的赠与合同,不适用前款规定。"

赠与合同是典型的单务、无偿合同,赠与人是赠与合同中的义务承担者,为了保护处于劣势地位的赠与人,法律赋予赠与人以任意撤销权,但是,法律对其也作了一定的限制,经过公证的赠与合同,具有救灾、扶贫、助残等公益、道德义务性质的赠与合同,赠与人不能行使任意撤销权。

三、因法定撤销而终止

(一) 赠与人的法定撤销权

《民法典》第 663 条规定:"受赠人有下列情形之一的,赠与人可以撤销赠与,即(一)严重侵害赠与人或者赠与人近亲属的合法权益;(二)对赠与人有扶养义务而不履行;(三)不履行赠与合同约定的义务。赠与人的撤销权,自知道或者应当知道撤销事由之日起一年内行使。"赠与合同是受赠人获益的合同,当受赠人对赠与人有加害行为或者其他忘恩负义行为的,法律当然应赋予赠与人撤销赠与的权利,这样才符合公平和诚信原则。

赠与人的法定撤销必须具备以下条件:严重侵害赠与人或者赠与人近亲属的合法权益;对赠与人有扶养义务而不履行;不履行赠与合同约定的义务。撤销权必须在法定期限内行使,赠与人应当自知道或应当知道撤销事由之日起一年内行使。

(二) 赠与人的继承人或者法定代理人的法定撤销权

《民法典》第 664 条规定:"因受赠人的违法行为致使赠与人死亡或者丧失民事行为能力的,赠与人的继承人或者法定代理人可以撤销赠与。赠与人的继承人或者法定代理人的撤销权,自知道或者应当知道撤销事由之日起六个月内行使。"

因受赠人的违法行为致赠与人死亡或使其丧失民事行为能力时,赠与人无法行使自己的法定撤销权,因而法律规定由赠与人的继承人或法定代理人行使。该权利应当自赠与人的继承人或者法定代理人知道或应当知道撤销事由之日起六个月内行使。

四、因法定抗辩而终止

《民法典》第666条规定:"赠与人的经济状况显著恶化,严重影响其生产经营或者家庭生活的,可以不再履行赠与义务。"这是赠与人可以不再履行赠与义务的法定情形的规定,在理论上又可称为"穷困抗辩权",它是指在赠与合同成立后,因为赠与人的经济状况严重恶化,如果继续履行合同将会造成赠与人的生产或生活受到严重影响的,赠与人可以拒绝履行赠与义务的权利。

【疑难问题论争8】

附义务赠与和附条件赠与的区别①:

《民法典》总则编第158条规定:"民事法律行为可以附条件,但是根据其性质不得附条件的除外。附生效条件的民事法律行为,自条件成就时生效,附解除条件的民事法律行为,自条件成就时失效。"附条件赠与是附条件合同的一种,是当事人在赠与合同中设置一定的条件,把条件的成就与否作为赠与财产权利转移或赠与行为效力发生或消灭的前提。② 在附条件的赠与中,条件的成就与否可以直接决定赠与合同的效力,附生效条件的赠与合同当条件成就时合同才生效;附解除条件的合同,自条件成就时合同失效。在附条件的赠与中以赠与人死亡为生效条件的赠与也称为死因赠与。而附义务的赠与合同所附义务与赠与合同的法律效力无关,如无其他无效、效力待定、可撤销等事由,附义务的赠与合同成立后即是确定生效的。

思考题

1. 赠与合同的特征有哪些?
2. 赠与合同的效力有哪些?
3. 赠与合同法定撤销的条件有哪些?
4. 赠与合同拒绝履行的条件有哪些?

---

① 崔建远主编:《合同法》(第七版),北京:法律出版社2021年版,第79页。
② 崔建远主编:《合同法》,北京:法律出版社2016年版,第324页。

第十四章 借款合同

【本章概要】本章通过学习借款合同的概念和法律特征,了解借款合同的种类、调整范围以及借款合同双方当事人的主要权利和义务。

【本章难点】借款合同的分类及不同性质。

【引　题】2009年2月8日,甲向乙提出借款5万元,用于投资做生意。双方约定,乙在2月28日提供10万元现金。请问:该合同是实践合同还是诺成合同?该合同于何时成立?法律依据是什么?

第一节　借款合同概述

一、借款合同的概念和特征

根据我国《民法典》第667条的规定,借款合同是借款人向贷款人借款,到期返还借款并支付利息的合同。其中,提供货币的一方称贷款人,受领货币的一方称借款人。

借款合同的标的是货币,包括可流通的各种货币。借款合同是转让借款所有权的合同,属于消费借贷中的金钱借贷,我国《民法典》并未规定使用借贷。货币是消耗物,一旦交付给借款人,则该部分货币归借款人所有,贷款人对该部分货币的所有权则转化为合同到期时主张借款人偿还本息的请求权。法律规定借款合同应当采用书面形式,但是自然人之间借款另有约定的除外。

一般情况下,借款合同根据贷款主体的不同可以分为两种。一是金融机构与自然人、法人和非法人组织的借款合同关系,这一类合同是诺成合同,当事人达成借款的意思表示后合同就成立;另一类是自然人、法人、非法人组织相互之间的借款合同关系,又可称为民间借贷,这类合同是实践合同,以借款人实际交付借款时的合同生效。《民法典》合同编将借款合同调整范围进一步扩大,传统意义上的民间借贷合同也包括在内。①

《民法典》合同编中的借款合同主要规制的是金融机构作为贷款人一方的借款合同,即在中国境内设立的经营贷款业务的金融机构,包括政策性银行、商业银行、农村信用合作银行和外资银行等,原则上必须经人民银行或者银监部门批准经营贷款业务,持《金融机构法人许可证》或《金融机构营业许可证》,并经过市场监管部门的核准登记。

此类合同具有以下法律特征:

(1)有偿性。金融机构发放贷款,意在获取相应的营业利润,因此,借款人在获得金融机构所提供的贷款的同时,不仅负担按期返还本金的义务,还要按照约定向贷款人支付利息。在这一点上,该合同与自然人间的借款合同有所不同,后者为无偿合同,《民法典》第680条第2款规定,当事人对利息没有约定或者约定不明确的,视为没有利息。

(2)要式性。金融机构借款合同应当采用书面形式,没有采取书面形式,当事人双方就该合同关系的存在产生争议的,推定合同关系不成立。如果一方当事人已经履行了主要义务,对方接受,则合同成立。在这一点上,该合同也与自然人间的借款合同不同,《民法典》第668条第1款规定,借款合同应当采用书面形式,自然人间的借款合同,当事人可以约定不采用书面形式。

(3)诺成性。金融机构借款合同在合同双方当事人协商一致时,合同关系即可成立,依法成立的,自成立时起生效。合同的成立和生效在双方当事人没有特别约定时,不需以贷款人贷款的交付作为要件,所以金融机构借款合同为诺成性合同。自然人间的借款合同则有所不同,《民法典》第679条规定:"自然人间的借款合同,自贷款人提供借款时成立。"

二、借款合同的主要内容

借款合同除了应当具备《民法典》第470条第1款规定的主要条款外,还应当具备符合合同目的的特殊条款。《民法典》第668条第2款规定借款合同的内容一般包括借款种类、币种、用途、数额、利率、期限和还款方式等条款。

---

① 最高人民法院民法典贯彻实施工作领导小组主编:《中华人民共和国民法典合同编理解与适用(2)》,北京:人民法院出版社2020年版,第1218页。

(1)借款种类。它主要是指金融机构作为贷款人的情况下,根据国家有关规定和资金市场的需求提供的贷款类型。例如,根据贷款的性质不同可分为自营贷款、委托贷款与特定贷款;根据贷款的期限不同,可分为短期贷款、中期贷款和长期贷款;根据资金的投向和用途不同可分为流动资金贷款、固定资金贷款和农业贷款;根据贷款的币种不同,可分为人民币贷款和外汇贷款等。借款人可以根据自己的需要向贷款人申请不同类型的贷款。

(2)币种。它是指借款合同标的是哪一种货币,是人民币还是其他国家或地区的货币。

(3)借款用途。它主要是指借款的使用目的和范围。国家和金融机构为了保证信贷资金的安全,根据不同种类的贷款规定了不同的条件和监督措施,在借款合同中明确借款用途,有利于国家产业政策的落实,有利于借款合同的履行。

(4)借款数额。借款数额即借款数量的多少。借款数量是借款合同的重要内容,同时也是确定资金的拨付和计算利息的依据,如果数额没有确定则借款合同不能成立。

(5)借款利率。它是指借款期限内约定的应当收取的利息的数额与所借出资金的比率。我国国务院批准和授权中国人民银行制定的各种利率为法定利率,法定利率的公布、实施由中国人民银行总行负责。中国人民银行是利率管理的主管机关,代表国家统一行使利率管理权,其他任何单位和个人不得干预中国人民银行的利率管理工作。

(6)借款期限。它是指借款人在合同中约定使用借款的时间。

(7)还款方式。它是指贷款人和借款人约定以什么结算方式偿还借款给贷款人。例如,是到期一次还本付息还是分期返还;是逐期先还息,到期一次还本,还是以其他方式还本付息等。

第二节 借款合同的法律效力

借款合同的效力,又称借款合同的法律效力,它是指已成立的借款合同对合同当事人乃至第三人产生的法律效果,或者说是法律拘束力,通常是指借款合同当事人的权利和义务。

一、贷款人的主要权利与义务

(一) 主要权利

(1) 有权按照法律的规定请求返还本金和利息。《民法典》第 680 条第 1 款规定:"禁止高利放贷,借款的利率不得违反国家有关规定。"金融借款有关利率的国家规定一般由中国人民银行制定,依据《中华人民共和国中国人民银行法》第 5 条规定:"中国人民银行就年度货币供应量、利率、汇率和国务院规定的其他重要事项作出的决定,报国务院批准后执行。"而与金融机构无关的民间借贷领域执行的是相关司法解释规定的标准。

(2) 对借款使用情况的监督检查权。《民法典》第 672 条规定:"贷款人按照约定可以检查、监督借款的使用情况。借款人应当按照约定向贷款人定期提供有关财务会计报表或者其他资料。"主要是为了防止贷款资金的风险,保证贷款资金的合理使用和按期收回。

(3) 停止发放借款、提前收回借款和解除合同权。借款人应当按照合同约定的借款用途使用借款,借款人擅自改变借款用途会使当事人共同预期的收益变得不确定,从而增加贷款人的借款风险。而且,金融贷款中,部分借款是依据国家的宏观经济政策、国家的信贷政策和产业政策发放的,其借款用途与国家的经济政策有直接的关系。因此,《民法典》第 673 条规定:"借款人未按照约定的借款用途使用借款的,贷款人可以停止发放借款、提前收回借款或者解除合同。"

(二) 主要义务

(1) 按期、足额提供贷款的义务。贷款人应当按照约定的日期提供借款,未按照约定的日期提供借款,造成借款人损失的,应当赔偿损失。贷款人还应当按照合同约定的数额足额提供借款,并且借款的利息不得预先在本金中扣除。《民法典》第 670 条规定:"利息预先在本金中扣除的,借款人有权按照实际借款数额返还借款并计算利息。由于贷款人未足额提供借款,给借款人造成损失的,应赔偿损失。"

(2) 保密义务。作为贷款人一方的金融机构,对于其在合同订立和履行阶段所掌握的借款人的各项商业秘密,如借款人的资产状况、财务状况、信用信息等有保密义务,不得泄密或进行不正当使用。该项义务系贷款人的附随义务。① 贷款人违反保密义务给借款人造成损失的,应当承担赔偿责任。

二、借款人的主要权利与义务

(1)提供真实情况。为了保证贷款能够及时收回,借款人在申请贷款时,应当按照贷款人的要求提供与借款有关的业务活动和财务状况的真实情况。

(2)借款人按期收取借款的义务。借款人应当按照合同约定的日期、数额收取借款,借款人如果未按约定的日期、数额收取借款的,会影响贷款人资金的正常周转,损害贷款人的合法利益。《民法典》第671条规定:"借款人未按照约定的日期、数额收取借款的,应当按照约定的日期、数额支付利息。"

(3)接受贷款人检查、监督的义务。借款人应当按照约定向贷款人定期提供有关财务会计报表或者其他资料。

(4)借款人按照约定的用途使用借款的义务。借款人未按照约定的借款用途使用借款的,贷款人可以停止发放借款、提前收回借款或者解除合同。

(5)借款人按期返还借款及利息的义务。《民法典》第675条规定:"借款人应当按照约定的期限返还借款。对借款期限没有约定或者约定不明确,依据本法第五百一十条的规定仍不能确定的,借款人可以随时返还;贷款人可以催告借款人在合理期限内返还。"借款人未按照约定的期限返还借款的,应当按照约定或者国家有关规定支付逾期利息,借款人提前返还借款的,除当事人另有约定外,应当按照实际借款的期间计算利息。借款人可以在还款期限届满前向贷款人申请展期,贷款人同意的,可以展期。

《民法典》第674条规定:"借款人应当按照约定的期限支付利息。对支付利息的期限没有约定或者约定不明确,依据本法第五百一十条的规定仍不能确定,借款期间不满一年的,应当在返还借款时一并支付;借款期间一年以上的,应当在每届满一年时支付,剩余期间不满一年的,应当在返还借款时一并支付。"自然人之间的借款合同对支付利息没有约定或者约定不明确的,视为不支付利息。自然人之间的借款合同约定支付利息的,借款的利率不得违反国家有关限制借款利率的规定。

三、自然人之间的借款合同

自然人之间的借款合同是指具有完全民事行为能力人的自然人之间的借款合同关系。自然人之间的借款合同不同于民间借贷合同,后者范围较广,包

---
① 王利明,杨立新,王轶,程啸著:《民法学》(第六版),北京:法律出版社2020年版,第795页。

括自然人、法人和非法人组织之间所订立的借款合同。自然人之间的借款合同是典型的民间借贷合同,具有无偿性、互助性。借款合同性质属于实践合同,该合同仅有双方当事人的合意不能成立,必须要有实际的交付行为,即合同是在贷款人提供借款时成立。按照我国《民法典》第679条规定,无论当事人的合同采取的是口头形式还是书面形式,合同都是在贷款人实际交付贷款时成立。

关于借款的利息,我国《民法典》第680条规定:"禁止高利放贷,借款的利率不得违反国家有关规定。借款合同对支付利息没有约定的,视为没有利息。借款合同对支付利息约定不明确,当事人不能达成补充协议的,按照当地或者当事人的交易方式、交易习惯、市场利率等因素确定利息;自然人之间借款的,视为没有利息。"当自然人之间的借款合同未约定利息时属于单务合同。

2020年8月20日《最高人民法院关于修改〈关于审理民间借贷案件适用法律若干问题的决定〉》第26条规定:"出借人请求借款人按照合同约定利率支付利息的,人民法院应予支持,但是双方约定的利率超过合同成立时一年期贷款市场报价利率四倍的除外。"此处所称"一年期贷款市场报价利率",是指中国人民银行授权全国银行间同业拆借中心自2019年8月20日起每月发布的一年期贷款市场报价利率(LPR),如2020年一年期贷款市场报价利率的四倍就是 $3.85 \times 4 = 15.4\%$。

思考题

1. 什么是借款合同?它具有哪些特征?
2. 借款合同有哪些种类?其调整范围是什么?
3. 借款合同的效力有哪些?

第十五章 保证合同

【本章概要】通过本章的学习,从保证合同的概念与特征出发,了解保证的方式、保证合同的主要内容以及保证合同当事人的权利和义务。

【本章难点】保证合同的特征,保证期间,保证方式,保证的效力。

【引　题】甲欠乙100万元,丙作为保证人,合同约定保证期间为甲偿还清所有债务时止,且合同并未约定承担何种保证责任。甲到期不能清偿对乙的100万元债务,那么丙应当承担何种保证责任?保证期间如何计算?如果你作为债权人应当如何主张权利?

第一节　保证合同概述

一、保证的概念和特征

保证合同是为保障债权的实现,保证人和债权人约定,当债务人不履行到期债务或者发生当事人约定的情形时,保证人履行债务或者承担责任的合同。保证合同涉及三方关系人、三种合同关系。保证合同的特征如下:

(1)保证合同属于人的担保,即民事主体(自然人、法人等)以其自身的责任财产担保债务履行,具有人身性,保证人必须是主合同之外的第三人。

(2)从属性。《民法典》第682条第1款规定:"保证合同是主债权债务合同的从合同。主债权债务合同无效的,保证合同无效,但是法律另有规定的除外。"

保证合同的从属性体现在合同的成立、存续、保证范围、权力转移等各个方面。①保证合同以主合同的存在和有效成立为存在前提,以主合同的存续为存续条件。主债权债务合同无效,保证合同无效,但是法律另有规定的除外。保证合同被确认无效后,债务人、保证人、债权人有过错的,应当根据其过错各自承担相应的民事责任。②保证合同中保证范围和强度上的从属性。保证合同系为担保主债务而设立,由此决定了保证债务的范围和强度从属于主债务。《民法典》第 691 条规定:"保证的范围包括主债权及其利息、违约金、损害赔偿金和实现债权的费用。当事人另有约定的,按照其约定。"③变更上的从属性。在保证之债中,主合同权利、义务的转移,原则上应导致保证合同所生权利、义务的转移,但保证债务不能与主债权相分离而单独转让或者作为其他债权的担保。保证债务以担保主债务为唯一目的,主债务如因清偿、提存、抵销、免除等原因而全部消灭的,保证债务随之消灭。①

我国《民法典》第 682 条规定了保证合同的从属性,同时也明确了法律另有规定的除外。这实际上承认了独立保证的地位,独立保证是指当事人之间特别约定与主债务合同之间没有从属关系的保证,如银行或者非银行金融机构出具的独立保函。在独立保证中,合同无效或者被撤销不会导致独立保证的效力丧失,同时,独立保证人也不享有主债务人对债权人的抗辩。

(3)相对独立性。保证合同虽然是从合同,但是该类合同毕竟有独立的合同主体、客体和内容,是相对独立的法律关系。

(4)保证的补充性。从保证合同的目的来看,它是为了在债务人不履行到期债务或者发生当事人约定的情形时,保证人为了债权人债权的实现而履行债务或者承担责任的合同,所以保证责任对于主债务而言具有补充性。

(5)单务、无偿、要式合同。在保证合同中,保证人只是单方向债权人负担相应的保证债务且债权人无须支付相应的对价。关于保证合同的形式,《民法典》第 685 条规定:"保证合同可以是单独订立的书面合同,也可以是主债权债务合同中的保证条款。第三人单方以书面形式向债权人作出保证,债权人接收且未提出异议的,保证合同成立。"可见,《民法典》的这一规定相当于明确了保证合同的成立应当采取书面形式。

二、保证的分类

1.依照保证人的数目可以将保证分为单独保证和共同保证

单独保证(一个保证)是指仅有一个保证人的保证。

共同保证是指两个或两个以上的保证人就同一债务人的同一债务共同做

---

① 王利明,杨立新,王轶,程啸著:《民法学》(第六版),北京:法律出版社 2020 年版,第 797 页。

保证人的保证方式。《民法典》第699条规定:"同一债务有两个以上保证人的,保证人应当按照保证合同约定的保证份额,承担保证责任;没有约定保证份额的,债权人可以请求任何一个保证人在其保证范围内承担保证责任。"可见,共同保证又可以分为按份共同保证和连带共同保证。

2.按照保证人承担的责任不同可以将保证分为一般保证和连带责任保证

一般保证是指当事人在保证合同中约定,债务人不能履行债务时,由保证人承担保证责任的保证。根据《民法典》第687条的规定,在一般保证中,保证人享有检索抗辩权,又称为先诉抗辩权,是指一般保证的保证人在主合同纠纷未经审判或者仲裁,并就债务人的财产依法强制执行仍不能履行债务前,有权拒绝向债权人承担保证责任,但有下列情形之一的除外:①债务人下落不明,且无财产可供执行;②人民法院已受理债务人破产案件;③债权人有证据证明债务人的财产不足以履行全部债务或者丧失履行债务能力;④保证人书面表示放弃本款规定的权利。

可见,一般保证具有顺序性,先由债务人承担不能履行债务的责任,只有当主合同纠纷经过审判或者仲裁,并就债务人的财产依法强制执行仍不能履行债务时,保证人才承担其相应的保证责任。

连带责任保证是指当事人在保证合同中约定保证人和债务人对债务承担连带责任的保证。可见,在连带责任保证中,债权人对承担责任的人具有选择权,既可以选择债务人承担债务不能履行的责任,也可以直接选择保证人承担债务不能履行的责任。《民法典》第686条规定:"保证的方式包括一般保证和连带责任保证。当事人在保证合同中对保证方式没有约定或者约定不明确的,按照一般保证承担保证责任。"

3.根据当事人对保证债务的范围有无明确约定可以分为有限保证和无限保证

有限保证是指当事人自由约定了担保范围的保证,保证范围小于或等于主债务的范围。

无限保证是指当事人未特别约定保证的范围,而依照法律的规定确定该范围的保证。保证的范围包括主债权及利息、违约金、损害赔偿金、实现债权的费用。保证的范围可能大于主债务。

4.依照被担保的债务是否为既存的债务,保证可以分为将来债务的保证(如最高额保证)和既存债务的保证(普通保证)

普通保证是指担保的主债权在合同订立时数额就已经确定的保证。

最高额保证是指保证人与债权人协议在最高债权额限度内就一定期间连续发生的借款合同或某项商品交易合同订立一个保证合同的保证形式。条件如下：①它所担保的主债务是在将来一定期间内循环往复、多次发生的合同债务，而不是已经发生的债权、债务；②它所担保的主债务仅限于借款合同或某种商品交易产生的债务；③应限定在一定时期内。

三、保证合同的设立

（一）保证人

保证合同是债权人与保证人作为主体的合同，保证合同的订立通常基于委托、赠与等原因。其中保证人只能是合同当事人之外的第三人，保证人是自然人的，应当具备完全的民事行为能力，而限制民事行为能力人提供与其年龄、智力状况相适应的保证，或者经过其法定代理人追认的保证也是符合法律规定的；如果是法人或者非法人组织，只要符合法律规定就可以作为保证人。当然，保证人应当具备代偿能力，也就是代为清偿债务的能力，这取决于主体拥有的财产或取得财产的能力。

1.保证人资格的限制

《民法典》第683条规定了不得担任保证人的主体范围，包括以下几点：

（1）机关法人不得为保证人，但是经国务院批准为使用外国政府或者国际经济组织贷款进行转贷的除外。一方面是因为其作为保证人不符合国家机关行使公权力的设立目的；另一方面是其作为保证人将会影响国家机关的正常公务活动，不利于维护市场经济的正常秩序。

（2）以公益为目的的非营利法人、非法人组织不得为保证人。因为这些机构的设立目的是教育、医疗、卫生等公益事业，旨在实现公共利益，而保证人的身份违背了其公益目的。

如果不能做保证人的主体充当了保证人，我们认为合同应是无效的，保证人应当承担无效保证合同的缔约过失责任。

2.公司作为保证人的特殊规定

（1）对于公司作为保证人的问题，应当由公司通过其章程、董事会、股东会或者股东大会的决议决定。《公司法》第16条规定："公司向其他企业投资或者为他人提供担保，依照公司章程的规定，由董事会或者股东会、股东大会决议；公司章程对投资或者担保的总额及单项投资或者担保的数额有限额规定的，不得超过限定的限额。"公司违反法定程序对外提供担保，除了相对人善意之外,该担保对公司不发生法律效力。

《最高人民法院关于适用〈中华人民共和国民法典〉有关担保制度的解释》(以下简称《有关担保的司法解释》)第 8 条规定了公司对外担保的几种例外情况,即有下列情形之一的,公司以其未依照公司法关于公司对外担保的规定作出决议为由主张不承担担保责任的,人民法院不予支持:一是金融机构开立保函或者担保公司提供担保;二是公司为其全资子公司开展经营活动提供担保;三是担保合同系由单独或者共同持有公司三分之二以上对担保事项有表决权的股东签字同意。上市公司对外提供担保,不适用前款后两项的规定。

(2)对于公司的法定代表人超越职权提供担保的,《民法典》第 504 条规定:"法人的法定代表人或者非法人组织的负责人超越权限订立的合同,除相对人知道或者应当知道其超越权限外,该代表行为有效,订立的合同对法人或者非法人组织发生效力。"

(3)对于上市公司作为保证人的情况,应该对外披露相关信息。《有关担保的司法解释》第 9 条规定:"相对人根据上市公司公开披露的关于担保事项已经董事会或者股东大会决议通过的信息,与上市公司订立担保合同,相对人主张担保合同对上市公司发生效力,并由上市公司承担担保责任的,人民法院应予支持。相对人未根据上市公司公开披露的关于担保事项已经董事会或者股东大会决议通过的信息,与上市公司订立担保合同,上市公司主张担保合同对其不发生效力,且不承担担保责任或者赔偿责任的,人民法院应予支持。相对人与上市公司已公开披露的控股子公司订立的担保合同,或者相对人与股票在国务院批准的其他全国性证券交易场所交易的公司订立的担保合同,适用前两款规定。"

(4)一人公司为其股东提供担保的情况,原则上不需要作出决议,由于股东和公司的特殊关联性,所以只要一人公司提供了担保就要对外承担担保责任。《有关担保的司法解释》第 10 条规定:"一人有限责任公司为其股东提供担保,公司以违反公司法关于公司对外担保决议程序的规定为由主张不承担担保责任的,人民法院不予支持。公司因承担担保责任导致无法清偿其他债务,提供担保时的股东不能证明公司财产独立于自己的财产,其他债权人请求该股东承担连带责任的,人民法院应予支持。"

(5)公司的分支机构对外提供担保的应当取得公司的授权。《有关担保的司法解释》第 11 条第 1 款规定:"公司的分支机构未经公司股东(大)会或者董事会决议以自己的名义对外提供担保,相对人请求公司或者其分支机构承担担保责任的,人民法院不予支持,但是相对人不知道且不应当知道分支机构对外提供担保未经公司决议程序的除外。"

但是《有关担保的司法解释》第11条第2款、第3款也规定了未经授权而承认保证合同效力的两种例外情况:一是金融机构的分支机构在其营业执照记载的经营范围内开立保函,或者经有权从事担保业务的上级机构授权开立保函,金融机构或者其分支机构以违反公司法关于公司对外担保决议程序的规定为由主张不承担担保责任的,人民法院不予支持。金融机构的分支机构未经金融机构授权提供保函之外的担保,金融机构或者其分支机构主张不承担担保责任的,人民法院应予支持,但是相对人不知道且不应当知道分支机构对外提供担保未经金融机构授权的除外;二是担保公司的分支机构未经担保公司授权对外提供担保,担保公司或者其分支机构主张不承担担保责任的,人民法院应予支持,但是相对人不知道且不应当知道分支机构对外提供担保未经担保公司授权的除外。

(二)保证的方式

《民法典》第685条规定:"保证合同可以是单独订立的书面合同,也可以是主债权债务合同中的保证条款。第三人单方以书面形式向债权人作出保证,债权人接收且未提出异议的,保证合同成立。"可见,保证合同的形式主要有以下三种:

(1)保证条款。在主合同中订立保证条款,或虽没有保证条款,但保证人在主合同中以保证人的身份签字盖章的,保证合同成立。

(2)保证合同。债权人与保证人作为合同的当事人,订立的正式书面保证合同。

(3)保证函。由保证人单方面向债权人出具的为特定债务提供保证的书面文件,并为债权人所接受。

(三)保证合同的内容

依据《民法典》第684条的规定,保证合同的内容主要包括以下几个方面:

(1)被保证的主债权的种类、数额,也就是保证合同的标的。

(2)债务人履行债务的期限。没有特别约定的,保证合同的保证期限从主债务履行期届满之日起计算。

(3)保证的方式。前文已经对保证的分类进行了分析,可以区别为单独保证、共同保证、一般保证或连带责任保证等。由于保证的方式对当事人利益有重大的影响,因此在保证合同中最好作出明确约定。

(4) 保证担保的范围，又称保证责任的范围、保证债务的范围。这是指保证人在主债务人不履行债务或者发生当事人约定的情形时，向债权人履行保证债务的限度。按照《民法典》第 691 条的规定，保证的范围包括主债权及其利息、违约金、损害赔偿金和实现债权的费用，当事人另有约定的，按照其约定。

(5) 保证期间。保证期间是指保证人承担保证责任的时间范围，由于保证期间直接关系到保证责任的承担与否，因而也称为保证责任期间。保证期间为除斥期间，不发生中止、中断和延长。

债权人与保证人可以约定保证期间，但是约定的保证期间早于主债务履行期限或者与主债务履行期限同时届满的，视为没有约定；没有约定或者约定不明确的，保证期间为主债务履行期限届满之日起六个月。债权人与债务人对主债务履行期限没有约定或者约定不明确的，保证期间自债权人请求债务人履行债务的宽限期届满之日起计算。

特别注意保证期间与诉讼时效的关系。《民法典》第 694 条规定："一般保证的债权人在保证期间届满前对债务人提起诉讼或者申请仲裁的，从保证人拒绝承担保证责任的权利消灭之日起，开始计算保证债务的诉讼时效。连带责任保证的债权人在保证期间届满前请求保证人承担保证责任的，从债权人请求保证人承担保证责任之日起，开始计算保证债务的诉讼时效。"

(6) 双方认为需要约定的其他事项。

第二节 保证合同的法律效力

保证合同涉及三方关系人、三种合同关系，所以我们从这三方关系人和三种合同关系着手分析保证合同的法律效力。

一、保证对债权人与保证人关系上的效力

(1) 保证条件成就后，债权人有权依法请求保证人承担保证责任。但是依据保证的方式不同，债权人的请求权有所不同。在一般保证中，保证人享有先诉抗辩权，只有在主合同纠纷经过审判或者仲裁，并就债务人的财产依法强制执行仍不能履行债务时，债权人才得以享有请求保证人承担保证责任的权利。

在连带责任保证中,保证人没有先诉抗辩权,而债权人可以选择债务人或者债权人承担保证责任,当然在选择的时候要注意保证人的保证期限和诉讼时效问题。

当然,无论是何种方式的保证,保证人均享对债权人的抗辩。《民法典》第701条规定:"保证人可以主张债务人对债权人的抗辩。债务人放弃抗辩的,保证人仍有权向债权人主张抗辩。"保证人的抗辩可以分为两类,一是抗辩权,包括主债务人的抗辩权和保证人自身的抗辩权,如延期抗辩权、时效消灭的抗辩权、权利未发生的抗辩权、权利已消灭的抗辩权等,这些抗辩是基于保证人的特有地位而行使的,而不是以主债务人代理人的身份行使。二是其他抗辩事由。例如,《民法典》第702条规定的保证人拒绝履行权,债务人对债权人享有抵销权或者撤销权的,保证人可以在相应范围内拒绝承担保证责任。

区分抗辩与抗辩权的意义在于,抗辩是一个上位概念,抗辩包括抗辩权,对于抗辩事由法官可以依照职权主动审查,而抗辩权通常需要权利人行使,法官不能依照职权进行主动审查。①

(2)一般保证人的特定免责。一般保证的保证人在主债务履行期限届满后,向债权人提供债务人可供执行财产的真实情况,债权人放弃或者怠于行使权利致使该财产不能被执行的,保证人在其提供可供执行财产的价值范围内不再承担保证责任。

二、保证对保证人和主债务人之间的效力

主要体现为保证人对主债务人的求偿权,又称为保证人的追偿。《民法典》第700条规定:"保证人承担保证责任后,除当事人另有约定外,有权在其承担保证责任的范围内向债务人追偿,享有债权人对债务人的权利,但是不得损害债权人的利益。"

三、主合同主体或内容的变更对保证责任的效力

(1)合同内容变更的效力。《民法典》第695条规定:"债权人和债务人未经保证人书面同意,协商变更主债权债务合同内容,减轻债务的,保证人仍对变更后的债务承担保证责任;加重债务的,保证人对加重的部分不承担保证责任。债权人和债务人变更主债权债务合同的履行期限,未经保证人书面同意的,保证期间不受影响。"

(2)主债权转让对保证责任的效力。《民法典》第696条规定:"债权人转

---

① 王利明著:《合同法》(下),北京:中国人民大学出版社2021版,第66页。

让全部或者部分债权,未通知保证人的,该转让对保证人不发生效力。保证人与债权人约定禁止债权转让,债权人未经保证人书面同意转让债权的,保证人对受让人不再承担保证责任。"

(3)主债务转移对保证责任的影响。《民法典》第697条规定:"债权人未经保证人书面同意,允许债务人转移全部或者部分债务,保证人对未经其同意转移的债务不再承担保证责任,但是债权人和保证人另有约定的除外。第三人加入债务的,保证人的保证责任不受影响。"

【疑难问题论争9】

独立保函是不是《民法典》合同编第13章中调整的保证合同?

独立保函类案件,审判实践中分歧较大,核心就是承不承认独立保函的效力。后来,最高人民法院在广泛调研、广泛征求意见的基础上专门就独立保函案件的法律适用制定了《关于审理独立保函纠纷案件若干问题的规定》(以下简称《独立保函纠纷规定》)。长期以来司法实践中对于独立保函的性质形成两种意见,且分歧较大。一种意见认为,独立保函的性质为独立担保。《民法典》合同编第682条关于"保证合同是主债权债务合同的从合同。主债权债务合同无效的,担保合同无效,但是法律另有规定的除外。"的规定,为独立担保预留了空间。因此,独立保函应当适用我国《担保法》的规定。另一种意见认为,独立保函属于非典型担保,与《担保法》规定的保证有本质区别,其性质是以相符交单为条件的付款承诺,与信用证性质相同,应当将独立保函纳入信用证体系加以规定。《独立保函纠纷规定》采纳了第二种意见。首先,《民法典》规定的保证是在债务人不履行债务时,保证人按照约定履行债务或者承担责任的行为。保证的目的在于担保主债务的履行,为贯彻此目的,《民法典》规定保证的成立、保证范围及强度、保证移转、消灭均从属于主债务,故从属性是保证的基本特性。而独立保函的性质是付款承诺,开立人的义务在于依条件付款,而非在债务人不履行债务时代负履行责任。开立人付款义务的独立性和单据性特点,使得独立保函在效力、履行、付款金额、有效期、转让等方面均排除了对基础交易的从属性,具有依文本自足自治的特点。因此,独立保函虽然客观上具有担保债权实现的功能,但与《民法典》规定的保证有着本质区别,而与信用证性质相同。其次,尽管《民法典》合同编第682条有关于当事人可约定担保合同效力不受主合同效力约束的规定,但并没有确立担保人付款义务独立于主合同的法定担保方式。司法解释必须以现行有效的法律、行政法规为制定依据,在《民法典》未确定独立担保为法定担保方式之前,司法解释不能自行创设独立担保。最后,我国《民法典》规定的保证分为一般保证和连带责任保证,两种保证义务都以主债务人不履行债务为前提。即使在连带责任保证情形下,债权人仍需要证明债务人违约,才能请求保证人履行保证义务。而独立保函的受益人只需提交形式化单据,无须证明债务人未履行到期债务。因此,《民法典》关于保证的规定亦无法适用于独立保函。

《独立保函纠纷规定》将独立保函定性为一类特殊的信用证,参照《最高人民法院关于审理信用证纠纷案件若干问题的规定》的基本思路进行制定,并通过第1条对单据种类的描述,使独立保函区别于《最高人民法院关于审理信用证纠纷案件若干问题的规定》所规定的商业跟单信用证。

思考题

1. 保证的概念、特征及分类有哪些?
2. 保证合同的效力及保证期间有哪些?
3. 一般保证与连带责任保证的联系和区别有哪些?

第十六章　租赁合同

【本章概要】 通过本章的学习,了解租赁合同的概念、特征以及租赁合同的效力。本章内容分为两节,第一节概述租赁合同,第二节介绍租赁合同的法律效力。

【本章难点】 租赁合同的成立;出租人与承租人的权利与义务。

【引　　题】 2003 年 5 月,甲将自己的门面房出租给乙,租期为 3 年。2004 年 5 月,甲因资金周转不开,以该门面房作抵押,向丙借款 10 万元,借款期限为 1 年,双方办理了抵押登记。2005 年 5 月,甲无力偿还借款,与丙协商,将该门面房折价 25 万元转让给丙,丙再付给甲 15 万元。同年 6 月,丙拿着门面房转让协议,找到乙并声称该门面房已经转让给了自己,请乙在一个月内搬走。乙不服,向人民法院起诉,请求宣告该门面房转让无效,并主张由自己购买。请问:乙的请求是否会得到法院支持?

第一节　租赁合同概述

一、租赁合同的概念及特征

《民法典》第 703 条规定:"租赁合同是出租人将租赁物交付承租人使用、收益,承租人支付租金的合同。"可见,租赁合同是出租人暂时让渡财产的使用收益权给承租人以获取租金的合同,租赁合同具有以下特点。

(1) 租赁合同是将财产的使用权和收益权进行转让的合同。租赁合同中对租赁物的转让与其他合同有所不同,租赁合同只是暂时转让租赁物的使用权和收益权,无论租赁合同的期限有多长,其所有权始终在出租人手中。

(2)租赁合同是双务有偿合同。在租赁合同中,当事人的权利与义务关系是对等的。承租人有获得租赁物的使用权的权利,同时也有向出租人支付一定租金的义务;出租人有获得承租人所付租金的权利,同时也必须履行向承租人转让租赁物使用权的义务。

(3)租赁合同具有临时性。无论租赁合同当事人约定的期限有多长,租赁合同也必须有一个期限,都是临时性的。超过了期限,租赁合同即宣告终止。我国《民法典》第705条规定:"租赁期限不得超过二十年。超过二十年的,超过部分无效。租赁期限届满,当事人可以续订租赁合同;但是,约定的租赁期限自续订之日起不得超过二十年。"

(4)租赁合同是继续性合同。租赁合同双方当事人的权利义务是随着时间的经过持续产生的,无法一次履行完毕,在合同解除时只向将来发生效力,无法产生溯及力。

(5)租赁合同是诺成性、不要式合同。租赁合同的成立,并不以租赁物的交付为要件,双方当事人达成合意时合同成立,因而是诺成合同。当事人未依照法律、行政法规规定办理租赁合同登记备案手续的,不影响合同的效力。

法律没有对一般的租赁合同要求形式要件,但是规定租赁合同中租赁期限六个月以上的,应当采用书面形式。当事人未采用书面形式,无法确定租赁期限的,视为不定期租赁。

二、租赁合同的内容

《民法典》第704条规定:"租赁合同的内容一般包括租赁物的名称、数量、用途、租赁期限、租金及其支付期限和方式、租赁物维修等条款。"

(1)租赁物。租赁合同的标的物既可以是动产也可以是不动产,但必须是法律允许的出租物,其中房屋租赁合同是不动产租赁的典型形态。在合同中应当明确租赁物的名称、数量及用途。

(2)租金及其支付的方式。租金是取得租赁物的使用收益权的对价,租金的方式不限于金钱,也可以是劳务等其他方式,当事人在合同中应当明确约定租金的数额、支付方式和支付期限等内容。

(3)租赁期限。我国《民法典》第705条规定:"租赁期限不得超过二十年。超过二十年的,超过部分无效。租赁期限届满,当事人可以续订租赁合同;但是,约定的租赁期限自续订之日起不得超过二十年。"之所以对租赁合同限定租赁期限,主要是防止所有权的虚化,防止租赁合同异化为买卖合同;同时,限定租赁期限有利于双方当事人随着时间的变化调整租赁合同的内容,有利于双方权利的保护。《民法典》第730条规定:"当事人对租赁期限没有约定或者约定不明确,依据本法第五百一十条的规定仍不能确定的,视为不定期租赁;当事人可以随时解除合同,但是应当在合理期限之前通知对方。"

(4)维修条款。涉及到维修义务的承担问题,根据《民法典》的规定,租赁物的维修义务应当由出租人承担,但是根据商业习惯和民间习俗,承租人也可能承担维修义务,当然当事人有特别约定的按照约定承担维修义务。

第二节 租赁合同的法律效力

一、租赁合同对出租人的效力

(1)交付租赁物并维持租赁物适用状态的义务。《民法典》第708条规定:"出租人应当按照约定将租赁物交付承租人,并在租赁期限内保持租赁物符合约定的用途。"一方面,出租人应当按照合同约定的时间、地点等将租赁物交付承租人,另一方面,出租人应当在租赁期间保持租赁物符合约定的用途,不得妨碍承租人对租赁物行使使用、收益的权利。

对于一物数租的情况,我国《最高人民法院关于审理城镇房屋租赁合同纠纷案件具体应用法律若干问题的解释》第5条规定:"出租人就同一房屋订立数份租赁合同,在合同均有效的情况下,承租人均主张履行合同的,人民法院按照下列顺序确定履行合同的承租人,一是已经合法占有租赁房屋的;二是已经办理登记备案手续的;三是合同成立在先的。不能取得租赁房屋的承租人请求解除合同、赔偿损失的,依照《民法典》的有关规定处理。"

(2)维修租赁物的义务。《民法典》第712条规定:"出租人应当履行租赁物的维修义务,但当事人另有约定的除外。"承租人在租赁物需要维修时可以要求出租人在合理期限内维修。出租人未履行维修义务的,承租人可以自行维修,维修费用由出租人负担。因维修租赁物影响承租人使用的,应当相应减少租金或者延长租期。因承租人的过错致使租赁物需要维修的,出租人不承担前款规定的维修义务。

(3) 出卖租赁物的通知义务。出租人提前收回房屋或出卖出租的房屋,应提前通知承租人。出租人如出售已出租的房屋,应当在出卖之前的合理期限内通知承租人,在同等条件下,承租人享有优先购买权,但是,房屋按份共有人行使优先购买权或者出租人将房屋出卖给近亲属的除外。出租人履行通知义务后,承租人在十五日内未明确表示购买的,视为承租人放弃优先购买权。

(4) 租赁物的瑕疵担保义务。《民法典》第708条规定:"出租人在租赁期限内应当保持租赁物符合约定的用途,这是对租赁物质量瑕疵担保责任的规定。"《民法典》第723条规定,因第三人主张权利,致使承租人不能对租赁物使用收益的,承租人可以请求减少租金或者不支付租金,这是对租赁物权利瑕疵担保责任的规定。当租赁物有质量瑕疵或存在权利瑕疵致使承租人不能依约使用收益时,承租人可以请求减少租金或者不支付租金。但承租人订约时明知有瑕疵的除外。租赁物危及承租人的安全或者健康的,即使承租人订立合同时明知该租赁物质量不合格,承租人仍然可以随时解除合同。

(5) 承担租赁物的风险。《民法典》第729条规定:"因不可归责于承租人的事由,致使租赁物部分或者全部毁损、灭失的,承租人可以请求减少租金或者不支付租金;因租赁物部分或者全部毁损、灭失,致使不能实现合同目的的,承租人可以解除合同。"

二、租赁合同对承租人的效力

(一) 承租人的主要义务

(1) 承租人应当按照约定的方法或者根据租赁物的性质使用租赁物。《民法典》第709条规定:"承租人应当按照约定的方法使用租赁物;对租赁物的使用方法没有约定或者约定不明确,依照《民法典》第510条的规定仍不能确定的,应当按照租赁物的性质使用。"《民法典》第711条规定:"承租人未按照约定的方法或者未根据租赁物的性质使用租赁物,致使租赁物受到损失的,出租人可以解除合同并请求赔偿损失。"

(2) 妥善保管租赁物的义务。《民法典》第714条规定:"承租人应当妥善保管租赁物,因保管不善造成租赁物毁损、灭失的,应当承担赔偿责任。"当然为了更好地利用租赁物,承租人经出租人同意,可以对租赁物进行改善或者增设他物。《民法典》第715条规定,承租人未经出租人同意,对租赁物进行改善或者增设他物的,出租人可以请求承租人恢复原状或者赔偿损失。

(3)不得擅自转租的义务。承租人未经出租人同意,不得将租赁物转租给第三人或者作其他处分。《民法典》第716条规定:"承租人经出租人同意,可以将租赁物转租给第三人。承租人转租的,承租人与出租人之间的租赁合同继续有效;第三人造成租赁物损失的,承租人应当赔偿损失。承租人未经出租人同意转租的,出租人可以解除合同。"出租人同意转租后,实际上存在两个租赁关系。《民法典》第718条规定:"出租人知道或者应当知道承租人转租,但是在六个月内未提出异议的,视为出租人同意转租。"

需要注意的是,转租期限不得超过承租人剩余租赁期限。《民法典》第717条规定:"承租人经出租人同意将租赁物转租给第三人,转租期限超过承租人剩余租赁期限的,超过部分的约定对出租人不具有法律约束力,但是出租人与承租人另有约定的除外。"

(4)支付租金的义务。《民法典》第721条、722条规定,承租人应当按照合同约定的期限,向出租人支付租金。承租人无正当理由未支付或者迟延支付租金的,出租人可以请求承租人在合理期限内支付;承租人逾期不支付的,出租人可以解除合同。如果支付期限没有约定或者约定不明确,依据《民法典》第510条的规定仍不能确定,租赁期限不满1年的,应当在租赁期限届满时支付;租赁期限1年以上的,应当在每届满1年时支付;剩余期限不满1年的,应当在租赁期限届满时支付。

(5)有关情况的通知义务。第三人对租赁物主张权利的,承租人应当将此情况及时通知出租人。而且在租赁物需要维修的时候,需及时告知出租人。

(6)返还租赁物的义务。《民法典》第733条规定:"租赁期限届满,承租人应当返还租赁物。返还的租赁物应当符合按照约定或者根据租赁物的性质使用后的状态。"但是除当事人另有约定外,在租赁期限内因占有、使用租赁物获得的收益,归承租人所有。

(二) 承租人的特殊权利

(1)买卖不破租赁。《民法典》第725条规定:"租赁物在承租人按照租赁合同占有期限内发生所有权变动的,不影响租赁合同的效力。"这就是租赁合同中的"买卖不破租赁"规则,是指当出租人在租赁合同有效期内将租赁物的所有权转让给第三人时,租赁合同对所有人有效。

买卖不破租赁规则的立法目的主要在于保障承租人的居住利益,因此虽然《民法典》表述中的租赁物没有限定为动产或者不动产,我们认为应当限缩理解为不动产。需要注意的是,如果不动产之上的租赁权与抵押权发生冲突,则应当依据抵押权设定的时间与租赁权设定并实际转移的时间点的先后来确定。根据《民法典》第405条的规定,抵押权设立前,抵押财产已经出租并转移占有的,原租赁关系不受该抵押权的影响。

(2)同等条件下的优先承租权。《民法典》第734条的规定,租赁期限届满,房屋承租人享有以同等条件优先承租的权利,其立法目的是保障租赁关系的稳定性。

(3)同等条件下的优先购买权。《民法典》第726条、727条、728条规定了承租人同等条件下的优先购买权以及相应的责任。出租人出卖租赁房屋的,应当在出卖之前的合理期限内通知承租人,承租人享有以同等条件优先购买的权利;但是,房屋按份共有人行使优先购买权或者出租人将房屋出卖给其近亲的除外。出租人履行通知义务后,承租人在十五日内未明确表示购买的,视为承租人放弃优先购买权。出租人委托拍卖人拍卖租赁房屋的,应当在拍卖五日前通知承租人。承租人未参加拍卖的,视为放弃优先购买权。

需要注意的是,出租人未通知承租人或者有其他妨害承租人行使优先购买权情形的,承租人可以请求出租人承担赔偿责任。但是,出租人与第三人订立的房屋买卖合同的效力不受影响。

【疑难问题论争10】

在承租人对租赁物的损害具有过错的情况下,出租人是否仍应承担租赁物的维修义务?

一种观点认为,即便是因承租人的侵权行为导致租赁物的毁损,出租人仍然负有维修义务。这是因为,承租人对租赁物瑕疵的产生,应当承担损害赔偿责任,但与出租人的维修义务并不具有同一性质,结合我国《民法典》合同编第712条对双方当事人约定维修义务所作之例外规定,此时仍由出租人承担租赁物的维修义务,更加符合法的体系解释。[1] 另一种观点认为,在因承租人的过错导致租赁物发生损坏的情况下,承租人的赔偿责任可以表现为对租赁物的维修[2]。我们认为,在租赁物的损害明确是由承租人原因所造成的情况下,通常应由承租人承担侵权责任,如果由此产生的损害赔偿已足以修缮租赁物,出租人并无履行维修义务的必要,可直接适用恢复原状的方式恢复租赁物的适用状态。此时,仍要求出租人承担维修义务,则不仅对出租人不公平,还因租赁物并不在出租人的直接控制下,容易引发道德风险。因此,出租人对租赁物的维修

---

[1] [日]我妻荣著,周江洪译:《债法各论》(中卷二),北京:中国法制出版社2008年版,第444页。
[2] 邓基联主编:《房屋租赁合同纠纷》,北京:法律出版社2010年版,第3页。

义务,因承租人对租赁物损坏存在过错得以免除。①

思考题

    1.租赁合同的特点有哪些?
    2.租赁合同的效力有哪些?

---

① 最高人民法院民法典贯彻实施工作领导小组主编:《中华人民共和国民法典合同编理解与适用2》,北京:人民法院出版社2020年版,第1472页。

第十七章 融资租赁合同

【本章概要】融资租赁合同是涉及三方当事人的特殊合同,将融资与融物结合在一起的交易方式,本章主要学习融资租赁合同的定义、特点及其性质的不同学说,掌握如何准确认定融资租赁合同,重点了解融资租赁合同中法定解除权的不同情形,从出卖人、出租人、承租人三方主体的义务把握融资租赁合同的法律效力,以及租赁合同效力规则、租赁物归属规则。

【本章难点】租金的风险负担;出租人与承租人的义务;融资租赁合同的法定解除。

【引 题】乙融资公司根据甲公司的选择向丙公司购买了一台大型设备,出租给甲公司使用,租期届满后该设备归乙公司所有。后丙公司依据乙公司的指示直接将设备交付给甲公司。下列说法正确的是(　　)
A.如租期内设备存在瑕疵,乙公司应减少租金。
B.如租期内设备存在瑕疵,乙公司应承担维修义务。
C.租期内设备毁损、灭失的风险应由乙公司承担。
D.租期内设备毁损、灭失的风险应由甲公司承担。

第一节 融资租赁合同概述

一、融资租赁合同的定义

融资租赁合同是指出租人根据承租人对出卖人、租赁物的选择,向出卖人购买租赁物,提供给承租人使用,承租人支付租金的合同。《民法典》对融资租赁合同的这一定义是对融资租赁交易机制和交易构成要素的描述,是区分邻近法律概念的主要特点。融资租赁合同不同于一般的租赁合同,也不同于买卖合同和租赁合同的简单结合。融资租赁合同具有如下特点:第一,出租人根据承租人对出卖人、租赁物的选择,向出卖人购买租赁物,体现了"融资"的属性。承租人选择出卖人和租赁物,但不必支付价金即可使用租赁物,价金由出租人支付,从而实现承租人融资的目的。与一般租赁合同不同,融资租赁合同的出租人在合同订立时并未取得租赁物的所有权,而是在根据承租人的要求在合同订立后购买而取得。第二,承租人使用租赁物,体现了"融物"的属性。融资租赁合同中承租人的目的是取得租赁物的使用权,具有传统租赁的构成要素。但与一般租赁不同,融资租赁合同并无最长二十年租赁期限的限制。第三,承租人支付租金。支付租金符合普通租赁合同的核心要素,但与一般租赁合同中的租金不同,融资租赁合同的租金,除当事人另有约定外,应当根据购买租赁物的大部分或者全部成本以及出租人的合理利润确定。融资租赁交易中的租金,不仅是租赁物使用的对价,更是融资的对价。

融资租赁合同应当采用书面形式。融资租赁合同内容复杂,涉及多方当事人,合同标的价值较大,采用书面形式有利于提醒合同交易的权利义务及风险,固定证据预防纠纷发生。另外,融资租赁合同中的出租人应当具有开展融资租赁业务的资质。根据我国相关法律规定,只有经有关部门批准并取得经营许可的企业法人,才能从事融资租赁经营业务。其中,普通融资租赁和金融融资租赁在许可审批方面有一定差异。

二、融资租赁合同的法律性质

融资租赁作为一种新兴的交易形态,以融物为手段实现融资的目的。在实务中具有多重功能,既可以实现融资的便利,又具有节税优势,是企业融资的重要方式。关于融资租赁合同的性质,有诸多学说,如借款合同说、分期付款买卖合同说、特殊租赁合同说、动产担保交易说等。①

1.借款合同说

此说从融资租赁的经济功能解释,融资租赁合同的核心在于解决承租人的融资问题,出租人购买标的物然后交由承租人使用只是外在的手段而已,故融资租赁合同的根本性质属于借款合同。此说忽略了出租人享有标的物的所有权,承租人使用标的物,以及出租人有权按照约定或法律规定取回标的物等情

---

① 王利明主编:《中国民法典释评》,北京:中国人民大学出版社2020年版,第499页。

形,这些情形均非借款合同所能包含的。

2.分期付款买卖合同说

此说认为租赁期限届满后,承租人可以享有购买租赁物的选择权,或者仅支付象征性价款获得租赁物的所有权,其与分期付款买卖合同中,约定所有权保留并在最后一笔价款清结后取得标的物所有权,并无实质性差异。但此说忽略了出租人在融资租赁中追求融资利益,而非销售利益;租赁期满后,承租人未必一定取得租赁物所有权,而分期买卖付款完成后,买受人一定取得标的物所有权。

3.特殊租赁合同说

此说认为融资租赁合同与租赁合同的形式要件相符,只是与普通租赁不同的是,出租人不再负担使租赁物适合持续使用的状态以及瑕疵担保、危险担保等义务。不过,融资租赁中的租金不同于普通租赁中的租金,前者包含销售利润,后者一般不包含销售利润;普通租赁的承租人不能突破合同的相对性,主张应由买受人享有的权利;租赁合同的期限一般较短,最长不超过二十年,而融资租赁中的期限接近租赁物的使用年限,且可以不受二十年最长租赁期限的限制。

4.动产担保交易说

此说依据《美国统一商法典》的规定,认定其为动产担保交易,说明融资租赁具有融资、担保、使用等功能,可以兼容上述学说的优点,克服其缺点。但是随着《美国统一商法典》的修改,该法对融资租赁进行了区分,分为真实的融资租赁合同和动产担保交易的融资租赁。此说还依据我国《民法典》物权编第388条,将出租人享有租赁物所有权解释为担保物权。但这也仅仅说明对出租人的物权保护由所有权转为担保物权,并不影响融资租赁合同中当事人的债权债务关系。

三、融资租赁合同法律关系的认定

判断是否构成融资租赁合同法律关系,不能仅依据当事人订立合同的动机,而应当依据合同所约定的主给付义务进行认定,影响主给付义务性质的因素有标的物的性质、标的物的价值、租金的构成等因素。

1.标的物的性质

融资租赁交易中标的物需要满足所有权的转移、所有权与使用权分离、承租人的持续使用等要求。因此,融资租赁等标的物需符合以下要求:第一,标的物应当为流通物。如果标的物为限制流通物或者禁止流通物,则标的物所有权从出卖人移转给出租人引发障碍,无法实现当事人融资租赁的目的;第二,标的物的所有权与使用权可以分离。融资租赁交易中,出租人需享有所有权,承租人需享有使用权。若标的物所有权和使用权无法分离,不能发生租赁关系。如货币作为标的物就不能成立融资租赁合同;第三,标的物为非消耗物。消耗物不能重复使用,或者一经重复使用则改变其形态、价值或性质。消耗物不能满足出租人享有所有权、承租人持续使用的目的。最高人民法院倾向于认为,企业的厂房设备等整体资产、商业地产的使用权,不违反法律禁止性规定,可以作为融资租赁的标的物。①

2.标的物的价值

标的物价值的公允与否,是判断融资租赁关系的关键。如果标的物的价值明显偏低,无法担保租赁债权的实现,以租赁之名,行融资之实,不能认定为融资租赁关系。"融资租赁合同具有融资和融物相结合的特点,融资租赁关系中包括两个交易行为,一是供货人与出租人之间的买卖合同,二是承租人与出租人之间的租赁合同。两个合同相互结合才能构成融资租赁关系,缺一不可。如无实际租赁物或者租赁物所有权未从出卖人处转移至出租人或者租赁物的价值明显偏低,则应当认定该类融资租赁没有融物属性,以融资租赁之名行借贷之实,应属借款合同。"②

3.租金的构成

《民法典》第746条规定:"融资租赁合同的租金,除当事人另有约定外,应当根据购买租赁物的大部分或者全部成本以及出租人的合理利润确定。"由此可见,融资租赁交易中的租金不仅包括使用租赁物的价款,还应当包括融资租赁企业的合理利润。租金的构成一般包括:租赁物的价款、利息、利润和其他成本(保险、维修保养费、税金等)等。如果合同约定的租金过分高于上述所列项目的合理金额,实际上是以融资租赁合同掩盖真实借款合同,不宜认定为融资租赁关系。

---

① 最高人民法院著:《司法解释理解与适用全集·合同卷2》,北京:人民法院出版社2018年版,第1092-1094页。
② "工银金融租赁有限公司、铜陵大江投资控股有限公司融资租赁合同再审案",最高人民法院(2018)民再373号民事判决书。

第二节　融资租赁合同的法律效力

一、出卖人的义务

1.交付标的物的义务

出租人根据承租人对出卖人、租赁物的选择订立的买卖合同,出卖人应当按照约定向承租人交付标的物,承租人享有与受领标的物有关的买受人的权利。(《民法典》合同编第739条)通常情况下,出卖人依买卖合同交付标的物的交付对象应当是买受人。而在融资租赁合同中,买受人(出租人)的合同目的仅是在法律意义上取得所有权,以便将标的物的所有权作为清偿租金的保障,因而实际接受标的物,对于买受人(出租人)实无意义和必要。从履行效率角度来看,出卖人、租赁物均由承租人选择,其对交付标的物所涉及的相关情况,如出卖人的信用、交付的时间和地点、标的物的性能和规格,最为熟悉,买受人(出租人)没有相应的能力和知识了解标的物的相关情况,由承租人替代买受人(出租人)受领标的物,更符合效率原则。法条前半段"出卖人应当按照约定向承租人交付标的物"中的"交付",依据立法旨意理解,应仅指现实交付,即出卖人将标的物移转给承租人,使承租人实际占有和控制。从法律效果理解,这里的交付不意味着标的物所有权由出卖人转移给承租人,而应视为出卖人完成了向买受人(出租人)法律上的交付。

法条后半段"承租人享有与受领标的物有关的买受人的权利"中"与受领标的物有关的买受人的权利",主要是指对租赁物的检验权利,以及拒绝接受不符合要求的租赁物的权利。[①]《民法典》第740条规定:"出卖人违反向承租人交付标的物的义务,有下列情形之一的,承租人可以拒绝受领出卖人向其交付的标的物:(一)标的物严重不符合约定;(二)未按照约定交付标的物,经承租人或者出租人催告后在合理期限内仍未交付。承租人拒绝受领标的物的,应当及时通知出租人。"但同时需要注意的是,承租人依法仅享有与受领标的物有关的买受人的权利,并非享有买受人的全部合同权利,也不能认定买受人已将自己的全部权利转让给了承租人。

[①] 肖学治主编:《融资租赁合同》,北京:中国民主法制出版社2003年版,第91页。

2.请求支付价款的权利

在融资租赁合同中,出卖人和出租人(买受人)之间的买卖合同关系,自无疑义。与交付标的物的义务对应,出卖人享有向出租人(买受人)请求支付价款的权利。有关支付价款的相关问题,可参照"买卖合同"中的相关规定处理。

二、出租人的义务

1.支付价款的义务

出租人负有向出卖人支付价款的义务,与出卖人享有向出租人(买受人)请求支付价款的权利,二者互为反对关系,是融资租赁合同中出租人的主给付义务。有关支付价款的相关问题,可参照"买卖合同"中的相关规定处理。

2.承担标的物瑕疵担保责任

《民法典》第747条规定:"租赁物不符合约定或者不符合使用目的的,出租人不承担责任。但是,承租人依赖出租人的技能确定租赁物或者出租人干预选择租赁物的除外。"融资租赁合同的目的是通过融物实现融资的目的,出租人的主要义务是支付价款。合同订立时,承租人基于自己的知识和经验选定出卖人和租赁物,出租人并不对租赁物进行实际占有和控制,因此,出租人对租赁物的瑕疵担保免责是合理的,这也是融资租赁合同的一个重要特征。但是如果承租人依赖出租人的技能确定租赁物或者出租人干预选择租赁物的,是出租人瑕疵担保免责的例外。承租人依赖出租人的技能是指出租人有意愿就租赁物的质量进行控制以及承租人对出租人技能的依赖。如果出租人因疏忽而未能尽到自己的义务,应承担相应责任。出租人干预选择租赁物是指出租人干预或者要求承租人按照出租人意愿选择出卖人、租赁物,或者擅自变更承租人已经选定的出卖人、租赁物的。在融资租赁合同中,以出租人对租赁物瑕疵担保免责为原则,以承担瑕疵担保责任为例外。因此,承租人主张其依赖出租人的技能确定租赁物或者出租人干预选择租赁物的,应当承担举证责任。

3.不得擅自变更买卖合同内容的义务

《民法典》第744条规定:"出租人根据承租人对出卖人、租赁物的选择订立的买卖合同,未经承租人同意,出租人不得变更与承租人有关的合同内容。"通常情况下,承租人相对出租人对租赁物的规格、性能以及出卖人的信用有更多的了解,出租人一般会根据承租人的选择订立买卖合同,虽然承租人并不是买卖合同的当事人,但是任由出租人变更买卖合同的内容,将会对租赁合同的履行带来不利影响。从法条文义理解,出租人仅不得变更与承租人有关的合同内容,对于与承租人不相关的内容,出租人仍有权变更。与承租人有关的买卖合同的内容主要包括:对出卖人的变更,对标的物的变更,标的物的交付时间、地点和方式变更等。出租人擅自变更与承租人有关的买卖合同的内容,承租人有权拒绝受领,并可通知出租人解除合同。如果给承租人造成损失,承租人有权请求赔偿损失。[①]

4.保证承租人持续使用和占有租赁物的义务

《民法典》第748条规定:"出租人应当保证承租人对租赁物的占有和使用。出租人有下列情形之一的,承租人有权请求其赔偿损失:(一)无正当理由收回租赁物;(二)无正当理由妨碍、干扰承租人对租赁物的占有和使用;(三)因出租人的原因致使第三人对租赁物主张权利;(四)不当影响承租人对租赁物占有和使用的其他情形。"租赁期内保证承租人对租赁物的平静占有和使用,是出租人的一项基本义务。出租人平静占有担保义务主要包括以下两点:一是排除出租人自己对租赁物占有、使用的影响;二是排除他人对租赁物占有、使用的影响。出租人违反此项义务,给承租人造成损失,承租人有权请求赔偿损失,如果构成根本违约,致使承租人无法占有、使用租赁物的,承租人可以请求解除合同。

5.出租人的附随义务

《民法典》第741条后句规定:"承租人行使索赔权利的,出租人应当协助。"虽然出租人可以将在买卖合同中向出卖人索赔的权利让予承租人,但并不能改变其作为买受人的法律地位而拥有一定信息或持有某些单证。因此,为了避免自己和承租人的利益损失,应当积极履行协助承租人索赔的义务。"协助"主要包括:提供出卖人相关信息;提供合同文本和相关单证等;出庭作证等。承租人索赔时,出租人未及时提供必要的协助,导致承租人损失的,承租人有权请求出租人承担相应的责任。

《民法典》第743条规定:"出租人有下列情形之一,致使承租人对出卖人行使索赔权利失败的,承租人有权请求出租人承担相应的责任:(一)明知租赁物有质量瑕疵而不告知承租人;(二)承租人行使索赔权利时,未及时提供必要协助。出租人怠于行使只能由其对出卖人行使的索赔权利,造成承租人损失的,承租人有权请求出租人承担赔偿责任。""明知"是指出租人明确知悉租赁物质量瑕疵的相关情况,不包括应当知道,通常情况下出租人并不担负对租赁

[①] 全国人大常委会法制工作委员会编:《中华人民共和国合同法释义》(第三版),北京:法律出版社2013年版,第416页。

物的默示担保义务。① 所谓"协助"应当与第741条中的"协助"作相同文义解释。承租人索赔失败,是指由于出租人的原因导致承租人无法行使索赔权利,或者致使索赔权已过诉讼时效,或者因举证不能而被驳回起诉。依诚信原则出租人应承担相应的附随义务,主要包括必要的告知、说明、协助等义务。附随义务或为促进主给付义务,或为对方当事人利益,出租人的附随义务不随索赔权的转移而转移。出租人违反附随义务的,出租人应当承担相应的违约责任。

6.出租人的免责

《民法典》第749条规定:"承租人占有租赁物期间,租赁物造成第三人人身损害或者财产损失的,出租人不承担责任。"融资租赁合同中,出租人虽然是租赁物的所有权人,但并不直接使用和管理。出租人获得租金,仅为向承租人融资的对价,并不是使用租赁物的对价。② 在通常情况下,出租人对租赁物的瑕疵造成第三人损耗享有免责权。租赁物的瑕疵主要包括不当使用、保管租赁物或者租赁物内在缺陷。如果是不当使用、保管租赁物造成第三人人身损害或财产损失的,由承租人自己承担责任。如果是租赁物在交付前已经存在的内在缺陷,则由承租人向出卖人请求赔偿。租赁物造成第三人损害主要包括:产品责任、高度危险作业责任以及建筑物责任等。

三、承租人的义务

1.支付租金的义务

《民法典》第752条规定:"承租人应当按照约定支付租金。承租人经催告后在合理期限内仍不支付租金的,出租人可以请求支付全部租金;也可以解除合同,收回租赁物。"支付租金是承租人的基本义务。融资租赁合同的租金,除当事人另有约定外,应当根据购买租赁物的大部分或者全部成本以及出租人的合理利润确定(《民法典》合同编第746条)。一般情况下,在承租人向出租人发出通知,出租人付款之时,租金开始起算。租赁物不符合约定或者不符合使用目的的,出租人不承担责任。但是,承租人依赖出租人的技能确定租赁物或者出租人干预选择租赁物的情况除外(《民法典》合同编第747条)。由此可见,在租赁物存在瑕疵时,承租人可以向出卖人追究其瑕疵担保责任,但仍向出租人支付租金。承租人对出卖人行使索赔权利,亦不影响其履行支付租金的义

---

① 最高人民法院著:《司法解释理解与适用·合同卷2》,北京:人民法院出版社2018年版,第1260页。
② 郭丁铭等著:《融资租赁实务精讲与百案评析》,北京:中国法制出版社2017年版,第214-215页。

务(《民法典》合同编第742条)。承租人逾期支付租金,且经催告后仍不履行义务的,出租人可以选择请求承租人立即支付全部租金。全部租金既包括已到期未支付的租金,也包括尚未到期的租金。在正常履约的情况下,每期租金支付期限届满前,承租人享有期限利益,出租人不得请求支付。但在承租人逾期支付租金时,触发期限利益丧失约款,承租人除需要支付到期未付租金,还应支付未到期的全部租金,从而加速债务到期。但承租人逾期支付租金触发合同约定条件和欠付租金达到一定金额、超过一定期限,经催告仍不支付的,出租人可解除合同,收回租赁物。出租人不得既请求承租人支付合同约定的全部未付租金,又请求解除合同收回租赁物,只能在两者之间进行选择。

2.妥善保管、使用租赁物的义务

《民法典》第750条规定:"承租人应当妥善保管、使用租赁物。承租人应当履行占有租赁物期间的维修义务。"融资租赁期间,承租人享有占有和使用租赁物的权利。相应地,承租人应当根据租赁物的性能妥善保管和合理使用标的物,并根据合同目的或社会一般之观念负有对租赁物维修的义务,避免因保管不善或不当使用而损害出租人对标的物的所有权。《民法典》第751条规定:"承租人占有租赁物期间,租赁物毁损、灭失的,出租人有权请求承租人继续支付租金,但是法律另有规定或者当事人另有约定的除外。"租赁物风险由承租人负担,符合收益和风险相适应的原则,也有利于避免和防范承租人的道德风险。但根据《民法典》第754条规定,承租人亦享有合同解除权。此时,则发生风险负担规则和合同解除制度适用竞合问题。如适用风险负担规则,对于承租人过于严苛;如适用合同解除制度,承租人承担返还租赁物的义务,因返还不能而代之以折价补偿,利润损失则由出租人合理分担,兼顾平衡双方的利益。但在租赁物意外毁损、灭失,融资租赁合同可得解除时,《民法典》赋予当事人选择权,既可按风险负担规则,亦可行使解除权。[①]

3.不得擅自处分租赁物的义务

《民法典》第753条规定:"承租人未经出租人同意,将租赁物转让、抵押、质押、投资入股或者以其他方式处分的,出租人可以解除融资租赁合同。"在融资租赁合同租赁期限届满前,租赁物归出租人所有,承租人将租赁物转让、抵押、质押、投资入股或者以其他方式处分的,构成无权处分。若承租人将已经登记的租赁物转让或投资入股的,第三人无法适用善意取得,如出租人选择

---

① 黄薇主编:《中华人民共和国民法典合同编解读》(下),北京:中国法制出版社2020年版,第894-895页。

解除合同,可向第三人主张返还租赁物。若承租人将租赁物抵押并登记或者质押并交付的,抵押权和质权优先于出租人的所有权。若抵押权未登记,则抵押权人的抵押权和出租人的所有权处于同一顺位,就租赁物的变价款按比例受偿。

4.附随义务

《民法典》第 740 条后句规定:"承租人拒绝受领标的物的,应当及时通知出租人。"依据诚实信用原则和全面履行原则,承租人拒绝受领标的物的,应当将拒绝受领的事实及时通知出租人,以保障出租人作为标的物所有权人的知情权。如承租人未及时履行通知义务,给出租人造成损失的,出租人可依据《民法典》第 577 条、第 582 条和第 584 条规定请求赔偿。

四、其他相关规则

(一) 融资租赁合同的效力规则

1.虚构租赁物无效规则

《民法典》第 737 条规定:"当事人以虚构租赁物方式订立的融资租赁合同无效。"本条是通谋虚伪意思表示的具体化。[①] 在通谋虚伪的意思表示中,表意人与相对人虽有共同实施法律行为的外观,但均不欲使其外在的表意行为发生法律效力,共同的真实的效果意思被隐藏。当事人以虚构租赁物方式订立的融资租赁合同,是指当事人共同伪造、编造租赁物的相关证据,或者所指称的租赁物并非该融资租赁合同项下,仅为满足融资租赁业务的形成要件而签订的融资租赁合同。但需要注意的是,订立合同时租赁物真实存在与否,并不能成为判断虚构租赁物是否虚构的认定标准。有些融资租赁合同是在合同订立后,出卖人才根据合同的要求进行专门的定制生产,所以只要融资租赁合同中所指称的租赁物此后交付承租人实际使用,不应被认定为虚构租赁物。对于虚构租赁物的通过伪意思表示的合同,名为融资租赁合同,实际不构成融资租赁法律关系的,应按照实际构成的法律关系处理。换句话说,表面的融资租赁法律关系应认定为无效,实际隐藏的法律关系如果不存在无效或其他效力瑕疵,则应认定为有效。在实践中,较为常见的情况是,名为融资租赁合同,实为借款合同。合同双方当事人仅有融资的真实意思,通过虚构租赁物虚构了融物的意思外观。在认定融资租赁合同无效后,借款合同的效力需视具体情况分析判断。如果借

---

① 黄薇主编:《中华人民共和国民法典合同编解读》(下),北京:中国法制出版社 2020 年版,第 858 页。

款合同涉及高利放贷、高利转贷等违反法律、行政法规或者违反规章涉及金融安全、市场秩序、国家宏观政策等公序良俗的,应认定为无效;如果不涉及无效情形的,应认定为有效。

2.登记对抗规则

《民法典》第745条规定:"出租人对租赁物享有的所有权,未经登记,不得对抗善意第三人。"在融资租赁交易中,出租人保有租赁物的所有权,承租人占有、使用租赁物。实践中,承租人未经出租人同意,擅自处分租赁物的情形较为常见。租赁物的登记对抗制度,确定了利益相关方权利竞存的优先顺位关系。为了满足融资租赁登记公示的需要,中国人民银行征信中心融资租赁登记公示系统建立了应收账款质押登记、应收账款转让登记、租赁登记、所有权保留登记、租购登记、留置权登记、存货/仓单质押登记、保证金质押登记、动产信托登记等动产融资统一登记平台,对于明晰租赁物权利状况,防范交易风险,维护交易安全发挥着重要作用。所谓"对抗",广义上讲,是指物权人可以对世界上任何人主张物权,任何人都不能予以剥夺。① 狭义上讲,须以权利依其性质有竞存抗争关系为前提。② 因此,理解对抗的含义,须首先理解第三人的范围。从文义上理解,第三人是指当事人以外的人,除"善意"之外没有其他任何限制。但从体系解释的角度理解,第三人存在诸多限制。首先,在承租人转让租赁物时,此时的受让人作为"第三人",应依物权变动规则取得所有权者为限。如果受让人仅签订合同而未受领标的物,在法律上仍属于债权人,不属于不得对抗的"第三人"。如果受让人受领了标的物并取得标的物的所有权,则出租人的所有权消灭,无法行使所有权。其次,第三人的"善意"应当限定在第三人不知道标的物存在出租人的所有权,且无重大过失。(《物权法解释(一)》第15条第1款规定:"受让人受让不动产或者动产时,不知道转让人无处分权,且无重大过失的,应当认定受让人为善意。")再次,对"未经登记,不得对抗善意第三人"的规定,能否依据反对解释方法理解为"虽未经登记,但可以对抗恶意第三人"? 依据《民法典》物权编第414条之规定,竞存的担保权的优先顺位,直接以登记先后作为判断标准,而不考虑是否为善意。因此,第三人应当限缩解释为非担保权人。

3.行政许可对合同效力的影响

《民法典》第738条规定:"依照法律、行政法规的规定,对于租赁物的经营

---

① 梁慧星:《〈物权法司法解释(一)〉解读》,载《法治研究》2017年第1期,第10页。
② 王泽鉴著:《民法学说与判例研究》,北京:北京大学出版社2015年版,第1481页。

使用应当取得行政许可的,出租人未取得行政许可不影响融资租赁合同的效力。"从融资租赁的目的来看,合同当事人以融物为形式,以融资为目的实现融资,出租人仅向承租人提供信用支持,承租人实际占有和使用租赁物,取得相应行政许可是承租人而非出租人的义务。因此,行政许可应以只约束承租人而不约束出租人为宜。至于未取得行政许可对承租人的效力和影响,则应当根据有关法律规定处理。本条所指的"行政许可"仅指经营或使用租赁物,而对于使用租赁物从事的工程或项目是否需要许可的问题,不属于本条规范的对象。①

(二)租赁物归属规则

1.没有约定或约定不明确时租赁物的归属

《民法典》第757条规定:"出租人和承租人可以约定租赁期限届满租赁物的归属;对租赁物的归属没有约定或者约定不明确,依据本法第五百一十条的规定仍不能确定的,租赁物的所有权归出租人。"根据"约定优先于法定"的原则,当事人的约定可优先适用。如果当事人没有约定或者约定不明确的,可以协议补充,不能达成补充协议的,按照合同其他条款或者交易习惯确定。仍不能确定的,租赁物归属于出租人。

2.支付名义对价时租赁物的归属

《民法典》第759条规定:"当事人约定租赁期限届满,承租人仅需向出租人支付象征性价款的,视为约定的租金义务履行完毕后租赁物的所有权归承租人。"融资租赁期满后,当事人一般采用"退租、续租或留购"等方法确定租赁物的归属。但是实践中出现的例外情形是,当事人约定租赁期届满后,承租人仅支付象征性价款留购租赁物。基于英美法系的对价制度,为了确保合同条款的有效成立,约定支付象征性价款留购租赁物。当事人的这种约定,可以认定当事人已经明确约定,租赁期满后租赁物归承租人所有。

3.合同无效时租赁物的归属

《民法典》第760条规定:"融资租赁合同无效,当事人就该情形下租赁物的归属有约定的,按照其约定;没有约定或者约定不明确的,租赁物应当返还出租人。但是,因承租人原因致使合同无效,出租人不请求返还或者返还后会显著降低租赁物效用的,租赁物的所有权归承租人,由承租人给予出租人合理补偿。"本条规定了在融资租赁合同被认定为无效后,租赁物归属的三种情形:第一,当事人就合同无效情形下租赁物归属有约定,从其约定。这是法律尊重当事人意思自治的具体体现。在实践中,当事人对合同期满后租赁物的归属一般

---

① 江必新著:《融资租赁合同纠纷》,北京:法律出版社2014年版,第41页。

均会作出约定,但合同被认定无效后的租赁物归属,一般不会作出约定。第二,如果当事人对无效合同情形下租赁物归属没有约定或者约定不明确的,租赁物应当返还出租人。此规定与《民法典》总则编第 157 条合同无效相互返还的规定相一致。第三,当租赁合同的无效可归责于承租人时,出租人不要求返还租赁物的,租赁物依法律规定归承租人,但承租人应当进行合理补偿。另外,从法理上解释,合同无效后租赁物的归属规则应当也适用于合同被撤销的情形。

4.租赁物价值的部分返还与合理补偿

《民法典》第 758 条规定:"当事人约定租赁期限届满租赁物归承租人所有,承租人已经支付大部分租金,但是无力支付剩余租金,出租人因此解除合同收回租赁物,收回的租赁物的价值超过承租人欠付的租金以及其他费用的,承租人可以请求相应返还。当事人约定租赁期限届满租赁物归出租人所有,因租赁物毁损、灭失或者附合、混合于他物致使承租人不能返还的,出租人有权请求承租人给予合理补偿。"出租人因中途解约而取得的利益,如果完全归出租人,将使当事人利益失衡。为平衡各方利益关系,法律规定了清算规则,在出租人解除合同租赁物归出租人时,出租人应当返还给承租人部分租赁物价值。这里的"已经支付大部分租金",一般是指已经支付的租金超过全部租金的 50%。"无力支付"并不包括承租人有能力支付而不愿意支付。当事人约定租赁期限届满租赁物归出租人所有,因租赁物毁损、灭失或者附合、混合于他物致使承租人不能返还的,出租人有权请求承租人给予合理补偿。这里的"补偿"在性质上不同于因过错而承担的损害赔偿责任。[①] 对于可归责于承租人的原因导致租赁物无法返还的,出租人可主张违约损害赔偿,不适用本条规定。

(三)融资租赁合同的解除

1.法定解除权

《民法典》第 754 条规定:"有下列情形之一的,出租人或者承租人可以解除融资租赁合同:(一)出租人与出卖人订立的买卖合同解除、被确认无效或者被撤销,且未能重新订立买卖合同;(二)租赁物因不可归责于当事人的原因毁损、灭失,且不能修复或者确定替代物;(三)因出卖人的原因致使融资租赁合同的目的不能实现。"此条是规定融资租赁合同当事人的法定解除权。

从文义看,自无更多讨论余地。唯若当事人约定禁止中途解约条款,能否排除法定解除权的规定? 值得讨论。多数观点认为,本条规定属于任意性规范,如果当事人有特别约定,可以排除法定解除权的适用,即使发生此三种情

[①] 韩世远著:《合同法总论》(第四版),北京:法律出版社,第 322 页。

形,当事人也不得随意解除合同。①

针对本条第 1 项规定的情形,《民法典》第 755 条规定了对应的法律后果:"融资租赁合同因买卖合同解除、被确认无效或者被撤销而解除,出卖人、租赁物系由承租人选择的,出租人有权请求承租人赔偿相应损失;但是,因出租人原因致使买卖合同解除、被确认无效或者被撤销的除外。出租人的损失已经在买卖合同解除、被确认无效或者被撤销时获得赔偿的,承租人不再承担相应的赔偿责任。"

关于本条第 2 项规定,租赁物因不可归责于当事人的原因毁损、灭失,且不能修复或者确定替代物,应当理解为《民法典》第 751 条的另有约定,即因不可归责于当事人的原因毁损、灭失的,当事人可以解除合同,而不适用第 751 条由出租人享有请求继续支付租金的权利。在合同解除后,《民法典》第 756 条规定:"融资租赁合同因租赁物交付承租人后意外毁损、灭失等不可归责于当事人的原因解除的,出租人可以请求承租人按照租赁物折旧情况给予补偿。"

另外,《民法典》规定了承租人不当处分的解除权。第 753 条:"承租人未经出租人同意,将租赁物转让、抵押、质押、投资入股或者以其他方式处分的,出租人可以解除融资租赁合同。"

2.违约解除权

《民法典》第 752 条规定:"承租人应当按照约定支付租金。承租人经催告后在合理期限内仍不支付租金的,出租人可以请求支付全部租金;也可以解除合同,收回租赁物。"本条前句规定的承租人逾期支付租金的加速到期制度,前文已有论述。后句规定了逾期支付租金的合同解除制度。承租人逾期支付租金触发合同约定条件和欠付租金达到一定金额、超过一定期限,经催告仍不支付的,出租人可解除合同,收回租赁物。出租人不得既请求承租人支付合同约定的全部未付租金,又请求解除合同收回租赁物,只能在两者之间进行选择。

【疑难问题论争 11】

关于融资租赁合同的担保功能。

在各国和地区存在两种担保观念,形式担保观和实质担保观。形式担保观是在担保物权领域贯彻物权法定原则,担保物权仅限于债权人在他人财产的交换价值上设定限定物权,且当事人只能选择法定的担保类型。② 实质担保观并不拘泥于担保类型与担保内容的法定主义,而是以交易的经济功能为标准认定

---

① 王利明著:《合同法研究(第三卷)》(第二版),北京:中国人民大学出版社 2015 年版,第 370 页。
② 谢鸿飞著:《〈民法典〉实质担保观的规则适用与冲突化解》,载《法学》2020 年第 9 期,第 4 页。

担保,无论交易名称如何或债权人的名义权利如何,只要其目的在于获得对担保物交换价值的优先受偿权,即都构成担保。①《民法典》以形式担保观为基础,同时也引入了实质担保观的内容,在《民法典》物权编第 388 条规定了"其他具有担保功能的合同",以进一步优化营商环境。这类合同包括所有权保留、融资租赁和有追索权的保理等合同,司法实践还承认了让与担保。

融资租赁合同的担保功能体现在《民法典》合同编第 745 条。在《民法典》出台前,相较于有登记制度的不动产及特殊动产,在普通动产的融资租赁中出租人的权益无法登记。若承租人违背诚实信用原则将其占有的动产处分,第三人可善意取得动产所有权且不受所有权人权利的追究,出租人可能面临未付租金债权和标的物所有权的双重损失。《民法典》合同编第 745 条规定:"出租人对租赁物享有的所有权,未经登记,不得对抗善意第三人。"出租人对标的物的所有权经登记后产生与担保物权相似的效力,能够对抗任何人,从而进一步保障了出租人的权益。②

思考题

1. 如何认定融资租赁法律关系?

2. 融资租赁合同的租金如何确定?承租人是否可以以租赁物存在瑕疵为由拒绝支付租金?法律依据是什么?

3. 承租人经催告后在合理期限内仍不支付租金的,出租人应该如何主张自己的权利?

4. 甲融资租赁公司与乙公司签订融资租赁合同,约定乙公司向甲公司转让一套生产设备,并且再租给乙公司使用 2 年,甲乙公司之间是否为融资租赁合同关系?为什么?

5. 甲设备制造厂商计划以回租方式向乙融资租赁公司申请一笔融资租赁款,甲公司以一套自建厂房(违章建筑)作为租赁物折价,双方签订的融资租赁合同是否有效?为什么?

6. 甲公司与乙融资租赁公司签订融资租赁合同,乙公司按照甲公司的选择和要求向丙公司支付了价款。如租赁期间因设备自身原因停机造成甲公司损失,应由谁承担责任?

---

① 谢在全:《担保物权制度的成长与蜕变》,载《法学家》2019 年第 1 期,第 38-39 页。
② 刘保玉:《民法典担保物权制度新规释评》,载《法商研究》2020 年第 5 期,第 4-5 页。

第十八章 保理合同

【**本章概要**】保理合同是我国民法典合同编唯一全新增改的有名合同,本章学习保理合同的概念、内容、形式、类型和效力等基本知识。注意理解保理合同与其他基本合同的区别与联系;结合我国民法,了解相关法律规范,如有追索权的保理合同、无追索权的保理合同;保理人的义务、债权人的义务。思考虚构应收账款、应收账款重复转让的合同的效力。

【**本章难点**】保理合同的类型;保理人的义务;保理合同中虚构应收账款;应收账款多重转让的问题。

【**引　题**】保理合同是应收账款债权人将现有的或者将有的应收账款转让给保理人,由保理人提供(　　)等服务的合同。

A.资金融通　　　　　B.应收账款管理
C.催收　　　　　　　D.应收账款债务人付款担保

第一节　保理合同概述

一、保理合同的概念

保理,全称保付代理,又称托收保付,是指出卖人将其现在或将来的基于与买受人订立的货物销售服务合同所产生的应收账款转让给保理人,由保理人向其提供资金融通、买受人资信评估、销售账户管理、信用风险担保、账款催收等一系列服务的综合金融服务方式,是一种贸易融资结算方式。保理可以盘活企业的应收账款,提高现金流的使用效率。保理人也称保理商、财务代理人等。

保理合同是应收账款债权人将现有的或者将有的应收账款转让给保理人,保理人提供资金融通、应收账款管理或者催收、应收账款债务人付款担保等服务的合同。应收账款是权利人依法享有的付款请求权,包括现在和将来的金钱债权。应收账款基于债权人和债务人的基础交易关系产生,是保理合同成立的前提。债权人将应收账款转让给保理商是保理法律关系的核心,也是区别于简单借款合同和应收账款质押贷款合同的重要特征。另外,认定是否构成保理,也要结合保理人是否提供资金融通、或资信调查与评估、或应收账款的管理和催收、或信用风险担保等保理服务。无应收账款的转让,不构成保理合同,但仅有应收账款转让而无保理服务,也不构成保理合同。

二、保理合同的内容与形式

1. 保理合同的内容

保理合同的具体内容由保理人和应收账款债权人具体约定,一般包括:业务类型、服务范围、服务期限、基础交易合同情况、应收账款信息、保理融资款或者服务报酬以及支付方式等条款。

2. 保理合同的形式

保理业务涉及基础交易法律关系和保理法律关系,内容较为复杂。为了维护交易安全,避免纠纷发生或者发生纠纷后便于分清责任,保理合同应当采用书面形式。按照《民法典》的有关规定,书面形式可以是合同书、信件、电报、电传、传真等可以有形表现所载内容的形式;以电子数据交换、电子邮件等方式能够有形表现所载内容,并可以随时调取查用的数据电文,视为书面形式。如果合同未以书面形式订立,但一方已经履行主要义务,对方接受的,该合同成立。

三、保理合同的类型

(一)有追索权保理和无追索权保理

按照保理人在无法成功清收应收账款时是否可以要求债权人回购应收账款归还融资,可以将保理分为有追索权保理和无追索权保理,这是保理业务的基础性分类。

有追索权保理对债权人不提供坏账担保义务,仅提供融通资金的服务,也称回购型保理。《民法典》第766条规定:"当事人约定有追索权保理的,保理人可以向应收账款债权人主张返还保理融资款本息或者回购应收账款债权,也可以向应收账款债务人主张应收账款债权。保理人向应收账款债务人主张应收账款债权,在扣除保理融资款本息和相关费用后有剩余的,剩余部分应当返还给应收账款债权人。"根据法律规定,有追索权保理中,保理人享有向债权人或债务人追索的选择权,同时负有在债务人清偿债务后的清算义务。

无追索权保理在发生债务人信用风险不能支付应收账款时,保理人不能向债权人追索,也称买断型保理。《民法典》第767条规定:"当事人约定无追索权保理的,保理人应当向应收账款债务人主张应收账款债权,保理人取得超过保理融资款本息和相关费用的部分,无需向应收账款债权人返还。"无追索权保理中,债权人对应收账款负有瑕疵担保的义务,即债权人须保证应收账款真实存在、相关文件真实并与陈述一致、对应收账款有处分权、后续不会发生使应收账款价值落空或减损的行为、债务人对应收账款债权无抗辩权或抵销权、第三人不得向保理人主张任何权利等。但是,依据保理合同的性质,债权人并不保证承诺债务人具有或者将来具有履行债务的能力。除非当事人另有约定,无追索权保理中保理人并不负有清算义务,实现债权后对于超出保理融资本息及费用的部分,保理人不负有返还之义务,归保理人所有。

(二) 商业保理和银行业保理

保理可以分为商业保理和银行业保理,两者的主要差异在于,前者保理商是商业保理公司,其业务更注重提供调查、催收、管理、结算、融资、担保等一系列综合服务,更专注于某个行业或领域,提供更有针对性的服务;而后者的保理商是商业银行,其业务更侧重于融资,除需要严格考察卖家的资信情况外,一般需要有足够的抵押支持。尽管两者在风控方式、业务侧重方向、创新性和灵活性方面有所差异,但贸易融资、销售分户账管理、应收账款的催收和信用风险控制等金融服务内容基本相同,保理收入也均主要来源于利差和保理服务佣金。

(三) 明保理和暗保理

明保理和暗保理按照是否将应收账款转让的事实通知债务人,可将保理分为明保理和暗保理。明保理,是指将应收账款转让的事实通知债务人。通知方式包括但不限于向债务人提交规定格式的通知书、在发票上加注规定格式的转让条款。暗保理,是指保理合同签订后的一定时期内,都未将应收账款转让事实通知债务人,仅在约定期限届满或者约定事由出现后,将应收账款转让事实通知债务人。在暗保理的情形中,即使保理人已预付融资款,正常情况下仍由债权人或以债权人名义继续收取债权,融资款项仅在债权人与保理人之间清算,由债权人将相关付款转付保理人,另以保理人控制收款账户等方式确保保理人对应收账款收益的控制,以为债权人设定违约责任等方式阻遏债权人另行收取债权。暗保理固然存在债务人另行向债权人给付的风险,但同时具有便于应收账款管理与催收、利于维系债权人与债务人的合作关系等优势,故在实践中常有应用。《民法典》第546条第1款并未规定债权转让必须通知债务人,而仅规定了转让通知对债务人的效力,即未通知债务人的,债权转让对债务人不发生效力,故该规定不妨碍暗保理的开展。

(四)国际保理与国内保理

按照基础交易的性质和债权人、债务人所在地,保理可分为国际保理和国内保理。债权人和债务人均在境内的,称为国内保理;债权人和债务人中至少有一方在境外的,称为国际保理。国际保理涉及准据法的选择,但如果当事人选择中国法作为准据法,国际保理与国内保理依据的相关实体法应无区别。

(五)普通保理与反向保理

反向保理是指保理人与规模较大、资信较好的买方达成协议,对其供应链上游的供应商提供保理业务。反向保理是一种保理营销策略,在大幅度降低保理人风险的同时,有效缓解了中小企业的融资困难,提高了中小企业的市场开拓能力。具体操作中,保理人首先与资信较好的买方协商,确定由保理人为向买方供货的中小企业提供保理融资,然后保理人与供货的中小企业,或者与供货的中小企业和买方共同签订保理合同。供货的中小企业履行基础交易合同中的供货义务后,向保理人提供买方承兑的票据,保理人立即提供融资,并提供应收账款管理、账款催收等综合性金融服务。票据到期时,买方直接向保理商支付款项。可见,反向保理仅仅在交易流程上具有特色,但在实体法上与通常的保理并无特殊之处。

(六)融资保理与非融资保理

按照保理人所提供服务的内容不同,保理可分为融资保理和非融资保理。融资保理,是指保理人提供应收账款融资的保理业务。基于保理商融资款的支付期限,融资保理又可分为到期保理和预付保理。非融资保理,是指保理人不向债权人提供应收账款融资,仅提供应收账款管理或者催收、付款担保等服务。

第二节 保理合同的效力

一、保理人的义务

1.提供资金融通和保理服务的义务

提供资金融通和保理服务是保理人的主要义务。作为一种贸易融资结算方式的保理,是在不断扬弃传统贸易结算方式和商业代理模式的过程中发展产生的综合金融服务。因此,提供资金融通和保理服务是保理人的主要义务。保理人应当按照保理合同的约定,向应收账款的债权人提供资金融通、资信评估、应收账款账户管理、信用风险担保、账款催收等服务。保理人提供的保理服务可以是其中一项,也可以是多项。所谓资金融通,是指保理人应债权人的申请,在债权人将应收账款转让给保理人后,为债权人提供的资金的融资行为,包括贷款和应收账款转让预付款。应收账款账户管理,是指保理人根据债权人的要求,定期或不定期提供应收账款回收情况、逾期情况、对账情况的统计报表,协助债权人进行应收账款管理。应收账款催收,是指保理人采取上门、函件、电话或者法律手段对债务人的账款进行催收。信用风险担保,是指保理人为债务人核定信用额度,并在额度范围内对债权人的应收账款提供付款担保。其他的保理服务还包括资信调查与评估、信用风险控制等其他金融服务。

2.适当通知债务人的义务

应收账款债权转让中,通知债务人是非常重要的法律行为。应收账款转让未通知债务人的,对债务人并不发生法律效力,即便是应收账款转让依法进行了登记。如果债务人收到应收账款转让的通知,则债务人不再向债权人负有清偿义务,转让向保理人负有清偿义务。在保理实务中,通常由保理人向债务人发出应收账款转让的通知,对此《民法典》第764条予以确认:"保理人向应收账款债务人发出应收账款转让通知的,应当表明保理人身份并附有必要凭证。"表明保理人身份,可以使债务人明确债务清偿对象。附有必要的凭证,可以使债务人有充分、确凿的证据相信应收账款转让的事实,避免非债清偿引发纠纷。

二、债权人的义务

1. 转让应收账款债权的义务

债权人将应收账款债权转让给保理人,是债权人在保理合同中的核心义务。应收账款债权是基于债权人和债务人之间的基础交易合同产生的以金钱给付为内容的债权,必须是真实的应收账款,不得虚构应收账款。尽管虚构应收账款不会影响对非明知保理人的效力,但应收账款瑕疵担保仍是债权人的主要义务。如果应收账款不真实,保理人可以要求债权人承担包括解除合同在内的违约责任,也可以按照保理合同的特别规定,要求债务人履行清偿义务。

2. 不减损应收账款价值或使应收账款落空的义务

在保理合同中,债权人负有不减损应收账款价值的义务。若债权人违反该项义务,保理人除可依据合同请求债权人承担违约责任外,还可以依据《民法典》第765条主张该减损行为对其不发生法律效力,即债务人应当按照变更或终止之前的债权状况履行清偿义务。《民法典》第765条规定:"应收账款债务人接到应收账款转让通知后,应收账款债权人与债务人无正当理由协商变更或者终止基础交易合同,对保理人产生不利影响的,对保理人不发生效力。"适用本条规定除须依保理合同为前提条件外,还需具备以下四个要件:第一,须基于债权人和债务人双方法律行为的变更或终止基础交易合同,如基于债务人依据法律规定或者合同约定单方法律行为(如法定解除权等),不应适用本条规定;第二,须对保理人产生不利影响,如未产生不利影响,则保理人不得随意否定其效力;第三,须发生在债务人接收到债权转让通知后,如在债务人收到债权转让通知前,债权转让尚未发生法律效力,债权人与债务人的协商变更终止的行为,即使导致保理人的利益受损,该行为对保理人同样有效;第四,须有正当理由,如债权人与债务人协商变更或终止的行为,经保理人同意,或者基础合同已有约定,或者依据诚信原则的其他原因等,则允许债权人与债务人协商变更或者终止基础交易合同。当然,如果债权人与债务人恶意串通,损害保理人利益的,保理人可以依据共同侵权的规定,请求承担共同侵权的连带责任。

3. 附随义务

保理人基于保理合同向基础交易合同的债务人请求清偿应收账款义务,需要债权人协助的,如提供债务的有关信息、确认应收账款已经转移等,债权人应当予以协助。在有追索权的保理中,计算应收账款债权在扣除融资款本息和相关费用后有无剩余时,需要债权人协助的,债权人也应当予以协助。

三、保理合同的其他法律规则

(一)虚构应收账款问题

在保理实践中,保理人开展业务通常需要尽职调查,债务人需要向保理人确认应收账款的真实性。如果债务人在确认应收账款真实后,又以基础交易合同不存在或者应收账款虚假为由进行抗辩,则该抗辩不得对抗对虚构事实不明知的善意保理人。为此,《民法典》第763条规定:"应收账款债权人与债务人虚构应收账款作为转让标的,与保理人订立保理合同的,应收账款债务人不得以应收账款不存在为由对抗保理人,但是保理人明知虚构的除外。"基于对保理人信赖利益的保护,通谋虚伪的意思表示不得对抗善意保理人。通谋虚伪所为意思表示,在通谋当事人之间绝对不发生法律效力。对于第三人而言,是否发生法律效力,取决于第三人是否善意。在保理合同中,保理人是否善意,视保理人是否明知应收账款为虚构而定。如果保理人明知虚构,则债务人无须向保理人承担清偿责任;如果保理人对虚构的应收账款并不明知,则在虚构或者确认债权的范围内向保理人承担清偿责任。

(二)应收账款重复转让问题

应收账款债权人就同一应收账款订立多个保理合同,致使多个保理人主张权利的,《民法典》第768条规定:"已经登记的先于未登记的取得应收账款;均已经登记的,按照登记时间的先后顺序取得应收账款;均未登记的,由最先到达应收账款债务人的转让通知中载明的保理人取得应收账款;既未登记也未通知的,按照保理融资款或者服务报酬的比例取得应收账款。"在同一应收账款上存在多个保理合同的,对保理人利益保护的优先顺位规则如下:首先采取登记优先的原则。办理债权转让登记的保理人优先于未办理债权转让登记的保理人,办理债权转让登记时间在先的保理人优先于办理债权转让登记时间在后的保理人。债权转让登记是一种便捷、安全、高效、可靠的公示方法,采取登记优先原则,有利于降低保理人的调查成本、风险防范成本以及实现债权成本,有利于提高社会整体效率。其次采取通知优先原则。在保理人均未办理债权转让登记的情形下,优先保障债权转让通知最先到达债务人的保理人的利益。对于债务人而言,债权转让的通知是债权转让行为生效的核心要件。对通知在先的保理人优先清偿,较之依合同成立先后确立清偿的优先顺位,更有利于法律体系的统一。再次,在债权转让既没有登记也没有通知的情形下,采取按比例清偿原则。保理融资款或者服务报酬按照比例清偿原则与《民法典》第414条对担保债权按照比例清偿原则完全一致,但同时区分了保理融资款和服务报酬。

上述清偿的优先顺位确立了多重保理的基本规则,但实践中的做法更为复杂。如甲保理人就债权转让事项进行登记但未通知债务人,乙保理人就债权转让事项通知了债务人但未登记。假设债务人依通知生效原则,向乙保理人进行了清偿,则债务人、甲保理人、乙保理人之间的利益关系如何处理?此时可依据相关法理解决:债权转让自通知债务人后生效,故债务人向发出通知的乙保理人清偿,以免除再次清偿的责任。但根据应收账款重复转让保理人的优先顺位之规定,乙保理人的利益应当劣后于登记的甲保理人,故乙保理人取得利益应当向甲保理人返还。另外,就同一应收账款,债权人进行了保理融资,又进行了不以融资为目的的转让,同时进行应收账款的质押融资等多重处分的,发生的利益冲突如何处理?如果就同一应收账款出现冻结或强制执行,又如何处理?需要根据法律规则、原则以及法理等进行解释适用。

【疑难问题论争12】

应收账款债权人就同一应收账款订立多个保理合同,多个保理人主张权利时的优先顺位规则是什么?

根据《民法典》第786条的规定,应以登记为最优,以通知为次优的标准,若都未登记或未通知的债权受让人之间处于平等地位,应当按比例受偿,即"债权分割规则"。从体系位置看,该条位于保理合同一章,而非合同编通则中,将有可能会导致我国债权转让对外效力的"双轨制",即保理中债权转让对外效力采登记或通知的对抗要件主义以及债权分割规则,而一般债权转让采取合同成立主义。

登记具有绝对优先效力,它会促使债权转让的受让人尽快完成登记、避免交易风险,尽管我国学说对于对抗要件不明时的债权分割规则争议较多,但其正当的价值基础即债权平等原则不容忽视。在债务给付可分的情况下,多数债权受让人之间形成按份债权关系;在债务给付不可分的情况下,多数债权受让人之间形成债权准共有,对外成立债权连带关系①。

思考题

1. 保理合同的概念?其特征有哪些?
2. 保理合同的类型有哪些?

---

① 朱晓喆,冯洁语:《保理合同中应收账款多重转让的优先顺序——以〈民法典〉第768条为中心》,载《法学评论》,2022年第1期,第172-182页。

3.保理人、债务人的义务有哪些?

4.保理合同竞存时的受偿顺序是怎样的?

【案例分析】

A 公司与 C 公司是买卖合同关系,双方于 2020 年 2 月 2 日签订《煤炭买卖合同》,由 A 公司向 C 公司提供 5.5 万吨的煤炭,C 公司按照 490 万元/吨的价格支付货款。随后,A 公司将其对 C 公司的应收账款转让给 B 银行,双方于 2020 年 4 月 2 日签订《国内保理业务合同》,内容如下:

(1)A 公司向 B 银行转让对 C 公司的债权,并提供其与 C 公司于 2020 年 2 月 2 日订立的煤炭买卖合同,合同内容为由 A 公司向 C 公司提供 5.5 万吨的煤炭,C 公司按照 490 万元/吨的价格支付货款。

(2)本合同项下的保理业务类型属于有追索权的明保理。A 公司将其对 C 公司的应收账款转让给 B 银行,规定如发生合同约定的特定情形,B 银行向 A 公司转回已经受让的应收账款。

经查明:B 银行已尽到注意义务,在签订案涉《国内保理业务合同》前审核了 A 公司提交的《煤炭买卖合同》,派员至 C 公司并送达《应收账款转让通知书》。

债权到期后,B 银行向 C 公司主张权利,C 公司以 B 银行提供的基础债权不真实为由拒绝履行债务,随后 B 银行通过另案诉讼向 A 公司主张权利,法院支持 B 银行且判决已生效。[①]

1.C 公司所称的基础债权瑕疵能否对抗 B 银行?

2.B 银行通过另案诉讼的方式向 A 公司主张权利的情况下,能否要求 C 公司继续清偿债务?

---

① 王利明、杨立新、王轶、程啸著:《民法学》(第六版),北京:法律出版社 2020 年版,第 814 页。

第十九章 承揽合同

【本章概要】通过本章的学习,了解承揽合同的概念、特征、种类等相关知识,掌握合同的两方主体定作人以及承揽人的主要权利和义务,熟悉承揽合同的效力和违约责任。

【本章难点】承揽人的留置权和拒绝交付权;定作人的任意解除权。

【引　题】甲委托乙加工200件衣服,合同订立后,乙购买了所有的原材料并且已经加工了10件,此时甲要解除合同且通知了乙。此时,甲应当承担怎样的赔偿责任?

第一节 承揽合同概述

一、承揽合同的概念和特征

按照《民法典》第770条的规定,承揽合同是承揽人按照定作人的要求完成工作、交付工作成果,定作人支付报酬的合同。完成并交付工作成果的人是承揽人,接受工作成果并支付报酬的人称为定作人。由此可见,承揽合同的法律特征表现如下:

(1)承揽合同在性质上属于结果之债。承揽合同是以完成一定工作为目的的合同,而不能仅仅提供劳务,必须将其劳务最终形成一定的工作成果并交付给定作人才能视为义务的履行。

(2)承揽合同具有一定的人身属性、强调履行的协作性。承揽合同的完成必须按照定作人的要求,而完成的质量则依赖于承揽人的技术、经验、技能等各个方面的水平,而且承揽人不能将其承揽的主要工作交由其他人完成,由此可见,承揽合同具有一定的人身属性,其有效履行需要定作人和承揽人双方的积极配合协作。

(3)承揽合同的双方是相互独立的责任主体,这一点区别于委托合同和雇佣合同。

(4)承揽合同是双务、有偿、诺成性合同。承揽合同不以交付标的物为合同成立、生效的必要,因此属于双务、有偿、诺成性的合同。

二、承揽合同的主要内容

《民法典》第771条规定:"承揽合同的内容一般包括承揽的标的、数量、质量、报酬,承揽方式,材料的提供,履行期限,验收标准和方法等条款。"其中承揽方式、材料的提供,验收标准和方法等条款属于承揽合同的特有条款。

承揽的方式是指应该由承揽人独立完成还是允许转承揽。一般情况下,如果双方当事人没有明确约定的,都应当由承揽人亲自并独立完成,即未经定作人允许不得转承揽。

承揽合同中材料的提供一般在合同中约定,合同中没有明确约定或者约定不明确的,依照交易习惯应当由定作人提供。

材料以及工作成果的验收标准及方法应当在合同中明确约定,而且双方当事人均应当及时验收以避免不必要的纠纷,没有约定的应当按照交易习惯或者同类产品或服务的通常标准来确定。

三、承揽合同的种类

承揽涉及生活、生产的各个方面,承揽合同的种类繁多。按照《民法典》第770条第2款的规定,常见的承揽合同有加工合同、定作合同、修理合同、复制合同、测试合同、检验合同等。

(1)加工合同。加工合同是指由定作人提供原材料,由承揽人将原料加工成为成品,定作人接受成品并给付报酬的合同。

(2)定作合同。定作合同是指由承揽人自备原材料,应定作方的特殊要求制作成品,定作人接受工作成果并支付报酬的合同。定作合同与加工合同的最大区别是原材料的提供者不同。

(3)修理合同。修理合同是指承揽人为定作人修理功能不良或被损坏的物品,使其恢复原状或价值,定作人支付报酬的合同。

(4)复制合同。复制合同是指承揽人根据定作人提供的样品,制作与样品相同的成品,定作人接受成品并支付报酬的合同。

(5)测试合同。测试合同是指承揽人依定作人的要求,为定作人指定的项目或工程进行测试,取得测验、实验指标等结果,并将测试结果交付给定作人,定作人接受其成果并支付报酬的合同。

(6)检验合同。检验合同是指承揽人按照定作人的要求,对定作人提供的检验品进行检测、化验、分析等工作,并对检验品的品质、成分、结构、性能等方面作出报告或结论,定作人接受报告或结论并支付报酬的合同。

第二节　承揽合同的法律效力

承揽合同的效力是指承揽合同对当事人所产生的法律约束力,承揽合同的效力集中体现在承揽合同当事人的权利和义务上。

一、对承揽人的效力

1.亲自完成主要工作的义务

承揽人的主要合同义务是按照合同的约定,以自己的技术、设备完成所承揽的工作。即使承揽人将辅助工作交由第三人完成,也应当就该第三人完成的工作成果向定作人负责。《民法典》第772条第1款规定:"承揽人应当以自己的设备、技术和劳力,完成主要工作,但当事人另有约定的除外。"承揽人将其承揽的主要工作交由第三人完成的,应当就该第三人完成的工作成果向定作人负责;未经定作人同意的,定作人也可以解除合同。这里的主要工作,是指对工作成果的质量起决定性作用的部分,如果其质量在承揽工作中不起决定性作用,工作成果属于一般人均可完成的工作,主要工作即指数量上的大部分。

2.依约提供材料或接受定作人提供材料并及时通知的义务

承揽合同中,依当事人双方的约定,可以由定作人提供材料,也可以由承揽人自己准备材料。承揽人提供材料的,应当按照约定选用材料,并接受定作人检验。定作人提供材料的承揽合同称为加工合同,承揽人在定作人交付材料后,要及时对材料进行验收,若发现定作人提供的材料不符合约定,应及时通知定作人更换或补齐或者采取其他补救措施,否则造成合同履行迟延的,承揽人要承担责任。除此之外,《民法典》第776条还规定,承揽人发现定作人提供的图纸或者技术要求不合理的,应当及时通知定作人。因定作人怠于答复等原因造成承揽人损失的,应当赔偿损失。

3. 妥善保管的义务

《民法典》第784条规定,承揽人对定作人提供的材料,负有妥善保管及合理使用的义务,且承揽人不得擅自更换定作人提供的材料,不得更换不需要修理的零部件。

4. 接受定作人的检验、监督的义务

《民法典》第779条规定,承揽人在工作期间,应当接受定作人必要的监督检验,以保证承揽人完成的工作符合定作人的要求。当然,定作人不得因监督检验妨碍承揽人的正常工作。

5. 交付工作成果的义务并承担瑕疵担保责任

《民法典》第780条规定,承揽人不仅应按照合同约定完成工作,还要将完成的工作成果交付给定作人,并提交必要的技术资料和有关质量证明。经定作人验收合格,才算完成合同的主要义务。如果承揽人交付的工作成果不符合质量要求的,定作人可以合理选择请求承揽人承担修理、重作、减少报酬、赔偿损失等违约责任。

6. 承揽人的保密义务

承揽人对定作人要求的保密工作,应负保密义务,不得擅自留存工作成果复制品或资料。否则,定作人有权要求销毁或赔偿损失。《民法典》第785条规定:"承揽人应当按照定作人的要求保守秘密,未经定作人许可,不得留存复制品或者技术资料。"

7. 共同承揽人的连带责任

《民法典》第786条规定,两人以上的承揽人共同对定作人完成一项工作时,在承揽合同没有相反约定的情况下,共同承揽人对其给定作人造成的损失负连带赔偿责任,当事人另有约定的除外。

二、对定作人的效力

1. 定作人按照约定提供原材料、零配件、图纸、技术资料的义务

原材料、零配件、图纸、技术资料是保证承揽工作进行所必需的工作资料,如果合同约定由定作人提供的,定作人应及时按合同约定的时间、地点、数量、

质量提供。没有提供的,承揽人有权解除合同,并有权要求赔偿损失。

2.定作人的协助义务

合同的顺利履行往往是当事人双方互相协助的结果,依照诚实信用原则,当事人双方应互相协助对方顺利完成任务、履行合同义务。《民法典》第778条规定,定作人不履行协助义务致使承揽工作不能完成的,承揽人可以催告定作人在合理期限内履行义务,并可以顺延履行期限;定作人逾期不履行的,承揽人可以解除合同。定作人中途变更承揽工作的要求,造成承揽人损失的,应当赔偿损失。

3.定作人受领工作成果的义务

定作人在受领工作成果的同时,有义务对工作成果进行验收。但是验收本身不能作为承揽人免除承担责任的理由。承揽人交付的工作成果不符合质量要求的,定作人可以合理选择请求承揽人承担修理、重作、减少报酬、赔偿损失等违约责任。

4.定作人向承揽人支付报酬的义务

定作人应当按照约定的期限支付报酬。对支付报酬的期限没有约定或者约定不明确的,依照《民法典》第510条的规定仍不能确定的,定作人应当在承揽人交付工作成果时支付;工作成果部分交付的,定作人应当支付相应的报酬。定作人未向承揽人支付报酬或者材料费等价款的,承揽人对完成的工作成果享有留置权,但当事人另有约定的除外。

【疑难问题论争13】

《民法典》第780条强调,承揽人交付工作成果时,定作人应当验收该工作成果。验收之内涵,是否应等同于《民法典》第608条收取之内涵?

两者的内涵并不完全相同。验收是承揽合同法的中心概念。验收最重要的内容在于定作人对工作的认可,而不在于实体上的收取。正是在此基础上,承揽合同法区别于买卖法,后者以有体物的所有权变动为核心内容,整个给付交换发生在出卖人交付标的物于买受人并使其取得该物的所有权,买受人应同时支付约定的价金给出卖人。而对于承揽,仅在定作人认可工作成果时,才发生承揽人的报酬请求权。由于承揽人的给付效果取决于验收,而验收及其法律效果的发生原则上都依赖于定作人的行为,因此可以说,验收是一件服务于定作人利益的工具。[①]

---

① 黄喆:《民法典背景下承揽合同验收制度的教义学展开》,载《苏州大学学报》(哲学社会科学版)2020年第4期,第54页。

思考题

1. 承揽合同有哪些特征?
2. 承揽合同的效力有哪些?

第二十章 建设工程合同

【本章概要】 通过本章的学习,了解建设工程合同的概念、特征以及合同的类型,掌握建设工程合同订立的一般程序和主要内容,熟悉建设工程合同中承包人与发包人的义务和责任。

【本章难点】 发包、转包、分包;建设工程优先权。

【引　题】 甲大学与乙公司签订建设工程施工合同,由乙为甲承建新教学楼。经甲同意,乙将主体结构的施工分包给丙公司。后整个教学楼工程验收合格,甲向乙支付了部分工程款,乙未向丙支付工程款。请问:乙、丙之间分包合同是否有效?

第一节　建设工程合同概述

一、建设工程合同的概念和特征

建设工程合同是发包人与承包人签订的,承包人进行工程建设,发包人支付价款的合同。建设工程合同包括工程勘察、设计、施工合同。建设工程合同实际上是一种特殊的承揽合同,建设工程合同具备完成工作合同的一般特征,它的标的是完成工作成果,并具有诺成、双务、有偿、要式的特征,因而传统民法将它作为加工承揽合同中的一类。《民法典》第808条规定:"本章没有规定的,适用承揽合同的有关规定。"但建设工程合同又不同于加工承揽合同,具有以下特征:

(1)建设工程合同是一种特殊承揽合同。建设工程合同的标的并非一般的加工定作物,而是建设工程项目,建设工程是指通过实施一定的建设活动而建造的土木工程、建筑工程、线路管道以及设备安装工程、装修工程等。

(2)建设工程合同的要式性。建设工程合同一般具有合同标的额大,合同内容复杂、履行期较长等特点,因此,法律明确规定建设工程合同应当采用书面形式。

(3)建设工程承包合同的主体资格要求特别严格。由于每个工程项目的质量与经济效益对国家或某个局部地区和部门的经济与社会发展有着长期的、重要的影响,因此,国家法律规定建设工程承包合同的主体只能是具有法人资格的社会组织,且应当具备特定的资质。《建设工程施工合同司法解释》第1条明确规定,承包人要取得建筑施工企业资质,不得超越资质等级订立施工合同,否则将导致施工合同无效。

(4)合同管理的特殊性。建设工程具有投资大、周期长、质量要求高等特点,从整体上看,建设工程还会影响国计民生。因此,建设工程合同的订立和履行,会受到国家的严格管理和调控。《民法典》第789条至第792条对建设工程合同的特殊管理主要体现为对主体资质的要求、对招投标程序的要求、对建设计划的严格审批以及主要特殊条款的强制性要求。除此之外,对于特定领域的建设工程还存在特别法律法规的特别要求。

建设工程合同的订立,可以采取一般协商方式,也可采用招标投标方式。法律提倡该类合同的签订采用招标投标形式进行。我国《招标投标法》第3条规定:"中华人民共和国境内进行下列工程建设项目包括项目的勘察、设计、施工、监理以及与工程建设有关的重要设备、材料等的采购,必须进行招标。(一)大型基础设施、公用事业等关系社会公共利益、公众安全的项目;(二)全部或者部分使用国有资金投资或者国家融资的项目;(三)使用国际组织或者外国政府贷款、援助资金的项目。前款所列项目的具体范围和规模标准,由国务院发展计划部门会同国务院有关部门制订,报国务院批准。法律或者对必须进行招标的其他项目的范围有规定的,依照其规定。"

《民法典》还规定,建设工程的招标投标活动,应当依照有关法律的规定公开、公平、公正进行。国家重大建设工程合同,应当按照国家规定的程序和国家批准的投资计划、可行性研究报告等文件订立。

为了确保工程质量,有些建设工程合同还应当实行监理制度。法律规定,建设工程实行监理的,发包人应当与监理人采用书面形式订立委托监理合同。发包人与监理人的权利和义务以及法律责任,应当依照《民法典》委托合同以及其他有关法律、行政法规的规定。

二、建设工程合同的类型及合同的主要内容

根据《民法典》第788条第2款的规定,建设工程合同由建设勘察合同、建设设计合同和建设施工合同构成。《民法典》第791条第1款规定,发包人可以与总承包人订立建设工程合同,也可以分别与勘察人、设计人、施工人订立勘察、设计、施工承包合同。其中总承包合同是指发包人与总承包人就建设工程的勘察、设计、施工等各个方面的内容订立一个总合同,又称为"交钥匙承包"。而发包人与勘察人、设计人、施工人分别订立勘察、设计、施工承包合同的称为单项工程承包合同。《民法典》第791条第1款还规定,发包人不得将应当由一个承包人完成的建设工程支解成若干部分发包给数个承包人,这实际上是对发包人分包的法定限制,以保障工程建设中的统筹协调和工程质量。

(1)勘察合同是指发包人与勘察人就完成建设工程地理、地质状况的调查研究工作而达成的协议。建设工程的勘察,通常需要根据建设工程的要求进行查明、分析、评价建设场地及环境的地质地理特征以及岩土的工程条件并在此基础上编制建设工程勘察的相关文件。

(2)设计合同是指发包人与设计人就完成建设工程设计工作而达成的协议。建设工程设计通常需要根据工程要求对建设工程所需要的技术、经济、资源环境等条件进行综合分析论证,并在此基础上编制建设工程设计文件。建设工程设计一般涉及方案设计、初步设计以及施工图的设计,而且这些设计之间具有一定的关联性。

按照国务院《建设工程勘察设计管理条例》第26条的规定,编制的方案设计文件,应当满足编制初步设计文件和控制概算的需要;编制的初步设计文件,应当满足编制施工招标文件、主要设备材料订货和编制施工图设计文件的需要;编制的施工图设计文件应当满足设备材料采购、非标准设备制作和施工的需要,并注明建设工程合理使用年限。

实践中,工程的勘查和设计往往存在紧密联系,设计往往以勘察为前提和依据,因此勘察和设计通常作为一种合同类型对待。根据《民法典》第794条的规定,勘察、设计合同的内容一般包括提交有关基础资料和概预算等文件的期限、质量要求、费用以及其他协作条件等条款。

(3)施工合同是指发包人与施工单位就完成建设工程的一项施工活动而达成的协议。施工合同主要包括建筑和安装两方面内容,其中建筑是指对工程进行营造的行为,安装主要是指与工程有关的线路、管道、设备等设施的装配。

根据《民法典》第795条的规定,施工合同的内容一般包括工程范围、建设工期、中间交工工程的开工和竣工时间、工程质量、工程造价、技术资料交付时间、材料和设备供应责任、拨款和结算、竣工验收、质量保修范围和质量保证期、相互协作等条款。其中竣工验收的时间是指实际完工的时间,对于确定双方的权利义务,特别是工程款的支付具有直接的决定作用。依据《建设工程施工合同司法解释》第9条的规定,当事人对建设工程实际竣工日期有争议的,人民法院应当分别按照以下情形予以认定,首先是建设工程经竣工验收合格的,以竣工验收合格之日为竣工日期;其次是承包人已经提交竣工验收报告,发包人拖延验收的,以承包人提交验收报告之日为竣工日期;再次是建设工程未经竣工验收,发包人擅自使用的,以转移占有建设工程之日为竣工日期。

三、建设工程承包合同的发包、承包和分包

(一)发包与承包

建设工程的发包和承包,是从不同主体的视角对同一民事行为的描述。建设工程承包合同即指建设工程的发包方与承包方之间,或者发包人与勘察人、设计人、施工人之间,为建设某一工程项目而签订的规定双方权利、义务的协议。根据《民法典》第791条第1款的规定,建设工程承包合同主要采取两种形式:其一,发包方与承包方就整个建设工程从勘察、设计到施工签订总承包协议,由承包方对整个建设工程负责。这里的承包方可以是一家单位,对于大型工程或结构复杂的工程,也可由两个以上的承包单位共同与发包方签订总承包合同;其二,由发包方分别与勘察人、设计人、施工人签订勘察、设计、施工合同、实行平行发包。各承包方分别对建设工程的勘察、设计、建筑、安装阶段的质量、工期、工程造价等与发包方产生债权、债务关系。

(二)分包与转包

建设工程分包,是指工程的承包方(含勘察人、设计人、施工人)经发包人同意后,依法将其承包的部分工程交给第三人完成的行为。转包是指施工单位以营利为目的,将承包的工程转包给其他的施工单位,不对工程承担任何技术、质量、经济法律责任的行为。《民法典》禁止转包和非法分包,《建设工程施工合同司法解释》第4条也确认承包人非法转包建设工程的行为无效。该司法解释第8条同时确认,承包人将承包的建设工程非法转包,发包人请求解除建设

工程施工合同的应予支持。①

《民法典》第791条规定,发包人不得将应当由一个承包人完成的建设工程支解成若干部分发包给几个承包人。总承包人或者勘察、设计、施工承包人经发包人同意,可以将自己承包的部分工作交由第三人完成。第三人就其完成的工作成果与总承包人或者勘察、设计、施工承包人向发包人承担连带责任。承包人不得将其承包的全部建设工程转包给第三人或者将其承包的全部建设工程支解以后以分包的名义分别转包给第三人。禁止承包人将工程分包给不具备相应资质条件的单位。禁止分包单位将其承包的工程再分包。建设工程主体结构的施工必须由承包人自行完成。

第二节 建设工程合同的法律效力

建设工程合同属承揽合同的特殊存在形式,应适用承揽合同的一般规定。此处仅介绍建设工程合同在效力上不同于承揽合同效力的一些相关内容。

一、建设工程合同对发包人的效力

(1)协助的义务。首先,发包人应当按照合同的约定提供相关材料、设备、场地、资金、资料等。法律规定发包人未按照约定的时间和要求提供原材料、设备、场地、资金、技术资料的,承包人可以顺延工程日期,并有权要求赔偿停工损失。其次,因发包人的原因致使工程中途停建、缓建的,发包人应当采取措施弥补或者减少损失,赔偿承包人因此造成的停工、窝工、倒运、机械设备调迁、材料和构件积压等损失和实际费用。再次,因发包人变更计划,提供的资料不准确,或者未按照期限提供必需的勘察、设计工作条件而造成勘察、设计的返工、停工或者修改设计,发包人应当按照勘察人、设计人实际消耗的工作量增付费用。第四,发包人提供的主要建筑材料、建筑配件和设备不符合强制性标准或者不履行协助义务,致使承包人无法施工,经催告后在合理期限内仍未履行相应义务的,承包人可以解除合同。合同解除后,已经完成的建设工程质量合格的,发包人应当按照约定支付相应的工程价款;已经完成的建设工程质量不合格的,

---

① 王利明,杨立新,王轶,程啸著:《民法学》(第六版),北京:法律出版社2020年版,第823页。

参照《民法典》第 793 条的规定处理。

（2）检查的权利和义务。发包人在不妨碍承包人正常作业的情况下，可以随时对作业进度、质量进行检查。对于隐蔽工程在隐蔽以前，承包人通知发包人检查的，发包人没有及时检查的，承包人可以顺延工程日期，并有权请求赔偿停工、误工等损失。

（3）验收的义务。建设工程完工后，发包人应及时进行验收，验收所应遵循的依据包括：第一，施工图纸及说明书。第二，国家颁发的施工验收规范。第三，国家颁发的建设工程质量检验标准。[①]《民法典》第 799 条规定："建设工程竣工后，发包人应当根据施工图纸及说明书，国家颁发的施工验收规范和质量检验标准及时进行验收。验收合格的，发包人应当按照约定支付价款，并接收该建设工程。建设工程竣工经验收合格后，方可交付使用；未经验收或者验收不合格的，不得交付使用。"

（4）支付价款的义务。逾期不支付的，承包人有不动产留置权，留置权优先于抵押权。《民法典》第 807 条还规定了建设工程的优先权，发包人未按照约定支付价款的，承包人可以催告发包人在合理期限内支付价款。发包人逾期不支付的，除根据建设工程的性质不宜折价、拍卖外，承包人可以与发包人协议将该工程折价，也可以请求人民法院将该工程依法拍卖。建设工程的价款就该工程折价或者拍卖的价款优先受偿。

《民法典》第 793 条规定："建设工程施工合同无效，但是建设工程经验收合格的，可以参照合同关于工程价款的约定折价补偿承包人。建设工程施工合同无效，且建设工程经验收不合格的，按照以下情形处理：（一）修复后的建设工程经验收合格的，发包人可以请求承包人承担修复费用；（二）修复后的建设工程经验收不合格的，承包人无权请求参照合同关于工程价款的约定折价补偿。发包人对因建设工程不合格造成的损失有过错的，应当承担相应的责任。"在发包人不向承包人支付价款的情形下，《民法典》赋予了承包人法定优先权。根据《民法典》及其司法解释[②]的规定，第一，法定优先权担保的建设工程价款，包括承包人为建设工程应当支付的工作人员报酬、材料款等实际支出的费用，不包括承包人因发包人违约所造成的损失。[③] 第二，法定优先权担保

---

① 王利明，杨立新，王轶，程啸著：《民法学》（第六版），北京：法律出版社 2020 年版，第 824 页。
② 该司法解释是指最高人民法院于 2002 年 6 月 20 日颁布的《关于建设工程价款优先受偿权问题的批复》。
③ 根据《建设工程施工合同司法解释》第 6 条第 2 款的规定，承包人的垫资在当事人未作其他约定时，按工程欠款处理。

的债权优先于其他民事主体的债权得到实现,也优先于其他民事主体在建设工程上设定的抵押权所担保的债权得到实现。第三,消费者交付购买商品房的全部或者大部分款项后,承包人的法定优先权不得对抗买受人。第四,法定优先权实现的时间。建设工程竣工交付验收后或建设工程在建期间,发包人虽未按约支付价款,承包人并不能立即实现优先权。在发包人尚未支付价款时,承包人还需对发包人进行催告,给发包人规定支付价款的合理期限,在期限届满后仍不支付的,承包人方可行使优先权。承包人行使法定优先权的期限为6个月,自建设工程竣工之日或者建设工程合同约定的竣工之日起计算。第五,法定优先权的实现方式。法律对建设工程合同中承包人优先权的实现规定了两种方式:一是通过发包人与承包人之间的协议,对建设工程进行折价,承包人在支付折价款与工程价款的差额后,取得该项建设工程的所有权,使其工程价款债权得以实现;二是对建设工程进行拍卖,拍卖需在人民法院的主持下进行,承包人在拍卖所得价款中优先受偿。第六,法定优先权不是基于法律行为取得的,而是基于法定条件的满足直接取得。因此,法定优先权人就该项权利的取得不需要办理相应的登记手续。[①]

(5)接受工程的义务和权利。接受工程是权利,按期接受工程是义务。发包人应与承包人办理移交手续,正式接收该项建设工程,发包人可按自己的意图使用此建筑物,承包合同的主要条款即告履行完毕,该工程的诸多风险,自接收之日起,即由承包人移转到发包人。

二、建设工程合同对承包人的效力

(1)容忍义务。承包人的容忍义务,是指承包人接受发包人检查监督的义务。承包方有义务接受发包人对工程进度和工程质量的必要的监督,对发包人的检查,承包人应予以支持和协助。

(2)承包人在工程隐蔽前的通知义务。对于铺设的自来水、煤气等隐蔽工程的检查验收一般要先于主体工程,如果在覆盖隐蔽后再与主体工程一道检查验收,则需要重新开挖,增加不必要的费用,因此法律规定了此类工程在隐蔽以前,承包人应当及时通知发包人检查。

(3)依法、按约施工及交付工作成果的义务。承包人应当依法施工,应当严格按照操作规程施工,按时、按质交付工作成果。《民法典》第800条规定:

[①] 王利明,杨立新,王轶,程啸著:《民法学》(第六版),北京:法律出版社2020年版,第825-826页。

"勘察、设计的质量不符合要求或者未按照期限提交勘察、设计文件拖延工期,造成发包人损失的,应当继续完善勘察、设计,减收或者免收勘察、设计费并赔偿损失。"第801条规定:"因施工人的原因致使建设工程质量不符合约定的,发包人有权请求施工人在合理期限内无偿修理或者返工、改建。经过修理或者返工、改建后,造成逾期交付的,施工人应当承担违约责任。"第803条规定,承包人将建设工程转包、违法分包的,发包人可以解除合同。

(4)质量保证责任。因承包人的原因致使建设工程在合理使用期限内造成人身损害和财产损失的,承包人应当承担赔偿责任。

【疑难问题论争14】

关于《民法典》合同编第807条中工程款优先受偿权性质的认定。

关于工程款优先权的性质,学界历来存在不同观点,有留置权说、优先权说、抵押权说等。鉴于我国的留置权只适用于动产,不少学者主张其为法定抵押权。将工程款优先受偿权的属性界定为优先权抑或是法定抵押权,二者在实质上其实差别不大。就我国而言,《民法典》的相关规定,在抵押部分仅承认了约定抵押权,并未另设法定抵押权。我国《海商法》《破产法》等特别法则规定了一些法定优先权类型,优先权在我国法律中是明确存在的。根据物权法定原则,将工程款优先权归入法定优先权的范畴。①

思考题

1. 什么是建设工程合同?其有什么特点?
2. 建设工程合同的效力有哪些?
3. 建设工程的优先权是什么?

---

① 石佳友:"《民法典》建设工程合同修订的争议问题",载《社会科学辑刊》,2020年第6期,第106页。

第二十一章 运输合同

【本章概要】通过本章的学习,了解运输合同的概念、特征、种类,掌握具体的客运合同、货运合同、多式联运合同中当事人的权利义务以及特殊的法律责任。

【本章难点】多式联运合同的效力。

【引　题】贾某将工资装入钱包后,坐公交车去上班,公交车上乘客很少,中间公交车上了一个小偷李某。该小偷划贾某的钱包时被发现。于是二人发生厮打,后李某将贾某打倒在地,并抢走其钱包。请问,贾某能否以公交公司为被告提起诉讼,并要求赔偿损失?

第一节　运输合同概述

一、运输合同的概念和特征

运输合同又称为运送合同,是指承运人将旅客或者货物从起运地点运输到约定地点,旅客、托运人或者收货人支付票款或者运输费用的合同。将旅客或者货物从起运地点运输到约定地点的一方称为承运人,支付票款或者运输费用的一方为旅客、托运人或者收货人。运输合同具有以下主要特征:

(1)主体具有特殊性。运输合同的主体为承运人与托运人,其中承运人都需要取得客运或货运资质,或者取得运输许可。尤其对于铁路、航空等,法律对承运人的资格有着更严格的限制。

(2)客体具有特殊性。运输合同的标的是运送行为,因而,运输合同从广义上来讲是一种提供劳务的合同。

(3)运输合同为双务有偿的合同。承运人承担按照适当的路线、约定期间或者合理期间的安全运输义务;旅客、托运人或者收货人承担支付票款或者运输费用的义务。

(4)运输合同原则上为诺成合同。从《民法典》的规定看,运输合同一般为诺成合同,当事人另有约定或者另有交易习惯的除外。例如,《民法典》第814条规定:"客运合同自承运人旅客交付客票时成立,但当事人另有约定或另有交易习惯的除外。"

(5)运输合同一般为格式合同。运输合同的主要内容一般是由承运人预先制定好的,当事人的基本权利、义务和责任多由专门法规调整,客票、货运单和提单统一印制,运费也统一规定,因而运输合同一般为格式合同。

(6)运输合同的强制缔约性。承运人一般属于公用企业,提供的是一种特殊的甚至垄断性的服务,旅客、托运或者收货人除接受其服务外一般别无选择,因而为保护相对人的利益,我国《民法典》第810条特别规定,从事公共运输的承运人不得拒绝旅客、托运人合理的运输要求。

二、运输合同的分类

运输合同适用范围极广,种类甚多。从不同的角度对运输合同可以作不同的分类。常见的分类标准有以下几种:

(1)以运输工具为标准,可分为铁路运输合同、公路运输合同、航空运输合同、水上运输合同、海上运输合同、管道运输合同等。

(2)以被运输的对象为标准,可分为旅客运输合同和货物运输合同。

(3)以运输方式为标准,可分为单一运输合同和联合运输合同。单一运输是指以一种运输工具进行的运输;联合运输简称为联运,它是指以两种以上的运输工具进行的同一运输活动。联运合同又可分为国内联运合同和国际联运合同。

第二节 客运合同

一、客运合同的概述

客运合同又称为旅客运输合同,是指承运人与旅客签订的由承运人将旅客及其行李运输到目的地而由旅客支付票款的合同。其主要特征有以下几点:

(1)客运合同运送的标的是旅客及其行李。在客运合同中,承运人对旅客负有救助的义务且对其自带的行李同样负有安全运送的义务。当然,《民法典》第817条也规定了自带行李应当符合的条件,即:"旅客随身携带行李应当符合约定的限量和品类要求;超过限量或者违反品类要求携带行李的,应当办理托运手续。"可见对于旅客托运的行李适用货物运输的有关规定。

(2)客运合同是诺成、不要式合同。客运合同一般采用票证形式,票证的表现形式为车票、船票、机票,既为格式合同,又为可以转让的有价证券。《民法典》第814条规定,客运合同自承运人向旅客交付客票时成立,但当事人另有约定或者另有交易习惯的除外。可见,客运合同在双方当事人就合同主要条款达成合意时就成立了,客票仅为合同成立的凭证而不是合同成立的要件。

二、客运合同的效力

(一)客运合同对旅客的效力

(1)持有效客票按照规定乘运的义务。《民法典》第815条规定:"旅客应当按照有效客票记载的时间、班次和座位号乘坐。旅客无票乘坐、超程乘坐、越级乘坐或者持不符合减价条件的优惠客票乘坐的,应当补交票款,承运人可以按照规定加收票款;旅客不支付票款的,承运人可以拒绝运输。"

(2)限期退票或者办理变更手续的义务。法律规定,旅客因自己的原因不能按照客票记载的时间乘坐的,应当在约定的期限内办理退票或者变更手续;逾期办理的,承运人可以不退票款并不再承担运输义务。

(3)限量携带行李的义务。《民法典》第817条规定:"旅客随身携带行李应当符合约定的限量和品类要求;超过限量或者违反品类要求携带行李的应当办理托运手续。"

(4)不得携带或者夹带危险品或者其他违禁品的义务。《民法典》第818条规定:"旅客不得随身携带或者在行李中夹带易燃、易爆、有毒、有腐蚀性、有放射性以及可能危及运输工具上人身和财产安全的危险物品或者违禁物品。旅客违反前款规定的,承运人可以将危险物品或者违禁物品卸下、销毁或者送交有关部门。旅客坚持携带或者夹带危险物品或者违禁物品的,承运人应当拒绝运输。"

(5)旅客的协助和配合义务。《民法典》第819条规定,旅客对承运人为安全运输所作的合理安排应当积极协助和配合。

(二)客运合同对承运人的效力

(1)安全运送的义务。《民法典》第811条规定:"承运人应当在约定期限或者合理期限内将旅客安全运输到约定地点。"

(2)按约定运输及告知的义务。《民法典》第819条、820条规定:"承运人应当按照有效客票记载的时间、班次和座位号运输旅客,严格履行安全运输义务,及时告知旅客安全运输应当注意的事项以及其他运输变动情况。发生迟延运输或者有其他不能正常运输的情形时,承运人应当采取必要的安置措施,并根据旅客的要求安排改乘其他班次或者退票。由此造成旅客损失的,承运人应当承担赔偿责任,但是不可归责于承运人的除外。"

(3)不得擅自变更运输工具和降低服务标准等义务。《民法典》第821条规定:"承运人擅自降低服务标准的,应当根据旅客的请求退票或者减收票款;提高服务标准的则不得加收票款。"

(4)救助义务。《民法典》第822条规定:"承运人在运输过程中,应当尽力救助患有急病、分娩、遇险的旅客。"这是承运人所承担的附随义务的法定化,也是人文关怀的体现。

(5)对旅客伤亡的赔偿责任。《民法典》第823条规定:"承运人应当对运输过程中旅客的伤亡承担赔偿责任;但是旅客自身健康原因造成的或者承运人证明伤亡是旅客故意、重大过失造成的除外。按照规定免票、持优待票或者经承运人许可搭乘的无票旅客同样适用。"

(6)对行李的损害赔偿责任。《民法典》第824条规定:"在运输过程中旅客随身携带物品毁损、灭失,承运人有过错的,应当承担赔偿责任。旅客托运的行李毁损、灭失的,适用货物运输的有关规定。"

第三节 货运合同

一、货运合同的概述

货运合同即货物运输合同,是指当事人为完成一定数量的货运任务,约定承运人使用约定的运输工具,在约定的时间内,将托运人的货物运送到约定地点交由收货人收货并收取一定运费而明确相互权利义务的协议。货运合同中,托运人不仅应当将货物运输到目的地,而且只有当其将货物交付给收货人后方为履行完毕。货运合同往往涉及第三人。托运人既可自己为收货人,也可以是第三人为收货人。在第三人为收货人的情况下,收货人虽不是订立合同的当事人,但却是合同的利害关系人。

二、货运合同的效力

(一)货运合同对托运人的效力

(1)托运人的如实告知义务。《民法典》第825条规定:"托运人办理货物运输,应当向承运人准确表明收货人的姓名、名称或者凭指示的收货人,货物的名称、性质、重量、数量,收货地点等有关货物运输的必要情况。因托运人申报不实或者遗漏重要情况,造成承运人损失的,托运人应当承担赔偿责任。"

(2)托运人应按约定或法律规定提交托运货物的义务。托运人应当按照约定的托运时间、地点、约定的或足以保护标的物的包装方式交付托运物。货物运输需要得到有关部门的批准或事先需经过有关机关检验的,托运人应将办完有关手续的文件提交承运人。

(3)合理包装的义务。《民法典》第827条规定:"托运人应当按照约定的方式包装货物。对包装方式没有约定或者约定不明确的,适用本法第619条的规定。托运人违反前款规定的,承运人可以拒绝运输。"

(4)协助办理相关手续的义务。《民法典》第826条规定:"货物运输需要办理审批、检验等手续的,托运人应当将办理完有关手续的文件提交承运人。"

(5)托运人托运危险物品时的义务。《民法典》第828条规定:"托运人托运易燃、易爆、有毒、有腐蚀性、有放射性等危险物品的,应当按照国家有关危险物品运输的规定对危险物品妥善包装,作出危险物标志和标签,并将有关危险物品的名称、性质和防范措施的书面材料提交承运人。托运人违反规定的,承运人可以拒绝运输,也可以采取相应措施以避免损失的发生,因此产生的费用由托运人承担。"

(6)支付运费、保管费以及其他运输费用的义务。在承运人全部、正确履行运输义务的情况下,托运人或者收货人有按照规定支付运费、保管费以及其他运输费用的义务。《民法典》第836条规定了承运人的留置权,托运人或者收货人不支付运费、保管费或者其他费用的,承运人对相应的运输货物享有留置权,但是当事人另有约定的除外。

(7)托运人变更或者解除运输合同权利。《民法典》第829条规定:"在承运人将货物交付收货人之前,托运人可以要求承运人中止运输、返还货物、变更到达地或者将货物交给其他收货人,但是应当赔偿承运人因此受到的损失。"

(二)货运合同对承运人的效力

(1)安全运输义务。承运人应依照合同约定,将托运人交付的货物安全运输至约定地点。运输过程中,货物毁损、灭失的,承运人应承担损害赔偿责任。货物的毁损、灭失的赔偿额,当事人有约定的,按照其约定;没有约定或者约定不明确,当事人可以协议补充,不能达成补充协议的,按照合同有关条款或者交易习惯确定。仍不能确定的,按照交付或者应当交付时货物到达地的市场价格计算。法律、行政法规对赔偿额的计算方法和赔偿限额另有规定的,依照其规定。如果承运人证明货物的毁损、灭失是因不可抗力、货物本身的自然性质或者合理损耗以及托运人、收货人的过错造成的,不承担损害赔偿责任。

(2)承运人的通知义务。《民法典》第830条规定:"货物运输到达后,承运人知道或应当知道收货人的,负有及时通知收货人的义务。"

(3)承运人的风险负担。在货物运输过程中因不可归责于合同当事人双方的事由而造成的货物毁损、灭失后运输费用不能支付的风险由承运人负担。《民法典》第835条规定:"货物在运输过程中因不可抗力灭失,未收取运费的,承运人不得请求支付运费;已经收取运费的,托运人可以请求返还。法律另有规定的,依照其规定。"

(4)相继运输中承运人的责任。《民法典》第834条规定:"两个以上承运人以同一运输方式联运的,与托运人订立合同的承运人应当对全程运输承担责任;损失发生在某一运输区段的,与托运人订立合同的承运人和该区段的承运人承担连带责任。"

(三)货运合同对收货人的效力

收货人既可以是托运人也可以是第三人。

(1)及时提货和交付有关费用的义务。《民法典》第830条规定,收货人应当及时提货,收货人逾期提货的,应当向承包人支付保管费等费用。《民法典》第837条规定,收货人不明或者收货人无正当理由拒绝受领货物的,承运人依法可以提存货物。

(2)收货人有在一定期限内检验货物的义务。货物运交收货人后,收货人负有对货物及时进行验收的义务。《民法典》第831条规定:"收货人应当按照约定的期限检验货物。对检验货物的期限没有约定或者约定不明确,当事人可以协议补充,不能达成补充协议的,按照合同有关条款或者交易习惯确定。仍不能确定的,应当在合理期限内检验货物。收货人在约定的期限或者合理期限内对货物的数量、毁损等未提出异议的,视为承运人已经按照运输单证的记载交付的初步证据。"

第四节 多式联运合同

一、多式联运合同的概述

多式联运合同又称为"多式联合运输合同""混合运输合同",是指以两种以上的不同运输方式将旅客(及其行李)或货物运输到约定地点的运输合同。《民法典》第838条规定:"多式联运经营人负责履行或者组织履行多式联运合同实施,对全程运输享有承运人的权利,承担承运人的义务。"

多式联运合同的经营人可以参加多式联运的各区段,承运人就多式联运合同的各区段运输约定相互之间的义务,但不影响多式联运经营人对全程运输承担义务,否则,不构成多式联运。

除具有一般运输合同的特征外,多式联运合同还具有以下法律特征。

(1)多式联运中存在缔约经营人和实际承运人的区别。联运合同的承运人一方为两人以上,其中缔约经营人既可以是缔约承运人,也可以是缔约承运人兼实际承运人。

（2）联运合同的各承运人以相互衔接的不同的运输方式承运。例如，铁路与公路联运、铁路与水路联运、公路与水路联运等。

（3）托运人或旅客一次交费并使用同一运输凭证。多式联运一般实行"一次托运，一次收费，一票到底，全程负责"的"一条龙"服务的综合性运输，减少运输的中间环节，有利于加快运输速度、提高运输效率。

二、多式联运合同的特殊效力

（1）多式联运合同经营人的地位及区段承运人的关系。多式联运合同的一方是托运人，一方是多式联运经营人。多式联运经营人与区段承运人不同，区段承运人与多式联运经营人存在合同关系，区段承运人只对自己负责运送的过程承担责任。《民法典》第838条规定："多式联运人负责履行或者组织履行多式联运合同，对全程运输享有承运人的权利，承担承运人的义务。"第839条规定，多式联运经营人可以与参加多式联运的各区段承运人就多式联运合同的各区段运输约定相互之间的责任，但该约定不影响多式联运经营人对全程运输承担责任的义务。也就是说，多式联运经营人与区段承运人的约定，不能对抗托运人。

（2）多式联运单据。《民法典》第840条规定："多式联运经营人收到托运人交付的货物时，应当签发多式联运单据。按照托运人的要求，多式联运单据可以是可转让单据，也可以是不可转让单据。"单据是否可以转让，托运人有选择权，经营人应当根据托运人要求签发。第841条规定，因托运人托运货物时的过错造成多式联运经营人损失的，即使托运人已经转让多式联运单据，托运人仍然应当承担赔偿责任。

（3）赔偿的法律特别适用。按照《民法典》和有关法律的规定，联运经营人对运输的全过程承担义务。货物的毁损、灭失无论发生在哪一运输区段，其都要承担赔偿责任。《民法典》第842条规定："货物的毁损、灭失发生于多式联运的某一运输区段的，多式联运经营人的赔偿责任和责任限额，适用调整该区段运输方式的有关法律规定；货物毁损、灭失发生的运输区段不能确定的，依照本章规定承担赔偿责任。"

（4）托运人的特殊责任。《民法典》第841条规定："因托运人托运货物时的过错造成多式联运经营人损失的，即使托运人已经转让多式联运单据，托运人仍然应当承担赔偿责任。"

【疑难问题论争 15】

货物运输合同中收货人的诉讼地位问题如何界定？

法律上的收货人是指有权提取货物的人。收货人既可能与托运人为同一人，也可能不是同一人。在收货人不是托运人的情况下，便涉及收货人在货物运输合同中的主体地位应如何界定的问题。审判实践中有观点认为，收货人既然具有提取托运货物的权利和义务，便对货物运输合同具有利益，或者收货人已受让了托运人的有关合同权利义务，应当作为货物运输合同的当事人。也有学者认为，根据合同的相对性，收货人未参与货物运输合同的签订，不是合同主体，不应作为货物运输合同纠纷案件的当事人。应该说，货物运输合同既然属于合同法明确规定的一种有名合同，当然应当遵守合同的相对性原则，收货人并非合同的签订主体，当然不具有合同当事人的主体资格，并非货物运输合同纠纷案件的当事人。但因货物运输合同有关权利义务的约定及履行又影响到其利益，所以又与货物运输合同纠纷案件的处理具有一定的利害关系，应结合案件的具体情况区别对待。[①]

思考题

1. 运输合同的特征有哪些？
2. 如何理解客运合同的效力？
3. 多式联运合同中承运人的责任有哪些？

---

① 王经艺，戴剑萍：《关于物流运输合同纠纷若干疑难问题的调研报告》，载《人民司法》2013 年第 21 期，第 72-78 页。

第二十二章 技术合同

【本章概要】通过本章的学习，了解技术合同的概念、分类，了解技术合同的主要条款、成果分配，以及技术合同无效的情形。本章的内容主要分为四节，分别为技术合同概述、技术开发合同、技术转让合同与技术许可合同、技术咨询合同和技术服务合同。主要介绍各类技术合同的概念和特征、各方义务以及成果的归属。

【本章难点】技术成果的归属；技术开发合同的风险负担。

【引　题】甲乙双方签订了技术开发合同，开发一种医用器械技术。甲方给了乙方 200 万元的研究开发经费，约定其为研究开发的成本。甲乙各自在自己的研究室进行研究，随时联络、交流。请问：该合同是合作技术开发合同，还是委托技术开发合同？甲乙对就技术开发成果申请专利的权利没有约定，双方都主张权利应归自己时应如何确定归属？法律依据是什么？

第一节　技术合同概述

一、技术合同的概念和特征

依据《民法典》第 843 条的规定，技术合同是指当事人就技术开发、转让、许可、咨询或者服务订立的确立相互之间权利和义务的合同。我国早在 1987 年就单独制定了《技术合同法》，后将其主要内容纳入统一的《合同法》中，作为"技术合同"一章。订立技术合同，应当遵循有利于知识产权的保护和科学技术的进步，促进科学技术成果的研发、转化、应用和推广的原则。而那些非法垄断技术、侵害他人技术成果的行为就是与技术合同的立法目的和立法原则相背离的。因此,《民法典》第 850 条规定:"非法垄断技术或者侵害他人技术成果的技术合同无效。"按照《民法典》的规定,根据行为的方式,技术合同可分为技术开发合同、技术转让合同、技术许可合同、技术咨询合同和技术服务合同。

技术合同是双务有偿的合同,主要有以下特征:

(1)技术合同的标的为技术成果。技术合同的标的不是一般的财产或劳务,而是一种特殊的商品,即技术成果。所谓技术成果,是指利用科学技术知识、信息和经验作出的涉及产品、工艺、材料及其改进等的技术方案,包括专利、专利申请、技术秘密、计算机软件、集成电路布图设计、植物新品种等。①

(2)技术合同的履行具有特殊性。技术合同在履行中,常常会涉及与技术有关的其他权利的归属问题,如发明权、专利权、非专利技术使用权和转让权等,因而技术合同既受合同法之约束,又受知识产权制度的调整。

(3)技术合同当事人具有广泛性与特定性。对于技术合同当事人来说,通常至少一方是能够利用自己的技术力量进行技术开发、技术转让、技术许可、技术咨询、技术服务的组织或个人,否则合同将履行不能,因此合同当事人的范围并非无所限定。

二、技术合同的主要条款

考虑到技术合同涉及的技术内容较为复杂,订立技术合同又是一项专业性较强的工作,故《民法典》规定了技术合同应当具备的一般条款,目的在于引导当事人的行为。根据《民法典》第 845 条的规定,技术合同一般应包括以下条款:

(1)项目名称。一般指技术合同标的涉及项目的名称,如专利的名称。

(2)标的的内容、范围和要求。当事人在订立技术合同时,不仅要明确技术合同标的,而且还要根据不同标的的要求,明确该标的的技术范围和技术指标要求。

(3)履行的计划、进度、期限、地点、地域和方式。履行的地点是指合同的履行地;履行地域是指履行技术合同所涉及的区域范围;履行方式是指当事人采用什么样的方式和手段履行合同义务。

(4)技术信息和资料的保密。对需要保密的技术情报和资料,双方当事人应当在合同中对保密事项、保密范围、保密期限以及违反保密责任等加以规定。

---

① 参见《技术合同纠纷司法解释》第 1 条。

(5)风险责任的承担。技术合同的风险是指合同中约定的内容可能得不到完全实现,甚至完全不能实现。因此,技术合同应当明确约定当事人所应承担的风险责任。

(6)技术成果的归属和收益的分成办法。技术合同的履行可能会产生数项技术成果,当事人应当在合同中约定其所有权和使用权的归属、分享以及由此产生的利益分成办法。如果对成果的归属没有明确约定,按照专利法的规定应当秉持"谁开发谁拥有"的原则。

(7)验收标准和方法。当事人应当在合同中约定技术合同的验收标准及验收办法,以此确定合同的履行是否符合合同的约定。

(8)价款、报酬或者使用费及其支付方式。《民法典》第846条规定了技术合同价款、报酬及使用费的具体支付方式,技术合同价款、报酬或者使用费的支付方式由当事人约定,可以采取一次总算、一次总付或者一次总算、分期支付,也可以采取提成支付或者提成支付附加预付入门费的方式。约定提成支付的,可以按照产品价格、实施专利和使用技术秘密后新增的产值、利润或者产品销售额的一定比例提成,也可以按照约定的其他方式计算。提成支付的比例可以采取固定比例、逐年递增比例或者逐年递减比例。约定提成支付的,当事人可以约定查阅有关会计账目的办法。

(9)违约金或者损失赔偿的计算方法。技术合同的当事人违反合同约定,给另一方当事人造成损失的,当事人应当承担违约金、损害赔偿等违约责任。

(10)解决争议的方法。对于采取仲裁方式解决争议,就需要在合同中订明仲裁条款或者签订仲裁协议。

(11)名词和术语的解释等。技术合同的内容具有很强的专业性,在合同文本中要使用一些专业名词术语和简化符号,为防止因理解不同而发生争议,对关键性术语及名词,需经双方协商作出明确的解释。

上述技术合同的内容是指导性条款,不要求订立技术合同的当事人必须采用,也不限制当事人在合同中约定其他权利义务,如当事人可以约定对技术合同的担保等。

与履行合同有关的技术背景资料、可行性论证和技术评价报告、项目任务书和计划书、技术标准、技术规范、原始设计和工艺文件,以及其他技术文档,按照当事人的约定可以作为合同的组成部分。

技术合同涉及专利的,应当注明发明创造的名称、专利申请人和专利权人、申请日期、申请号、专利号以及专利权的有效期限。

三、技术成果的权利归属

技术成果可以分为职务技术成果和非职务技术成果,又由于这些成果之上所负载的权利性质不同,有财产权属性的权利,也有人身权属性的权利,所以权利的归属也不相同。

1.职务技术成果的财产权归属

职务技术成果是执行法人或者其他组织的工作任务,或者主要是利用法人或者其他组织的物质技术条件所完成的技术成果。《最高人民法院关于审理技术合同纠纷案件适用法律若干问题的解释》第2条规定"执行法人或者其他组织的工作任务"包括:(一)履行法人或者其他组织的岗位职责或者承担其交付的其他技术开发任务;(二)离职后一年内继续从事与其原所在法人或者其他组织的岗位职责或者交付的任务有关的技术开发工作,但法律、行政法规另有规定的除外。法人或者其他组织与其职工就职工在职期间或者离职以后所完成的技术成果的权益有约定的,人民法院应当依约定确认。第3条规定"物质技术条件"包括资金、设备、器材、原材料、未公开的技术信息和资料等。第4条规定"主要利用法人或者其他组织的物质技术条件"包括职工在技术成果的研究开发过程中,全部或者大部分利用了法人或者其他组织的资金、设备、器材或者原材料等物质条件,并且这些物质条件对形成该技术成果具有实质性的影响;还包括该技术成果实质性内容是在法人或者其他组织尚未公开的技术成果、阶段性技术成果基础上完成的情形。但下列情况除外:(一)对利用法人或者其他组织提供的物质技术条件,约定返还资金或者交纳使用费的;(二)在技术成果完成后利用法人或者其他组织的物质技术条件对技术方案进行验证、测试的。

我国《民法典》第847条规定:"职务技术成果的使用权、转让权属于法人或者其他组织的,法人或者其他组织可以就该项职务技术成果订立技术合同。法人或者其他组织订立技术合同转让职务技术成果时,职务技术成果的完成人享有以同等条件优先受让的权利。"而对于只是"利用"而非"主要利用"法人或者其他组织的物质技术条件所完成的技术成果的归属,我国《专利法》第6条规定:"利用本单位的物质技术条件所完成的发明创造,单位与发明人或者设计人订有合同,对申请专利的权利和专利权的归属作出约定的,从其约定。"

虽然技术成果都是运用自然人的脑力劳动的财富,但是当这项任务是受法人或其他组织的派遣或者是利用法人或者其他组织的物质技术条件所完成时,其使用权、转让权就理应属于该法人或组织。作为该项技术的发明人或发现人,因为付出了脑力劳动,取得权利的法人或其他组织应当给予奖励或报酬,同时对此法人转让该技术的行为享有优先受让权,享有劳动合同权利的同时也享有特别的权利。

2.非职务技术成果的财产权归属

《民法典》第848条规定:"非职务技术成果的使用权、转让权属于完成技术成果的个人,完成技术成果的个人可以就该项非职务技术成果订立技术合同。"

3.技术成果的人身权归属

人类的脑力劳动是技术成果的一个重要基础,尤其在技术上具有很强的专属性,精神成果理应归个人所有。因此,《民法典》第849条规定:"完成技术成果的个人有在有关技术成果文件上写明自己是技术成果完成者的权利和取得荣誉证书、奖励的权利。"

第二节 技术开发合同

一、技术开发合同概述

依据《民法典》第851条的规定,技术开发合同是指当事人之间就新技术、新产品、新工艺、新品种或者新材料及其系统的研究开发所订立的合同。可见在技术开发合同中,标的物涉及到新技术、新产品、新工艺、新品种或者新材料及其系统,也就是当事人在订立技术合同时尚未掌握的,具有一定新颖性、创造性及实用性的产品、工艺、品种材料及其系统等技术方案。技术开发合同包括委托开发合同和合作开发合同。

技术开发合同具有如下特征:

(1)标的物具有一定新颖性、创造性及实用性,包括新技术、新产品、新工艺、新品种或者新材料及其系统。

(2)技术开发合同的内容是进行研究开发工作,包括委托开发与合作开发。

(3)风险承担的特殊性。正是因为技术合同标的的特殊性,所以就会面临研发失败或者部分失败的风险。《民法典》第858条第1款规定:"技术开发合同履行过程中,因出现无法克服的技术困难,致使研究开发失败或者部分失败的,该风险由当事人约定;没有约定或者约定不明确,依据本法第五百一十条的规定仍不能确定的,风险由当事人合理分担。"同时还规定了风险告知的义务,当事人应当及时通知另一方并采取适当措施减少损失,否则应当就扩大的损失承担责任。

(4)技术开发合同是双务、有偿、诺成性的要式合同,合同履行具有协作性。《民法典》第851条规定,技术合同应当采用书面形式。

(5)技术开发合同解除的特殊性。《民法典》第857条规定:"因作为技术开发合同标的的技术已经由他人公开,致使技术开发合同的履行没有意义的,当事人可以解除合同。"

二、委托开发合同的效力

委托开发合同是指当事人一方委托另一方进行技术研究开发所订立的合同,即委托人向研究开发人提供研究开发经费和报酬,研究开发人完成研究开发工作并向委托人交付研究成果。委托开发合同的特征是研究开发人以自己的名义、技术和劳务独立完成研究开发工作,委托人不得非法干涉。

(一)委托人的主要义务

《民法典》第852条规定了委托人的义务主要是支付研究开发经费和报酬,提供技术资料,提出研究开发要求,完成协作事项,接受研究开发成果。

(1)按照合同的约定,支付研究开发经费和报酬。

(2)按照合同的约定,提供技术资料、提出研究开发要求、完成协作事项。

(3)按期接受研究开发成果。

(二)开发人的主要义务

《民法典》第853条规定了开发人的主要义务,委托开发合同的研究开发人应当按照约定制定和实施研究开发计划,合理使用研究开发经费,按期完成研究开发工作,交付研究开发成果,提供有关的技术资料和必要的技术指导,帮助委托人掌握研究开发成果。

(1)按照约定制定和实施研究开发计划。

(2)合理使用研究开发经费。

(3)按期完成研究开发工作,交付研究开发成果,提供有关的技术资料和必要的技术指导,帮助委托人掌握研究开发成果。研究开发人也不得在向委托人交付研究开发成果前,将研究开发成果转让给第三人。

(三)技术成果的归属

根据我国《民法典》第859条的规定,委托开发完成的发明创造,除法律另有规定或者当事人另有约定外,申请专利的权利属于研究开发人。研究开发人取得专利权的,委托人可以依法实施该专利。研究开发人转让专利申请权的,委托人享有以同等条件优先受让的权利。

(1)法律没有规定或者当事人没有约定时,发明创造的专利申请权属于研究开发人。这一规定与专利法的规定也是一致的。《专利法》第8条规定,两个以上单位或者个人合作完成的发明创造、一个单位或者个人接受其他单位或者个人委托所完成的发明创造,除另有协议的以外,申请专利的权利属于完成或者共同完成的单位或者个人。

(2)另有约定时,委托开发完成的发明创造的专利申请权依照约定履行。

(3)法律另有规定的,专利申请权依照法律规定履行。例如,《专利法》第6条第3款规定,利用本单位的物质技术条件所完成的发明创造,单位与发明人或者设计人订有合同,对申请专利的权利和专利权的归属作出约定的,从其约定。

三、合作开发合同的效力

合作开发合同,是指当事人各方就共同进行研究开发所订立的合同。即当事人各方共同投资、共同参与研究开发活动、共同承担研究开发风险、共享研究开发成果。

(一)当事人各方的主要义务

《民法典》第855条规定了合作开发合同的当事人的义务,按照约定进行投资,包括以技术进行投资,分工参与研究开发工作,协作配合研究开发工作。

(1)按照合同的约定进行投资,包括以技术进行投资。共同投资是合作开发合同的重要特征,也是合作开发合同各方当事人的主要义务。

(2)按照合同约定的分工参与研究开发工作。合作开发合同的各方当事人不仅都要出钱进行投资,还必须出资人直接参与研究开发工作。

(3)协作配合研究开发工作。合作开发是以双方的共同投资和共同劳动为基础的,各方在合作研究中的配合是取得研究开发成果的关键。

(二)技术成果的归属

《民法典》第860条规定:"合作开发完成的发明创造,申请专利的权利属于合作开发的当事人共有；当事人一方转让其共有的专利申请权的，其他各方享有以同等条件优先受让的权利。但是，当事人另有约定的除外。一方声明放弃其共有的专利申请权的，除当事人另有约定外，可以由另一方单独申请或者由其他各方共同申请。申请人取得专利权的，放弃专利申请权的一方可以免费实施该专利。合作开发的当事人一方不同意申请专利的，另一方或者其他各方不得申请专利。"

（1）合作开发完成的发明创造专利申请权原则上归于合作开发合同的各方当事人共有。

（2）对共有的申请专利权的处分原则。一是当事人一方转让其共有的专利申请权的，其他各方享有以同等条件优先受让的权利；二是合作开发的当事人一方声明放弃其共有的专利申请权的，可以由另一方单独申请或者由其他各方共同申请。申请人取得专利权的，放弃专利申请权的一方可以免费实施该专利；三是合作开发的当事人一方不同意申请专利的，另一方或者其他各方不得申请专利。

（3）当事人可以约定合作开发完成的发明创造的专利申请权的归属与享有。例如，当事人在合同中明确约定完成发明创造的专利申请权只归一方所有。

四、技术秘密成果的归属

《民法典》第861条规定："委托开发或者合作开发完成的技术秘密成果的使用权、转让权以及利益的分配办法，由当事人约定。没有约定或者约定不明确，依据《民法典》第510条的规定仍不能确定的，在没有相同技术方案被授予专利权前，当事人均有使用和转让的权利。但是，委托开发的研究开发人不得在向委托人交付研究开发成果之前，将研究开发成果转让给第三人。"

（1）当事人自行约定解决。

（2）没有确定或者约定不明确，依据《民法典》第510条的规定确定。

（3）在没有相同技术方案被授予专利前，当事人均有使用和转让技术秘密成果的权利，包括当事人均有不经对方同意而自己使用或者以普通使用许可的方式许可他人使用技术秘密，并独占由此所获利益的权利。而且在委托开发中，由于技术秘密的成果是由委托人出资开发的，所以委托开发的研究开发人不得在向委托人交付研究开发成果之前将研究开发成果转让给第三人。

第三节 技术转让合同与技术许可合同

一、技术转让合同与技术许可合同概述

按照《民法典》第862条第1款的规定,技术转让合同是指合法拥有技术的权利人,将现有特定的专利、专利申请、技术秘密的相关权利让与他人所订立的合同。技术转让合同包括专利权转让、专利申请权转让、技术秘密转让等合同。

按照《民法典》第862条第2款的规定,技术许可合同是合法拥有技术的权利人,将现有特定的专利、技术秘密的相关权利许可他人实施、使用所订立的合同。

遵循有利于知识产权的保护和科学技术的进步的原则,技术转让合同与技术许可合同也应当遵循这一原则,因此《民法典》第864条规定了限制性条款,技术转让合同和技术许可合同可以约定实施专利或者使用技术秘密的范围,但是不得限制技术竞争和技术发展。

技术转让合同与技术许可合同具有以下特点:

(1)合同标的是已有的、完整的技术成果。合同标的为当事人订立合同时已经掌握的技术成果,包括发明创造专利、发明专利、实用新型专利、外观设计专利以及非专利技术成果,即专有技术;合同标的有特定的、完整的技术内容,构成一项产品、工艺、材料及其改进的技术方案。

(2)技术转让、技术许可合同的类型具有多样性。依据《民法典》第863条的规定,技术转让合同包括专利权转让、专利申请权转让、技术秘密转让等合同;技术许可合同包括专利实施许可、技术秘密使用许可等合同。

(3)是双务、有偿、诺成性的要式合同。《民法典》第863条第3款规定,技术转让合同和技术许可合同应当采用书面形式。

技术转让合同与技术许可合同的主要区别在于:①是否导致技术权属的变动不同。技术转让合同转让的标的是技术成果的产权,可以是专利权、专利申请权或对技术秘密拥有的权利,直接导致权属变动。而技术许可合同转移的仅是相关权益的使用权,不会产生权属的变动。②技术转移的程序要件不同。技

术转让合同,尤其是专利权、专利申请权的转让采取登记生效主义,需要当事人进行权属变更登记、进行公告公示才能生效。而技术许可合同因为不产生权属的变更,所以无须进行登记,一般情况下备案即可。

二、技术转让合同与技术许可合同的效力

(一)让与人或许可人的主要义务与责任

(1)专利技术的转让人或许可人应当按照约定转让或者许可被许可人实施专利,交付实施专利有关的技术资料,提供必要的技术指导。

(2)技术秘密转让合同的让与人和技术秘密使用许可合同的许可人应当按照约定提供技术资料,进行技术指导,保证技术的实用性、可靠性,承担保密义务。前款规定的保密义务,不限制许可人申请专利,但是当事人另有约定的除外。

(3)权利瑕疵担保义务。依据《民法典》第870条的规定,技术转让合同的让与人和技术许可合同的许可人应当保证自己是所提供技术的合法拥有者,并保证所提供的技术完整、无误、有效,能够达到约定的目标。

(4)许可人和让与人违约责任。《民法典》第872条规定:"许可人未按照约定许可技术的,应当返还部分或者全部使用费,并应当承担违约责任;实施专利或者使用技术秘密超越约定范围的,违反约定擅自许可第三人实施该项专利或者使用该项技术秘密的,应当停止违约行为,承担违约责任;违反约定的保密义务的,应当承担违约责任。让与人承担违约责任,参照适用以上规定。"

(二)受让人或被许可人的主要义务与责任

(1)专利实施许可合同的被许可人应当按照约定实施专利,不得许可约定以外的第三人实施该专利,并按照约定支付使用费。

(2)技术秘密转让合同的受让人和技术秘密使用许可合同的被许可人应当按照约定使用技术,支付转让费、使用费,承担保密义务。

(3)保密义务。《民法典》第871条规定:"技术转让合同的受让人和技术许可合同的被许可人应当按照约定的范围和期限,对让与人、许可人提供的技术中尚未公开的秘密部分,承担保密义务。"

(4)被许可人和受让人违约责任。《民法典》第873条规定:"被许可人未按照约定支付使用费的,应当补交使用费并按照约定支付违约金;不补交使用费或者支付违约金的,应当停止实施专利或者使用技术秘密,交还技术资料,承担违约责任;实施专利或者使用技术秘密超越约定的范围的,未经许可人同意

擅自许可第三人实施该专利或者使用该技术秘密的,应当停止违约行为,承担违约责任;违反约定的保密义务的,应当承担违约责任。受让人承担违约责任,参照适用以上规定。"

(5)受让人和被许可人侵权责任。《民法典》第874条规定:"受让人或者被许可人按照约定实施专利、使用技术秘密侵害他人合法权益的,由让与人或者许可人承担责任,但是当事人另有约定的除外。"

(三)技术转让合同后续成果的归属

依据《民法典》第875条的规定,本着"谁开发归谁所有"的原则,当事人可以按照互利的原则,在合同中约定实施专利、使用技术秘密后续改进的技术成果的分享办法;没有约定或者约定不明确,依据《民法典》第510条的规定仍不能确定的,一方后续改进的技术成果,其他各方无权分享。

第四节 技术咨询合同和技术服务合同

一、技术咨询合同

(一)概念和特征

技术咨询合同是指当事人一方以技术知识为对方就特定技术项目提供可行性论证、技术预测、专题技术调查、分析评估报告所订立的合同。技术咨询合同有以下的特征。

(1)主体具有特殊性。技术咨询合同中,从事咨询服务的受托人一般都是专门机构和咨询公司,需要有专门的技术人员和技术知识。

(2)咨询服务内容具有特殊性。技术咨询合同中咨询服务内容是特定技术项目,可以是有关科学技术与经济社会协调发展的软科学研究项目,也可以是促进技术进步和管理现代化、提高经济效益和社会效益等运用科学知识和技术手段进行调查、分析、论证、评价、预测的专业性技术项目。工作成果为提供可行性论证、技术预测、专题技术调查、分析评估报告等。

(3)咨询意见仅具有参考性。技术咨询合同中咨询和报告意见只是为委托人作出最终决策提供参考,而是否采纳该意见最终由委托人自行决定。委托人在采纳咨询意见后,即使因此遭受到损失,也应当由自己承担。依据《民法典》第881条第3款的规定:"技术咨询合同的委托人按照受托人符合约定要求的咨询报告和意见作出决策所造成的损失,由委托人承担,但是当事人另有约定的除外。"

(二)技术咨询合同当事人的义务及责任

(1)委托人的主要义务。依据《民法典》第879条的规定,委托人应当按照约定阐明咨询的问题,提供技术背景材料及有关技术资料,接受受托人的工作成果,支付报酬。

(2)受托人的主要义务。依据《民法典》第880条的规定,受托人应当按照约定的期限完成咨询报告或者解答问题,提出的咨询报告应当达到约定的要求。

技术咨询合同对受托人正常开展工作所需费用的负担没有约定或者约定不明确的,由受托人负担。

(3)违约责任。依据《民法典》第885条的规定,委托人未按照约定提供必要的资料,影响工作进度和质量,不接受或者逾期接受工作成果的,支付的报酬不得追回,未支付的报酬应当支付。受托人未按期提出咨询报告或者提出的咨询报告不符合约定的,应当承担减收或者免收报酬等违约责任。委托人按照受托人符合约定要求的咨询报告和意见作出决策所造成的损失,由委托人承担,但是当事人另有约定的除外。

二、技术服务合同

(一)概念和特征

技术服务合同是当事人一方以技术知识为对方解决特定技术问题所订立的合同,不包括承揽合同和建设工程合同。技术服务合同有以下特征:

(1)标的具有特殊性。技术服务合同中的标的是一定的技术行为,即服务方提供技术服务工作以解决特定的技术问题。与技术咨询不同的是,它需要提供技术成果,而不仅仅是提供咨询意见或报告。

(2)合同目的具有特殊性。技术服务合同的目的在于受托人向委托人提供技术服务工作以解决特定的技术问题。此处所说的特定技术问题是指需要运用专业技术知识、经验和信息解决的有关改进产品结构、改良工艺流程、提高产品质量、降低产品成本、节约资源能耗、保护资源环境、实现安全操作、提高经济效益和社会效益等专业技术问题。

(二) 技术服务合同当事人的义务及责任

(1) 委托人义务。依据《民法典》第882条的规定，委托人应当按照约定提供工作条件，完成配合事项，接受工作成果并支付报酬。

(2) 受托人义务。依据《民法典》第883条的规定，技术服务合同的受托人应当按照约定完成服务项目，解决技术问题，保证工作质量，并传授解决技术问题的知识。

技术服务合同对受托人正常开展工作所需费用的负担没有约定或者约定不明确的，由受托人负担。

(3) 违约责任。依据《民法典》第884条的规定，委托人不履行合同义务或者履行合同义务不符合约定，影响工作进度和质量，不接受或者逾期接受工作成果的，支付的报酬不得追回，未支付的报酬应当支付。受托人未按照约定完成服务工作的，应当承担免收报酬等违约责任。

三、成果的归属

依据《民法典》第886条的规定，在技术咨询合同、技术服务合同履行过程中，受托人利用委托人提供的技术资料和工作条件完成的新的技术成果，属于受托人。委托人利用受托人的工作成果完成的新的技术成果，属于委托人。当事人另有约定的，按照其约定。

【疑难问题论争16】

如何理解《民法典》合同编第861条中"当事人均有使用和转让的权利"？

第一种意见认为，在有关成果的使用权、转让权不能明确界定的情况下，该成果应属当事人共有。根据财产共有理论，共有人不能擅自处分共有财产，但考虑到技术可以同时为多主体使用的特点，应当将"当事人均有使用和转让的权利"限定为当事人均有不经对方同意而自己使用或者以普通使用许可的方式许可他人使用技术秘密并独占由此所获利益的权利。第二种意见认为，只要不是将整体权利让与他人，就应当允许。第三种意见认为，无须争议使用权和转让权的具体内涵，法律未限制共有人转让，则双方均可转让，因为技术秘密可以同时为多个主体拥有的性质允许存在多次转让。《技术合同司法解释》第20条最后基本采纳了第一种意见。因为在同一研究开发项目中形成同一技术秘密只能有一项转让权，不可能有两项或两项以上的所有权性质的权利，不可能由当事人作一次以上的转让；对同一开发项目产生的同一技术秘密虽然可以同时存在多个使用权，但即使是许可他人使用，如果是独占或者排他许可，也必然会与其他共有人行使同样的权利发生冲突。为了避免权利冲突,必须将这种权利限于自己使用和发放普通实施许可。当然这种普通许可的次数并无限制,可以是一个以上的普通许可,共有人在这一点上也是享有平等交易机会的。①

思考题

  1.技术合同的标的是什么?
  2.技术开发合同的违约责任有哪些?
  3.技术转让合同与技术许可合同的区别有哪些?
  4.技术咨询合同、技术服务合同中创新成果的归属是什么?

---

① 最高人民法院民法典贯彻实施工作领导小组主编:《中华人民共和国民法典合同编理解与适用3》,北京:人民法院出版社2020年版,第2276—2277页。

第二十三章 保管合同

【本章概要】通过本章的学习,了解保管合同的概念和特征,掌握保管合同的效力。

【本章难点】保管合同的实践性和继续性。

【引　　题】贾某因装修房屋,把一批古书交朋友王某代为保管,王某将古书置于床下。一日,王某楼上住户家水管被冻裂,水流至王某家,致贾某的古书严重受损。请问:王某是否应该承担赔偿责任?

第一节　保管合同概述

一、保管合同的概念

保管合同又称寄托合同、寄存合同,依照《民法典》第 888 条的规定,保管合同是指双方当事人约定一方将物交付他方保管并返还该物的合同。寄存人到保管人处从事购物、就餐、住宿等活动,将物品存放在指定场所的,视为保管,但是当事人另有约定或者另有交易习惯的除外。

二、保管合同的特征

保管合同的法律特征表现为以下几个方面:

(1)保管合同以物品的保管为目的。保管合同的标的是保管人的保管行为,保管人的主要义务是保管寄存人交付其保管的物品。

(2)保管合同为实践合同。保管合同的成立,不仅须有当事人双方的意思表示一致,而且须有寄托人将保管物交付于保管人的行为。《民法典》第890条规定:"保管合同自保管物交付时成立,但是当事人另有约定的除外。"

(3)保管合同原则上是无偿合同,但也可以是有偿合同。我国《民法典》第889条规定:"寄存人应当按照约定向保管人支付保管费。当事人对保管费没有约定或者约定不明确,依据本法第510条的规定仍不能确定的,视为无偿保管。"按照此条规定,保管合同原则上是无偿的,如果是有偿的,需要当事人约定。

(4)保管合同可以是双务合同,也可以是单务合同。无偿保管合同中,寄存人不承担任何义务的,为单务合同。在无偿的保管合同中,寄存人需要支付必要费用(应当是指保管人为保管标的物实际支付的费用,不包括报酬)的为不真正双务合同。

(5)保管合同原则上为不要式合同。保管合同既可以是口头的,也可以是书面的。虽然《民法典》第891条规定,寄存人向保管人交付保管物的,保管人应当出具保管凭证,但是该保管凭证在性质上仅属于合同成立的证明而非合同成立的要件。

(6)保管合同的继续性。保管合同的权利义务是持续产生的,因此在性质上属于继续性合同。

第二节　保管合同的法律效力

一、保管合同对保管人的效力

(1)给付保管凭证的义务。保管人应当向寄存人出具保管凭证,但是另有交易习惯的除外。《民法典》第891条规定,寄存人向保管人交付保管物的,保管人应当出具保管凭证,但是该保管凭证在性质上仅属于合同成立的证明而非合同成立的要件。

(2)亲自并妥善保管的义务。《民法典》第892条规定了保管人须妥善保管保管物的义务。当事人可以约定保管场所或者方法。除紧急情况或者为维护寄存人利益外,不得擅自改变保管场所或者方法。而且,除非另有约定,保管人不得使用或者许可第三人使用保管物。《民法典》第894条还规定了保管人亲自保管的义务,除非当事人另有约定,保管人须亲自保管保管物,不得将保管物转交第三人保管。保管人违反规定将保管物转交第三人保管造成保管物损失的,应当承担损害赔偿责任。

(3)权利危险时的返还和通知义务。《民法典》第896条规定:"当第三人对保管物主张权利时,除依法对保管物采取保全或者执行措施外,保管人应当向寄存人返还保管物。第三人对保管人提起诉讼或者对保管物申请扣押的,保管人应当及时通知寄存人。"

(4)返还保管物及孳息的义务。《民法典》第900条规定:"保管期间届满或者寄存人提前领取保管物的,保管人应当将原物及其孳息归还寄存人。"《民法典》第901条规定,保管人保管货币的属于消费保管合同,可以返还相同种类、相同数量的货币。保管其他可替代物的,可以按照约定返还相同种类、品质、数量的物品。

(5)保管人的留置权及排除。《民法典》第903条规定:"寄存人未按照约定支付保管费或者其他费用的,保管人对保管物享有留置权,但是当事人另有约定的除外。"

(6)保管人的损害赔偿责任和法定免责。《民法典》第897条规定:"保管期间,因保管人保管不善造成保管物毁损、灭失的,保管人应当承担损害赔偿责任。但是,无偿保管人证明自己没有故意或者重大过失的除外。"

二、保管合同对寄存人的效力

(1)按期支付保管费的义务。《民法典》第889条规定:"寄存人应当按照约定向保管人支付保管费。当事人对保管费没有约定或者约定不明确,依照本法第五百一十条的规定仍不能确定的,视为无偿保管。如果是有偿保管,当事人应当按照约定的或者法定的时间支付保管费用。"《民法典》第902条规定:"有偿的保管合同,寄存人应当按照约定的期限向保管人支付保管费,当事人对支付期限没有约定或者约定不明确,依据本法第510条的规定仍不能确定的,应当在领取保管物的同时支付。"《民法典》第903条还规定了保管人的留置权。

(2)必要费用的承担。必要费用并非保管费,而是保管人为了实现物的保管目的,以使保管物能够维持原状而支出的费用,如电费、运输费、场地费等。

(3)告知义务。《民法典》第893条规定了寄存人的瑕疵告知义务和特殊告知义务,寄存人交付的保管物有瑕疵或者按照保管物的性质需要采取特殊保管措施的,寄存人应当将有关情况告知保管人。寄存人未告知,致使保管物受损失的,保管人不承担赔偿责任;保管人因此受损失的,除保管人知道或者应当知道并且未采取补救措施外,寄存人应当承担赔偿责任。

(4) 寄存贵重物品的声明义务。《民法典》第898条规定:"寄存人寄存货币、有价证券或者其他贵重物品的,应当向保管人声明,由保管人验收或封存。寄存人未声明的,该物品毁损、灭失后,保管人可以按照一般物品予以赔偿。"

(5) 寄存人可以随时领取保管物。《民法典》第899条规定:"寄存人可以随时领取保管物。当事人对保管期限没有约定或者约定不明确的,保管人可以随时要求寄存人领取保管物;约定保管期限的,保管人无特别事由,不得请求寄存人提前领取保管物。"

【疑难问题论争17】

保管人是否可"消费"其所保管的货币?

依据《民法典》的规定,我们无法得出保管人可使用其所保管货币的结论。其理由如下:首先,《民法典》合同编第901条只规定了保管人可返还相同种类、数量的货币,并无保管人有权使用货币的规定。其次,根据《民法典》合同编第895条的规定,保管人不得使用或许可第三人使用保管物,除非当事人另有约定。而且,货币属于消费物。消费物是指依其本来用法不能以消耗或让与以外之方式使用的物。据此,非"消费或转让不能使用"的特性决定了消费物使用权行使是一次性的,使用权行使完毕则物也归于消灭。因此,使用权一般适用于非消费物,对消费物的"使用"实为处分。既然非消耗性的使用都为《民法典》所禁止,依"举轻以明重"的法律原则,在法律无明确规定的情况下,"保管人拥有消费物的处分权"的结论缺少充分的理由。[①]

思考题

1. 保管人的权利与义务包括哪些内容?
2. 为什么说保管合同是实践合同?
3. 简述寄存人的告知义务包括哪些。

---

① 万建华:《〈中华人民共和国合同法〉第378条之理解与完善——兼论我国货币保管合同的民商分立》,载《法商研究》2010年第2期(总第136期),第76页。

第二十四章 仓储合同

【本章概要】通过本章的学习,了解仓储合同的概念与特征,掌握仓储合同的法律效力。

【本章难点】仓储合同与保管合同的区别。

【引　题】甲方到乙方处存储货物 50 万吨,仓储费 7 000 元,储存期 30 天。请问:仓储合同是诺成合同还是实践合同?若甲方提前 10 天取货,并要求仓储费减半,应否允许?

第一节　仓储合同概述

一、仓储合同的概念和特征

仓储是利用仓库存放、储存各类物品的行为。依据《民法典》第 904 条的规定,仓储合同,是指当事人双方约定由专门从事仓储保管业务的保管人(又称仓管人或仓库营业人)为存货人储存交付的货物,存货人支付仓储费的合同。仓储合同是一种特殊的保管合同,它是商事合同的一种类型,仓储合同没有规定的,适用保管合同的有关规定。它除了具有保管合同的基本特征之外,还具有自己独特的法律特征:

(1)合同主体的特殊性。仓储合同的保管人是以仓储保管为业的人,是经营人,不仅具有专门仓储设备并专事仓储保管业务,而且需要有仓库营业资质,一般要经过有关部门的许可并办理相关的营业登记。

(2)仓储合同原则上是诺成性的双务有偿合同。《民法典》第905条规定："仓储合同自保管人和存货人意思表示一致时成立。"可见，仓储合同在性质上属于诺成性合同，自双方当事人达成合意时合同成立。这也是基于仓储合同的商事合同性质确定的，从保管人利益出发，提供仓储服务是专业服务，需要提前做好必要准备工作；从存货人角度出发，不能打乱他的存货计划造成不必要的损失。

依据《民法典》第904条的规定，在仓储合同中，一方提供仓储服务，另一方给付报酬和其他费用。可见，仓储合同原则上应为双务、有偿的合同。当然，是否有偿，当事人也可以在合同中约定。

(3)仓储合同的继续性。同保管合同一样，仓储合同的权利义务也是持续产生的，并不因为一次给付而消灭，因此在性质上属于继续性合同。

(4)仓单是仓储合同的重要特征。《民法典》第908条规定："存货人交付仓储物的，保管人应当出具仓单、入库单等凭证。"仓单是指保管人签发的用以证明仓储合同存在和仓储物已经由保管人接收，以及保管人保证据以返还仓储物的一种单据，仓单属于一种有价证券。仓单是提取仓储物的凭证，它本身代表了权利，持有仓单就享有相应的权利。因此，依据《民法典》第910条的规定，存货人或者仓单持有人在仓单上背书并经保管人签名或者盖章的，可以转让提取仓储物的权利。

仓单的内容应当与仓储合同的基本内容一致。《民法典》第909条对仓单的内容作了具体规定。根据该条规定，仓单包括下列事项：

(1)存货人的姓名或者名称和住所。

(2)仓储物的损耗标准。

(3)储存场所，即储存仓储物的具体场所。

(4)储存期限。

(5)仓储费。

(6)仓储物已经办理保险的，应记载其保险金额、期间以及保险公司的名称。

(7)仓单的填发人、填发地以及填发日期。

此外，仓单还是处理保管人与存货人或提单持有人之间关于仓储合同纠纷的依据。

二、仓储合同与保管合同的区别

仓储合同是一种特殊的保管合同,它是商事合同的一种类型,仓储合同没有规定的,适用保管合同的有关规定。两者的区别主要有以下几个方面:

(1)合同主体不同。保管合同的主体为一般民事主体,没有资质的特殊要求;而仓储合同中的仓储人须具备特殊的资质和仓储条件。

(2)合同成立的时间不同。一般的保管合同是实践性的合同,从交付保管物时合同成立;而仓储合同是诺成性的合同,自双方当事人达成合意时成立。

(3)是否有偿不同。一般的保管合同原则上是无偿合同,除非当事人特别约定为有偿;而仓储合同原则上为有偿合同,除非当事人有特别约定。

(4)是否签发仓单不同。一般的保管合同没有仓单流转的问题;而仓储合同涉及仓单的流转,因此法律规定保管人应当向存货人出具仓单等凭证。

第二节　仓储合同的法律效力

一、仓储合同对保管人的效力

(1)给付仓单、入库单的义务。《民法典》第908条规定:"存货人交付仓储物的,保管人应当出具仓单、入库单等凭证。"仓单或者入库单是保管人收到仓储物后给存货人开具的表示其收到仓储物的凭证,也是存货人提取仓储物的凭证。

特别注意仓单和入库单的区别。仓单也是存货人对仓储物享有所有权的凭证。存货人在仓单上背书并经保管人签名或者盖章,可以转让提取仓储物的权利;仓单作为一种有价证券,根据《民法典》第440条的规定是可以出质的。而入库单没有背书转让或者出质的功能,这是仓单和入库单等其他凭证的重要区别。

(2)接收、验收以及通知的义务。《民法典》第907条规定:"保管人应当按照约定对入库仓储物进行验收。保管人验收时发现入库仓储物与约定不符合的,应当及时通知存货人。保管人验收后,发生仓储物的品种、数量、质量不符合约定的,保管人应当承担赔偿责任。"

(3)危险通知及处置的义务。《民法典》第912条、913条规定,当仓储物出现危险时,保管人有义务及时通知存货人或者仓单持有人。保管人对入库仓储物发现有变质或者其他损坏,危及其他仓储物的安全和正常保管的,应当催告存货人或者仓单持有人作出必要的处置。因情况紧急,保管人可以作出必要的处置,但事后应当将该情况及时通知存货人或者仓单持有人。

(4)妥善保管的义务。保管人应当按照合同约定的储存条件和保管约定,亲自妥善保管保管物。这是保管人的义务,一旦保管物发生毁损,保管人就要承担违约责任。但是由于不可抗力、自然因素或货物本身的性质发生存储货物的灭失、变质、损坏、污染的,保管人不用承担损害赔偿责任。

(5)返还仓储物的义务。储存期限届满,保管人应当返还仓储物。《民法典》第914条规定:"当事人对储存期限没有约定或者约定不明确的,保管人可以随时请求存货人或者仓单持有人提取仓储物,但是应当给予必要的准备时间。"《民法典》第916条还规定:"存货人或者仓单持有人不提取仓储物的,保管人可以催告其在合理期限内提取;逾期不提取的,保管人可以提存仓储物。"

二、仓储合同对存货人的效力

(1)提取仓储物并支付仓储费用的义务。当事人在合同中约定储存期间的,存货人或者仓单持有人应当在储存期间届满凭仓单提取仓储物,并按约定支付仓储费;存货人或者仓单持有人也可以提前提取仓储物,但是不减收仓储费;存货人或者仓单持有人逾期提取仓储物的,应当加收仓储费。如果存货人拒绝支付仓储费用,则保管人有权留置仓储物以保全自己的债权。

当事人在仓储合同中明确约定储存期间的,在储存期间届满前,保管人不得要求存货人或者仓单持有人提取仓储物,法律另有规定或者当事人另有约定的除外。当事人对储存期间没有约定或者约定不明确的,存货人或者仓单持有人可以随时提取仓储物,保管人也可以随时要求存货人或者仓单持有人提取保管物。但应当给予对方必要的准备时间。

(2)检查仓储物或者提取样品的权利。《民法典》第911条规定,存货人有检查仓储物或者提取样品的权利。

(3)存货人的说明义务。《民法典》第906条规定:"储存易燃、易爆、有毒、有腐蚀性、有放射性等危险物品或者易变质物品,存货人应当说明该物品的性质,并提供有关资料。不履行说明义务,会对保管人的利益造成侵害(如破坏了保管设备和保管场所),导致存货人的侵权责任。"

思考题

1. 仓储合同主要有哪些法律特征?
2. 仓单的含义以及法律规定应该包含的事项有哪些?
3. 仓储合同与保管合同的区别有哪些?

第二十五章　委托合同

【本章概要】 通过本章的学习,了解委托合同的概念、特征以及委托合同的类型,熟悉委托合同的主要内容以及效力,正确区分委托与代理的关系,同时了解委托合同终止的原因。

【本章难点】 委托与代理的关系。

【引　题】 甲委托乙购买一套机械设备,但要求以乙的名义签订合同,乙同意,遂与丙签订了设备购买合同。后由于甲的原因,乙不能按时向丙支付设备款。在乙向丙说明了自己是受甲委托向丙购买机械设备后,关于丙的权利,如何得到实现?

第一节　委托合同概述

一、委托合同的概念和特征

委托合同,又叫委任合同,是委托人和受托人约定,由受托人处理委托人事务的合同。委托合同是一种常见的民事合同,在现实生活中运用广泛。委托人可以特别委托受托人处理一项或者数项事务,也可以概括委托受托人处理一切事务。它具有下列法律特征:

(1)委托合同的标的是处理委托事务的行为。委托合同是一种提供服务的合同,其中处理委托事务的行为既可以是法律行为,也可以是事实行为。委托合同的目的是使委托人的利益得到实现,一般情况下,具有人身属性的法律行为或法律事实不适用委托,如结婚、离婚、收养关系的建立或终止等。

(2)委托合同是诺成、双务、非要式合同。委托合同自当事人达成合意时成立,无须完成一定的行为,因此委托合同是诺成、双务及非要式合同。

(3)委托合同既可以是有偿的,也可以是无偿的。法国民法和德国民法沿袭了罗马法中委托为无偿的原则,也有立法例规定委托应当以有偿为原则。总之,委托合同是否有偿应当尊重当事人的意愿,由当事人双方根据委托事务的性质与难易程度协商决定。

(4)最大诚信合同。委托合同建立在双方相互信任关系的基础上。委托人委托受托人处理事务是以委托人对受托人能力和信誉的信任为基础的,因此,受托人必须亲自办理委托事务,一旦双方丧失了信任基础,任何一方都可以随时解除合同,即使由此赔偿给对方带来的损失也在所不惜。[1]

综上委托合同的特征,要注意将委托与代理进行区分。代理是指代理人以被代理人的名义,在被代理人授权的范围内与第三人所实施的行为。两者的主要区别表现在以下几个方面:

(1)委托合同是代理关系产生的基础,但是委托合同本身并不当然地产生代理权,如果委托合同中没有包含授权内容,则只有在委托人作出授予代理权的单方行为后,受托人才享有代理权。[2]

(2)委托是发生在委托人与受托人之间的内部合同关系,是双方关系;而代理则涉及代理人与第三人和本人的关系,是三方关系。

(3)代理权产生的基础是多样的,如身份关系、劳动关系等都可以产生代理权;而委托合同仅仅是代理权产生的一种基础关系。

(4)委托合同中,受托人既可以以委托人的名义从事活动,也可以以自己的名义进行活动;而在代理关系中,代理人须以被代理人的名义从事活动才可构成直接代理。

(5)代理事务的范围仅包括法律行为和准法律行为;而委托合同中的受托人既可以实施法律行为也可以实施事实行为。

二、委托合同的分类

(一)一般委托和特别委托

一般委托,又可称为概括委托,是指委托人概括授权给受托人处理某些事项的委托。这种委托的授权较为概括,并不针对某项或某几项事务;特别委托

---

[1] 李建伟著:《民法六十讲》,北京:人民日报出版社2020年版,第425页。
[2] 郭明瑞,王轶著:《合同法新论》,北京:中国政法大学出版社1997年版,第303页。

是指委托人将某一项或者某几项具体事务授权给受托人处理。相对于一般委托，特别委托的权利较小，更为具体。《民法典》第920条规定："委托人可以特别委托受托人处理一项或者数项事务，也可以概括委托受托人处理一切事务。"

(二) 有偿委托和无偿委托

依据委托人是否需要支付报酬，可以将委托合同分为有偿委托和无偿委托。《民法典》第928条规定："受托人完成委托事务的，委托人应当按照约定向其支付报酬。因不可归责于受托人的事由，委托合同解除或者委托事务不能完成的，委托人应当向受托人支付相应的报酬。当事人另有约定的，按照其约定。"可见委托合同是否有偿主要依据当事人之间的约定。

(三) 单独受托和共同受托

单独受托是指仅委托一个受托人的委托方式；共同受托是指委托两个或两个以上受托人的委托。在共同受托中，共同受托人承担连带责任，《民法典》第932条规定："两个以上的受托人共同处理委托事务的，对委托人承担连带责任。"

第二节　委托合同的法律效力

委托合同的效力指的是委托合同生效期间所具有的对合同当事人的约束力，即当事人应当承担的义务和责任。

一、委托合同对委托人的效力

(1) 预付和偿还处理委托事务所需的费用。《民法典》第921条规定："委托人应当预付处理委托事务的费用。受托人为处理委托事务垫付的必要费用，委托人应当偿还该费用并支付利息。"

(2) 支付报酬的义务。《民法典》第928条规定："受托人完成委托事务的，委托人应当按照约定向其支付报酬。因不可归责于受托人的事由，委托合同解除或者委托事务不能完成的，委托人应当向受托人支付相应的报酬。当事人另有约定的，按照其约定。"

(3)承受委托事务的法律效果。对于受托人按照委托人的要求完成的委托事项,无论法律后果对委托人是否有利,委托人都应该承受该法律效果。尤其在间接代理中,受托人以自己的名义,在委托人的授权范围内与第三人订立合同的,《民法典》第925条规定,如果第三人在订立合同时知道受托人与委托人之间的代理关系,该合同直接约束委托人和第三人;但是,有确切证据证明该合同只约束受托人和第三人的除外。

(4)不得擅自重复委托。重复委托是指委托关系生效后,委托人又就同一事务委托其他人进行处理的行为。《民法典》第931条规定:"委托人经受托人同意,可以在受托人之外委托第三人处理委托事务。因此造成受托人损失的,受托人可以向委托人请求赔偿损失。"可见,我国民法典允许重复委托,但前提是经过受托人同意,且造成受托人损失的应当赔偿。如果未经受托人同意擅自重复委托的,可以解除委托合同赔偿受托人的损失。

(5)委托人的介入权。委托人的介入权是指当受托人因第三人的原因对委托人不履行合同义务时,委托人依法有权进入受托人与第三人之间的合同关系,从而直接向第三人主张权利。《民法典》第926条规定:"受托人以自己的名义与第三人订立合同时,第三人不知道受托人与委托人之间的代理关系的,受托人因第三人的原因对委托人不履行义务,受托人应当向委托人披露第三人,委托人因此可以行使受托人对第三人的权利。但是,第三人与受托人订立合同时如果知道该委托人就不会订立合同的除外。委托人行使受托人对第三人的权利的,第三人可以向委托人主张其对受托人的抗辩。"

(6)意外风险的损失赔偿责任。《民法典》第930条规定:"委托人在处理委托事务时因不可归责于自己的事由受到损失的,可以向委托人请求赔偿损失。"

二、委托合同对受托人的效力

(1)按照委托人的指示处理委托事务。《民法典》第922条规定:"受托人应当按照委托人的指示在授权范围内处理委托事务,需要变更委托人指示的,应当经委托人同意;因情况紧急,难以和委托人取得联系的,受托人应当妥善处理委托事务,但事后应当将该情况及时报告委托人。"《民法典》第929条规定:"受托人超越权限造成委托人损失的,应当赔偿损失。"

(2)亲自处理委托事务的义务。受托人应当亲自处理委托事务,特殊情况下可以转委托。《民法典》第923条规定,转委托经同意或者追认的,委托人可以就委托事务直接指示转委托的第三人,受托人仅就第三人的选任及其对第三人的指示承担责任。转委托未经同意或者追认的,受托人应当对转委托的第三人的行为承担责任;但是,在紧急情况下受托人为了维护委托人的利益需要转委托第三人的除外。

(3)报告的义务。《民法典》第924条规定:"受托人应当按照委托人的要求,报告委托事务的处理情况。委托合同终止时,受托人应当报告委托事务的结果。"

(4)转交委托事务所得的财产。《民法典》第927条规定:"受托人处理委托事务取得的财产,应当转交给委托人。"

(5)承担损失。有偿的委托合同,因受托人的过错给委托人造成损失的,委托人可以请求赔偿损失。无偿的委托合同,因受托人故意或者重大过失给委托人造成损失的,委托人可以请求赔偿损失。受托人超越权限给委托人造成损失的,应当赔偿损失。

(6)间接代理中受托人的披露义务。此披露义务包括向委托人披露第三人和向第三人披露委托人,其中受托人向委托人披露第三人实际指向委托人的介入权。《民法典》第926条规定:"受托人以自己的名义与第三人订立合同时,第三人不知道受托人与委托人之间的代理关系的,受托人因第三人的原因对委托人不履行义务,受托人应当向委托人披露第三人,委托人因此可以行使受托人对第三人的权利。但是,第三人与受托人订立合同时如果知道该委托人就不会订立合同的除外。受托人因委托人的原因对第三人不履行义务,受托人应当向第三人披露委托人,第三人因此可以选择受托人或者委托人作为相对人主张其权利,但是第三人不得变更选定的相对人。委托人行使受托人对第三人的权利的,第三人可以向委托人主张其对受托人的抗辩。第三人选定委托人作为其相对人的,委托人可以向第三人主张其对受托人的抗辩以及受托人对第三人的抗辩。"

(7)连带责任的承担。两个以上的受托人共同处理委托事务的,对委托人承担连带责任。

三、委托合同的终止

委托合同的终止,又叫委托合同的消灭,是指依法成立的委托合同因法定原因的出现使其效力终止,从而委托合同当事人的权利义务归于消灭。导致委托合同终止的原因有多种,如因委托事务的完成而终止、因受托人或委托人的死亡而终止等,因不同原因终止的委托合同产生的后果也不同。

1.委托人或受托人解除合同

委托合同是基于双方当事人的信任而达成的,而一旦信任丧失很难达成合同效果,因此法律规定委托人或受托人享有任意解除权,即双方当事人均有权随时解除合同。《民法典》第933条规定:"委托人或受托人可以随时解除委托合同。因解除合同造成对方损失的,除不可归责于该当事人的事由外,无偿委托合同的解除方应当赔偿因解除时间不当造成的直接损失,有偿委托合同的解除方应当赔偿对方的直接损失和合同履行后可以获得的利益。"

2.因委托人或者受托人死亡、丧失民事行为能力或者破产而终止合同

委托人死亡、丧失民事行为能力或者受托人死亡、丧失民事行为能力的,委托合同终止;但是,当事人另有约定或者根据委托事务的性质不宜终止的除外。《民法典》第935条规定:"因委托人死亡或者被宣告破产、解散,致使委托合同终止将损害委托人利益的,在委托人的继承人、遗产管理人或者清算人承受委托事务之前,受托人应当继续处理委托事务。"

《民法典》第936条规定:"因受托人死亡、丧失民事行为能力或者被宣告破产、解散,致使委托合同终止的,受托人的继承人、遗产管理人、法定代理人或者清算人应当及时通知委托人。因委托合同终止将损害委托人利益的,在委托人作出善后处理之前,受托人的继承人、遗产管理人、法定代理人或者清算人应当采取必要措施。"

【疑难问题论争18】

有偿委托合同中是否存在真正的任意解除权?

主流意见认为,委托合同任意解除的正当性基础在于,委托合同是以信任的存在为条件;只要彼此之间丧失信任,当事人就可以不附理由地随时解除合同,不在乎合同是否有期限。另外一些观点认为,当事人之间的信任具有很大的主观性,只要当事人认为相互之间不堪信任,委托合同就失去了存续的基础。任何合同都以信任为基础,并非独委托合同以信任为基础,仅以信任为由证成任意解除权,理由并不充分。然而,如果委托合同中的信任关系具有很强的主观性,那就无法基于一个理性人的立场对其进行合理性审查,规定由当事人自己决定是否解除合同,便有了正当性。不过,仅以此为由承认任意解除权,正当性仍不充分,还须考虑有偿委托合同中的受托人是否一旦丧失报酬即失去基本生活保障。在综合考察当事人之间信赖关系的特殊性、受托人生存利益保障的

必要性等因素之后,对于部分有偿委托合同应承认其真正的任意解除权。①

思考题

1. 委托合同的概念是什么?委托合同有哪些特征?
2. 委托与代理的关系是怎样的?
3. 如何理解委托合同的效力?

---

① 武腾:《委托合同任意解除与违约责任》,载《现代法学》2020年第42卷第2期,第69页。

第二十六章　物业服务合同

【本章概要】通过本章的学习,了解物业服务合同的概念和特征,熟悉物业服务合同的主要内容,掌握业主与物业服务人的权利与义务。

【本章难点】物业服务合同中的后合同义务。

【引　题】甲开发商开发"阳光家园"小区,并委托乙物业公司管理小区事务,期限5年。第1年,乙物业公司与丙物业公司订立合同约定,乙将"阳光家园"小区的全部管理事务交由丙来完成。请问乙、丙的合同效力如何?

第一节　物业服务合同概述

一、物业服务合同的概念和特征

物业服务合同是物业服务人在物业服务区域内,为业主提供建筑物及其附属设施的维修养护、环境卫生和相关秩序的管理维护等物业服务,业主支付物业费的合同。传统的合同法理论中没有物业服务合同的类型,我国《合同法》也没有规定该类合同,它是随着我国房地产实践的发展和物业管理的需要产生的,从而在《民法典》中作为一类新型的合同加以规定。

物业服务合同分为两类,即前期物业服务合同与后期物业服务合同。前者是指建设单位(开发商)与物业服务人订立的物业服务合同;后者则是指业主委员会与物业服务人订立的物业服务合同。法律规定,前期物业服务合同约定的服务期限届满前,业主委员会或者业主与新物业服务人订立的物业服务合同生效的,前期物业服务合同终止。《民法典》第939条规定:"建设单位依法与物业服务人订立的前期物业服务合同,以及业主委员会与业主大会依法选聘的物业服务人订立的物业服务合同,对业主具有法律约束力。"

物业服务合同的法律特征表现如下:

(1)物业服务合同的主体具有特殊性。物业服务合同的主体一方为物业服务人,一方为业主,并且是全体业主。物业服务人包括物业服务企业和其他管理人。物业服务企业,是指符合法律规定,依法向业主提供物业服务的民事主体(市场主体)。我国法律要求物业服务企业必须是法人。其他管理人,是指物业服务企业以外的根据业主委托管理建筑区划内的建筑物及其附属设施的组织或者自然人,主要包括管理单位住宅的房管机构,以及其他组织、自然人等。[①] 物业服务主体应当具有一定的专业管理服务能力和相应的管理人员。

(2)物业服务合同以劳务为标的。从其性质而言,物业服务合同属于提供服务的合同,是行为之债。物业服务企业的义务是提供合同约定的劳务服务,一是为业主持续提供建筑物及其附属设施的维修养护;二是在物业服务区域内维护环境卫生;三是对物业服务区域内的相关秩序提供管理服务;四是其他物业方面的服务。

(3)物业服务合同是双务、有偿、诺成且具有继续性的要式合同。物业服务合同因其服务综合事务具有涉及面广且利益关系相当重大,合同履行期也相对较长。为避免口头合同取证困难的缺点,《物业管理条例》明确要求物业服务合同应以书面形式订立,并且须报物业管理行政主管部门备案,因此其为要式合同。而且,物业服务合同并非一次性完成的,物业服务方需要持续性地向业主提供各项物业服务,属于继续性合同。

(4)订立程序的特殊性。由于物业服务合同的一方主体为全体业主,具有集合性的特点,为了提高订约效率,避免纠纷的发生,所以在订立合同时一定要遵循相应的程序。依据《民法典》第278条的规定,如制定和修改业主大会议事规则等许多需要业主共同决定的事项,应当由专有部分面积占比三分之二以上的业主且人数占比三分之二以上的业主参与表决,且应当经参与表决专有部分面积过半数的业主且参与表决人数过半数的业主同意。甚至有些事项需要四分之三以上的业主参与表决并且需要参与表决人数四分之三以上的业主同意。

[①] 最高人民法院民法典贯彻实施工作领导小组主编:《中华人民共和国民法典合同编理解与适用1》,北京:人民法院出版社2020年版,第2553页。

二、物业服务合同的主要内容

根据《民法典》第938条的规定,物业服务合同的内容一般包括服务事项、服务质量、服务费用的标准和收取办法、维修资金的使用、服务用房的管理和使用、服务期限、服务交接等条款。物业服务人公开作出的有利于业主的服务承诺,为物业服务合同的组成部分。

(1)服务事项。《民法典》第942条规定:"物业服务人应当按照约定和物业的使用性质,妥善维修、养护、清洁、绿化和经营管理物业服务区域内的业主共有部分,维护物业服务区域内的基本秩序,采取合理措施保护业主的人身、财产安全。对物业服务区域内违反有关治安、环保、消防等法律法规的行为,物业服务人应当及时采取合理措施制止、向有关行政主管部门报告并协助处理。"除了这些基本服务事项之外,当事人可以在合同中对这些事项作出更为具体、细化,甚至超出以上范围的约定。此外,业主甚至可以委托物业服务人提供一般物业服务事项以外的服务项目,服务报酬由双方约定。

(2)服务质量。服务质量的标准比较抽象,一般都是由当事人在合同中作出特别约定。一般情况下,服务质量的标准与服务费用的标准相匹配。

(3)服务费用的标准和收取办法。服务费用也称物业费,是业主对物业服务人提供的服务所支付的报酬。物业费一般由物业服务成本和利润两部分构成。物业费的收取方式主要有包干制和酬金制两种。包干制是指业主向物业服务人支付固定费用,具体费用标准一般由业主和物业服务人根据政府指导价进行约定,物业服务人自负盈亏。酬金制是指物业服务人在物业服务费中按约定比例或约定数额提取酬金,除酬金外的其余部分则用于各项物业服务事项。物业服务人不得违反法律、法规和部门规章的规定,擅自提高收费标准或者重复收费,否则都构成违规收费。

(4)维修资金的使用。维修资金,又称"公共维修资金"或"专项维修资金",是指由业主缴纳的,专项用于物业服务区域内建筑物的共用部分、共用设施设备保修期满后的维修和更新、改造的资金,如电梯、楼顶等共有部分的维修费用。实践中专项维修资金一般登记在以业主或业主委员会名义开设的专用账户下,由相关部门监督使用。《民法典》第281条规定:"建筑物及其附属设施的维修资金,属于业主共有。经业主共同决定,可以用于电梯、屋顶、外墙、无障碍设施等共有部分的维修、更新和改造。建筑物及其附属设施的维修资金的筹集、使用情况应当定期公布。紧急情况下需要维修建筑物及其附属设施的,业主大会或者业主委员会可以依法申请使用建筑物及其附属设施维修资金。"《民法典》第 278 条还对业主共同决定筹集和使用建筑物及其附属设施维修资金的法定程序作出了规定。2007 年,建设部和财政部联合发布了《住宅专项维修资金管理办法》对住宅专项维修资金的使用和监督管理等进行了详细规定。

（5）服务用房的管理和使用。服务用房又称物业服务用房,是指物业服务人为业主提供物业服务而使用的房屋,不限于办公室、必要工具房等。依据《民法典》第 274 条的规定,物业服务用房属于业主共有。物业服务用房的用途是特定的,除非经过业主大会同意,物业服务人不得擅自改变。

（6）服务期限。服务期限是指双方当事人在物业服务合同中约定的物业服务人提供物业服务的期限,可以是定期也可以是不定期。如果没有约定服务期限或者约定不明确的且不能达成补充协议的,应当视为不定期合同,当事人可以随时解除合同,应当给对方必要的准备时间。在新物业服务人或者业主自己接管之前,物业服务人还是应当继续处理物业服务事项。合同期限届满后,如果当事人没有续约,也没有选聘其他物业服务人的,物业服务人继续提供物业服务的,应当视为物业服务合同继续有效,服务期限为不定期。

（7）服务交接。《民法典》第 949 条第 1 款规定:"物业服务合同终止的,原物业服务人应当在约定期限或者合理期限内退出物业服务区域,将物业服务用房、相关设施、物业服务所必需的相关资料等交还给业主委员会、决定自行管理的业主或者其指定的人,配合新物业服务人做好交接工作,并如实告知物业的使用和管理状况。"

第二节 物业服务合同的法律效力

一、物业服务合同对物业服务人的效力

（1）提供物业服务及安全保障的义务。这是物业服务人最主要的义务,《民法典》第 942 条规定:"物业服务人应当按照约定和物业的使用性质,妥善维修、养护、清洁、绿化和经营管理物业服务区域内的业主共有部分,维护物业服务区域内的基本秩序,采取合理措施保护业主的人身、财产安全。对于物业

服务区域内违反法律法规的行为,物业服务人应当及时采取合理措施制止或者向有关部门报告。"

(2)不得随意转委托的义务。物业服务合同是提供服务的合同,对于物业公司的选择是基于信任,本身就具有人身属性,所以不能随意转委托。《民法典》第941条规定:"物业服务人将物业服务区域内的部分专项服务事项委托给专业性服务组织或者其他第三人的,应当就该部分专项服务事项向业主负责。物业服务人不得将其应当提供的全部物业服务转委托给第三人,或者将全部物业服务支解后分别转委托给第三人。"

(3)信息公开及报告的义务。为了保障业主的知情权和监督权,物业服务人应当将与物业服务有关的事项等情况定期向业主公开并报告。《民法典》第943条规定,物业服务人应当定期将服务的事项、负责人员、质量要求、收费项目、收费标准、履行情况,以及维修资金使用情况、业主共有部分的经营与收益情况等以合理方式向业主公开,并向业主大会、业主委员会报告。

(4)退出及移交的义务。为了保障小区的正常运行及业主的利益,在物业合同终止后,物业公司依然需要承担相应的义务。《民法典》第949条规定:"物业服务合同终止的,原物业服务人应当在约定期限或者在合理期限内退出物业服务区域,将物业服务用房、相关设施、物业服务所必需的相关资料等交还给业主委员会、决定自行管理的业主或者其指定的人,配合新物业服务人做好交接工作,并如实告知物业的使用和管理状况。物业服务期限届满前,物业服务人不同意续聘的,应当在合同期限届满前九十日书面通知业主或者业主委员会,但是合同对通知期限另有约定的除外。"

(5)后合同义务。基于诚信原则并出于对业主利益保护的目的,《民法典》第950条规定:"物业服务合同终止后,在业主或者业主大会选聘的新物业服务人或者决定自行管理的业主接管之前,原物业服务人应当继续处理物业服务事项,并可以请求业主支付该期间的物业费。"

(6)请求报酬的权利。业主违反约定逾期不支付物业费的,物业服务人可以催告其在合理期限内支付;合理期限届满仍不支付的,物业服务人可以提起诉讼或者申请仲裁。但是,物业服务人不得采取停止供电、供水、供热、供燃气等方式催交物业费。

(7)不定期合同解约的通知义务。物业服务期限届满后,业主没有依法作出续聘或者另聘物业服务人的决定,物业服务人继续提供物业服务的,原物业服务合同继续有效,但是服务期限为不定期。当事人可以随时解除不定期物业服务合同,但是应当提前六十日书面通知对方。

二、物业服务合同对业主或者业主委员会的效力

(1)给付物业费的义务。这是业主最主要的义务。《民法典》第944条规定:"业主应当按照约定向物业服务人支付物业费。同时还规定,业主违反约定逾期不支付物业费的,物业服务人可以催告其在合理期限内支付;合理期限届满仍不支付的,物业服务人可以提起诉讼或者申请仲裁。物业服务人不得采取停止供电、供水、供热、供燃气等方式催交物业费。"

(2)事先告知的义务。《民法典》第945条规定了业主相关事项的告知义务,其一是业主装饰装修房屋的,应当事先告知物业服务人,遵守物业服务人提示的合理注意事项,并配合其进行必要的现场检查。其二是业主转让、出租物业专有部分、设立居住权或者依法改变共有部分用途的,应当及时将相关情况告知物业服务人。之所以规定业主的以上义务,是因为发生这些重要事项可能影响到其他业主的合法权益,影响到物业服务人对全体业主的物业服务和对小区内物业的管理。

(3)任意解除权。任意解除是指当事人可以在合同约定的期限届满之前,不需要特别的理由,不受条件限制,根据法律规定或合同约定,仅需自己单方的意思表示就可解除合同。《民法典》为保护业主的利益赋予了业主对物业服务合同的任意解除权,业主依照法定程序共同决定解聘物业服务人的,可以解除物业服务合同。当然为了平衡双方权利义务,法律对该项任意解除权设定了相应的限制。业主决定解聘的,应当提前60日书面通知物业服务人,但是合同对通知期限另有约定的除外。决定对物业服务合同行使解除权的,应当提前60日书面通知物业服务人,使物业服务人有必要的准备时间。如果物业管理合同对通知期限另有约定的,应当依照其约定,不适用60日的规定。因解除物业服务合同造成物业服务人的损失,除不可归责于业主的事由外,业主应当赔偿损失。

【疑难问题论争19】

业主大会是否可授权业主委员会选聘物业服务企业?

我们可以从以下三个层面进行分析。第一,组织的应有职能应与其存续目的相匹配。业主大会的存续目的是管理区分所有建筑物、行使业主共同管理权利,以及维护业主共同利益。业主委员会是业主大会的执行机构,其存续目的是区分所有建筑物的日常管理决策。因此,业主大会的职能是对涉及业主共同

利益的重大事项以会议的方式作出决议,而业主委员会的职能是执行业主大会决议,以会议方式对区分所有建筑物的日常管理进行决策。业主大会的职能包括选举业主委员会或更换业主委员会成员,这显然不能授权给业主委员会行使,与该项并列的事项,包括选聘和解聘物业服务企业,也应属于不能授权给业主委员会行使的事项。第二,根据目的解释法分析《民法典》列举业主大会决议事项的意图,虽然《民法典》并未明文禁止将业主大会的决议事项授权业主委员会决定,但从其列举的业主大会决议事项看,都是涉及业主共同利益的重大事项,应通过召开业主大会会议,由业主讨论进行决策,这样方能使业主表达真实的意愿,切实保护业主利益。业主大会会议的价值在于通过业主平等的参与,对决议事项进行审议,陈述不同意见,由多数业主和少数业主在充分博弈的基础上最终形成合意。通过多数业主和少数业主之间的协商和妥协,实现业主对区分所有建筑物管理的有效参与。业主代表大会的设计之所以得到司法实践的支持,就是因为其避免了区分所有建筑物社区由于业主人数众多难以召开业主大会会议,而书面征求业主意见的方式由于种种弊端又备受诟病的尴尬。业主代表大会可以将有行使自治权要求的业主聚集在一起,在小范围内开展业主自治的实践。通过代议制的设计,业主代表大会将人数控制在可以方便经常召集会议、对表决事项进行充分讨论和协商的规模,保障业主有效参与区内所有建筑物的共同管理。第三,如果允许业主大会授权业主委员会选聘物业服务企业,代理成本过于高昂。代理成本包括监督成本、约束成本和代理人不当行为产生的成本等。由于业主大会运作效能较低,缺少规制业主委员会的有效机制,监督业主委员会的成本很高且效率低下,无法确保业主委员会为业主利益行事而不是谋取私利。虽然业主委员会侵害业主利益,业主委员会委员作为业主其自身利益也会受损,业主委员会的行为有一定的利益约束,但如果业主委员会侵害业主利益的收益远低于其受损利益,则利益约束就会失灵。物业服务企业基于利益激励,有可能通过不正当手段,如贿赂业主委员会委员,以谋求签订物业服务合同的机会。而由于前述原因,对业主委员会的监督和约束是弱监督和弱约束,业主委员会在选聘物业服务企业的过程中极易滥用权利,最终损害业主的利益。据此可以得出结论,业主大会不可授权业主委员会选聘物业服务企业。[①]

[①] 薛源:《民法典新增物业服务合同效力探讨》,载《学术界(月刊)》2020年第10期,第153页。

思考题

1. 试述物业服务合同的特征有哪些。
2. 物业服务合同是委托合同吗?
3. 试述物业服务人的义务有哪些。

第二十七章 行纪合同

【**本章概要**】通过本章的学习,了解行纪合同的概念和特征,能够区分行纪合同和委托合同、间接代理等相近概念的异同,掌握行纪合同的效力。

【**本章难点**】行纪合同与委托合同、间接代理的区别。

【**引　题**】甲将自己的一块手表委托乙寄卖行以200元价格出卖。乙经与丙协商,最后以250元成交。下列(　　)选项是正确的?

A.甲只能取得200元的利益

B.甲可以取得250元的利益

C.乙的行为属于违反合同义务的行为

D.乙可以按照约定增加报酬

第一节　行纪合同概述

一、行纪合同的概念和特征

依据《民法典》第951条的规定,行纪合同是行纪人以自己的名义为委托人从事贸易活动,委托人支付报酬的合同,接受委托的一方为行纪人,另一方则为委托人。行纪合同起源于罗马法中的信托,是一种遗产处理形式。现代社会中,行纪往往由一些专业机构实施,如拍卖行、证券商、房屋中介等。作为一种特殊的委托合同,法律规定此处没有规定的,参照适用委托合同的有关规定。

行纪合同具有以下法律特征:

(1)行纪人从事贸易行为。根据法律规定,就行纪合同的适用范围来说,行纪人从事的活动限于贸易行为,这是行纪合同和委托合同的重要区别。现代社会的行纪活动包括更多财产权益的管理、处分,如房地产买卖、证券交易、期货交易和信托等。

(2)行纪合同中的行纪人具有主体的限定性。行纪人具有一定的专业化,并不是所有民事主体都可以无条件地成为行纪人从事行纪业务,一般专门从事贸易活动,其开业和经营往往需要经过国家有关部门的审批或者登记。例如,从事证券资产管理业务的证券公司必须符合条件并依法设立。

(3)行纪人以自己的名义为委托人办理业务。在行纪中一般存在两个法律关系即委托人和行纪人之间的行纪关系,以及行纪人与第三人之间的合同关系。行纪人在接受委托办理业务时,须以自己的名义,而非委托人的名义进行民事行为。也就是说,行纪人与第三人才是合同的双方主体,行纪人对该合同直接享有权利、承担义务。第三人不履行义务致使委托人受到损害的,行纪人应当承担赔偿责任,但是行纪人与委托人另有约定的除外。

(4)行纪合同是双务、有偿、诺成和不要式合同。只要委托人和行纪人意思表示一致即可成立行纪合同,行纪合同可以采用口头形式、书面形式或者其他形式。委托人负有向行纪人支付报酬的义务。

二、行纪合同与相近合同的区别

(一)行纪合同与委托合同的区别

行纪合同与委托合同最为相似,行纪关系中委托人与行纪人的基础关系就是委托,只不过是委托的事项特殊、固定而已。行纪合同就是一种特殊的委托合同。[①] 作为一种特殊的委托合同,法律规定此处没有规定的,参照适用委托合同的有关规定。

两者的区别则在于:①适用范围不同。行纪合同适用范围窄,仅限于代销等贸易行为,一般是法律行为,而委托合同的适用范围宽,既可以是法律行为也可以是事实行为;②行纪合同的受托人只能以自己的名义处理委托事务,而委托合同的受托人处理事务既可以用委托人名义,也可以用自己的名义;③行纪人一般是专门从事贸易活动,其开业和经营需要经过国家有关部门的审查、登记,而委托合同的当事人不必是专门从事贸易活动的,可以是公民,也可以是法人;④行纪合同是有偿合同,而委托合同既可以是有偿合同也可以是无偿合同。

---

① 杨立新著:《中华人民共和国民法典条文要义》,北京:中国法制出版社2020年版,第669页。

(二) 行纪合同与间接代理的区别

行纪与间接代理十分相似,行纪人或者代理人都是以自己的名义进行活动;行纪和间接代理都存在两个合同关系,而且对内都是受委托人之委托,在委托人的授权范围内从事一定的行为。但是,行纪和间接代理是两种不同的法律关系,两者之间的主要区别有以下几点:

(1)行纪人和间接代理人的资质条件不同。行纪人须取得从事相应行纪行为的特定资质,其开业和经营需要经过国家有关部门的审批或者登记。而间接代理人没有这种资格限制。

(2)与第三人是否发生法律关系不同。虽然间接代理的代理人是以自己的名义与第三人订立合同,但是第三人在订立合同时知道间接代理人与委托人之间的代理关系的,该合同可以直接约束委托人和第三人。如果第三人不知道间接代理人与委托人之间的代理关系,间接代理人因第三人的原因对委托人不履行义务的,委托人因为享有介入权就可以直接行使间接代理人对第三人的权利。而间接代理人因委托人的原因对第三人不履行义务的,第三人享有选择权,可以选择间接代理人或者选择委托人作为相对人。但是在行纪合同中,委托人与第三人之间不发生直接的法律关系。

(3)破产情形下的后果不同。在行纪中,如果行纪人破产,委托人对该货物并不享有取回权,只能以普通债权人的身份与其他债权人一起参加破产分配。在间接代理中,代理人破产的,该货物不属于代理人的破产财产,被代理人可以基于所有权直接取回。

第二节 行纪合同的法律效力

一、行纪合同对行纪人的效力

(1)负担行纪费用的义务。根据《民法典》第952条的规定,行纪人处理委托事务支出的费用,由行纪人负担,但当事人另有约定的除外。

(2)妥善保管委托物的义务。根据《民法典》第953条的规定,行纪人对于占有的委托物应当妥善保管。

(3)合理处理委托物的义务。根据《民法典》第954条的规定,委托物交付给行纪人时有瑕疵或者容易腐烂、变质的,经委托人同意,行纪人可以处分该物,如果和委托人不能及时取得联系的,行纪人可以合理处分。

(4)按照委托人指定价格买卖委托物的义务。根据《民法典》第955条的规定,委托人对价格有特别指示的,行纪人不得违背该指示卖出或者买入。行纪人低于委托人指定的价格卖出或者高于委托人指定的价格买入的,应当经委托人同意或者补偿其差额。行纪人高于指定价格卖出或者低于指定价格买入的,可以按照约定增加报酬。没有约定或者约定不明确,依照《民法典》第510条的规定仍不能确定的,该利益属于委托人。

(5)行纪人的自行交易权,又称为介入权。根据《民法典》第955条的规定,行纪人在接受委托卖出或者买入具有市场定价的商品时,在委托人没有相反的意思表示的情况下,行纪人可以自行介入交易作为委托人的交易相对方,也就是自己可以作为买受人或者出卖人与委托人进行交易,而不影响请求委托人支付报酬的权利。

自己能否可以作为交易的相对人,是行纪人和代理人的区别之一。需要注意的是,行纪合同的委托物必须是有市场价格的商品,这一要件既是行纪人产生介入权的要件,又是判定行纪人是否在对委托人不利时实施介入以及行纪人实施介入对委托人不利时赔偿的标准。例如,甲委托乙购买一辆汽车。乙正好有一辆车是同型号同质量的新车,便按照委托人指定的价格,自己以出卖人的身份把该辆汽车卖给甲。这时乙既是买卖合同的出卖人,又是行纪合同的行纪人。甲不仅要向乙支付买车的价款,还应向乙支付行纪合同所约定的报酬。

(6)报酬请求权和留置权。根据《民法典》第959条的规定,行纪人完成或者部分完成委托事务的,委托人应当向其支付相应的报酬。委托人逾期不支付报酬的,行纪人对委托物享有留置权,但是当事人另有约定的除外。

二、行纪合同对委托人的效力

(1)支付报酬义务。根据《民法典》第959条的规定,行纪人完成或者部分完成委托事务的,委托人应当向其支付相应的报酬。

(2)及时受领委托事务后果以及委托物的取回义务。根据《民法典》第957条的规定,行纪人按照约定买入委托物,委托人应当及时受领。经行纪人催告,委托人无正当理由拒绝受领的,行纪人依法可以提存委托物。委托物不能卖出或者委托人撤回出卖,经行纪人催告,委托人不取回或者不处分该物的,行纪人依法可以提存委托物。

思考题

1. 试述行纪合同的概念和法律特征有哪些。
2. 如何理解行纪合同与委托合同、间接代理的关系?
3. 试述行纪合同的效力。

第二十八章 中介合同

【本章概要】通过本章的学习,了解中介合同的概念和法律特征,区分中介合同与委托合同、行纪合同的异同点,掌握中介合同的法律效力。

【本章难点】中介合同与委托合同、行纪合同的区别。

【引　题】利群公司欲购买一批药品,委托王某提供媒介服务。利群公司和有关当事人对王某提供媒介服务的费用承担问题没有约定,后又不能协商确定。在此情况下,对王某提供媒介服务的费用应按下列(　　)选项确定?

A.利群公司应当向王某预付提供媒介服务的费用
B.在王某促成合同成立时,应当由王某自己承担提供媒介服务的费用
C.在王某未促成合同成立时,应当由王某自己承担提供媒介服务的费用
D.在王某促成合同成立时,利群公司应当承担其提供媒介服务的费用

第一节　中介合同概述

一、中介合同的概念和特征

根据《民法典》第961条的规定,中介合同是中介人向委托人报告订立合同的机会或者提供订立合同的媒介服务,委托人支付报酬的合同。中介合同就是原来《合同法》中的居间合同,因中介合同的表述更符合社会大众的理解和认知而使用。作为一种特殊的委托合同,法律规定此处没有规定的,参照适用委托合同的有关规定。在中介合同关系中,委托他人寻找订立合同机会或订约的媒介服务的一方为委托人;接受该委托,为其提供订立合同机会或媒介服务

的另一方为中介人。报告定约机会的中介行为叫报告中介;提供订立合同媒介服务的中介行为叫媒介中介。

中介合同的法律特征表现如下:

(1)中介合同以促成委托人与第三人订立合同为目的。在中介合同中,中介人是为委托人提供服务的,这种服务表现为报告订约的机会或为订约的媒介。中介合同的标的是中介人进行中介活动的结果,其目的在于通过中介活动获取报酬。中介人的活动只有促成委托人与第三人之间建立起有效的合同关系才有意义。

(2)中介人在合同关系中处于介绍人的地位。无论何种中介,中介人都不是委托人的代理人或当事人一方,中介人只是按照委托人的指示,向委托人报告有关可以与委托人订立合同的第三人,给委托人提供订立合同的机会,或者在当事人之间充当"牵线搭桥"的媒介作用,并不参加委托人与第三人之间具体的订立合同的过程,他的角色只是一个中介服务人。在商事中介中,通常要求中介人符合一定的条件、具有相应的资质,如房地产经纪人资格等。

(3)中介合同是双务、有偿、诺成性和不要式合同。中介人以收取报酬为目的,中介人促成合同成立后,委托人当然要向中介人支付报酬。只要委托人与中介人意思表示一致,中介人就负有依委托人的指示进行中介的义务,而无须以实物的交付作为合同成立的要件。中介合同可以采取口头或者书面形式等合同形式,如果约定不明确,应当遵循交易习惯,当然,专业的中介机构往往都会有相应的格式合同,为委托人提供更加专业、便捷的服务。

二、中介合同与相关合同的区别

主要是中介合同与委托合同、行纪合同的区别。

中介合同、委托合同、行纪合同有很多相似之处。中介合同、行纪合同都属于服务性合同,它们之间有一个共同的特征,其标的是提供劳务而不是物的交付,而且提供的劳务都是在接受委托人的委托基础上处理委托事务或者提供某种服务。也就是说它们都产生于当事人与委托人之间的基础合同之上,又与第三人订立新的合同。它们的不同点主要在于以下几点:

(1)服务行为和行为法律后果的归属不同。中介合同的中介人所提供的服务限于报告订约机会或媒介订约,其服务的范围只是介绍或协助委托人与第三人订立合同,而由委托人与第三人直接订立合同,中介人本人并不与第三人订立合同;委托合同的受托人是以委托人的名义或者以自己的名义进行委托活动,可以向第三人作出意思表示,代委托人与第三人订立合同,依照委托人的指示参与并可决定委托人与第三人之间的关系内容,处理事务的后果直接归于委托人;行纪合同的行纪人是行纪合同的一方当事人,行纪人以自己的名义为委托人办理委托事务,并以自己的名义与第三人订立合同,处理事务的后果是间接地而不是直接地归于委托人,委托人与第三人之间不发生直接的法律关系。

(2)处理事务内容的范围不同。中介合同的中介人实际上是中间人,是为委托人提供与第三人订立合同的机会或提供媒介服务,其行为本身对于委托人与第三人之间订立的合同而言并不具有直接的法律意义;委托合同的受托人是按委托人的要求处理受托事务,处理的事务可以是有法律意义的事务,也可以是非法律意义的事务;行纪合同的行纪人则是按委托人的要求,从事特定的民事法律行为,其受托的事务只能是民事法律行为,其行纪行为具有法律意义。

(3)是否有偿以及报酬的来源和支付条件不同。中介合同是有偿合同,但中介人只能在有中介结果时才有权请求报酬,且在媒介中介时可从委托人和其相对人双方取得报酬;委托合同既可有偿也可无偿,有偿委托的报酬由委托人承担;行纪合同都是有偿合同,行纪人的报酬由委托人承担。

(4)费用的负担不同。在中介合同中,中介人促成合同成立的,中介活动的费用由中介人负担。双方可以约定在没有促成合同成立的情况下由一方负担或者双方分担;在委托合同中,委托人负担受托人处理委托事务的费用;行纪合同中,行纪人自己负担处理委托事务支出的费用。

第二节 中介合同的法律效力

一、中介合同对中介人的效力

(1)提供订立合同的机会或订立合同的媒介服务的义务。这是中介人的主要义务,也是中介合同的主要目的。

(2)如实报告有关事项的义务。根据《民法典》第962条的规定,中介人应当就有关订立合同的事项向委托人如实报告。中介人故意隐瞒与订立合同有关的重要事实或者提供虚假情况,损害委托人利益的,不得要求支付报酬并应当承担损害赔偿责任。

这是对中介人报告义务的规定。订约的有关事项,包括相对人的资信状况、生产能力、产品质量以及履约能力等与订立合同有关的事项。订立合同的有关事项根据不同的合同还有许多不同的事项。对中介人来说,不可能具体了解,只需就其所知道的情况如实报告委托人就可以了。但作为中介人应当尽可能掌握更多的情况,提供给委托人,以供其选择。

(3)忠实义务。基于诚实信用原则,中介人还负有忠实义务。例如,中介人不得对交易双方订立合同实施不利影响,从而影响合同的订立或损害委托人的利益;在中介活动中应当遵守法律、法规和国家政策,遵循商事惯例和交易习惯,不得从事违法的中介活动等。

(4)中介报酬及相关费用的请求权。根据《民法典》第963条的规定,中介人促成合同成立的,委托人应当按照约定支付报酬。对中介人的报酬没有约定或者约定不明确,依据本法第510条的规定仍不能确定的,根据中介人的劳务合理确定。因中介人提供订立合同的媒介服务而促成合同成立的,由该合同的当事人平均负担中介人的报酬。

但应当注意的是,促成合同成立的,中介活动的费用由中介人来负担;根据《民法典》第964条的规定,如果中介人未促成合同成立则不享有报酬请求权,但是可以按照约定请求委托人支付从事中介活动支出的必要费用。

二、中介合同对委托人的效力

(1)支付报酬的义务。中介人促成合同成立的,委托人应当按照约定支付报酬。对中介人的报酬没有约定或者约定不明确,依照《民法典》第510条的规定仍不能确定的,根据中介人的劳务合理确定。因中介人提供订立合同的媒介服务而促成合同成立的,由该合同的当事人平均负担中介人的报酬。

(2)负担中介活动中必要费用的义务。中介人未促成合同成立的,委托人应该根据中介人的请求支付从事中介活动支出的必要费用。

(3)承担私下与第三人订立合同的后果。根据《民法典》第965条规定,委托人在接受中介人的服务后,利用中介人提供的交易机会或者媒介服务,绕开中介人直接订立合同的,应当向中介人支付报酬。

这种委托人绕开中介人私下与第三人订立合同的行为就是所谓"跳单"行为,又称"跳中介","跳单"在中介合同中时有发生,尤其体现在二手房买卖时的中介纠纷中。之所以容易发生"跳单",是由中介合同的特征决定的。在中介合同中,当事人双方掌握的信息不对称,中介人利用自身的信息优势为委托人创造缔约机会而取得报酬。与此同时,委托人如何利用中介人提供的交易机会或者媒介服务,难以为外人察觉,况且此时委托人尚未支付中介报酬,这就容易产生道德风险的问题。

委托人向中介人支付报酬是附条件的,需以促成合同成立为条件,而根据《民法典》第159条规定,附条件的民事法律行为,当事人为自己的利益不正当地阻止条件成就的,视为条件已经成就。因此,如果委托人"跳单"而不正当地阻止报酬支付条件成就,视为条件已成就,委托人应向中介人支付报酬。[1]

【疑难问题论争20】

房地产"阴阳合同"中,应当如何确定中介报酬?

实践中,房地产买卖双方为追求利益最大化,达到少交或不交房屋契税和个人所得税等规避税费的目的,往往约定较低的房价到房产交易中心备案,另外,双方再另行签订并履行一个能体现真实交易价格的合同,递交给房地产权登记机关,即所谓的"阴阳合同"。对于上述行为,有的中介机构明知,有的中介机构则直接参与其中,并协助办理。在"阴阳合同"中,当事人往往就中介报酬发生争议,对此,存在不同观点。一种观点认为,应当以备案合同价格作为计算中介报酬的依据。理由是备案合同价格是房地产交易中心用于办理房产证和交纳契税的依据,具有公示效力。另一种观点认为,应当以实际交易价格作为计算依据。理由是实际交易价格是当事人真实意思表示,应当予以尊重。至于备案合同价格,则是当事人的避税行为,与本案并非同一法律关系,本案可不予处理。事实上,真实意思表示是民事法律行为的核心要素,如价格、付款方式等其他条款在"阴阳合同"中约定不一致时,应以双方当事人的真实意思表示为准,非真实意思表示的条款对双方当事人没有法律约束力。房屋的真实成交价格应按买卖合同双方当事人的真实意思来认定,而逃避税收并不是双方订立房屋买卖合同的目的。由于备案合同价格往往低于实际交易价格,其实质是以合法形式掩盖避税的非法目的,损害了国家利益,应当视为无效合同。据此,应当以真实交易价格作为计算中介报酬的依据,否则既鼓励了当事人规避国家税收的行为,同时对中介机构显失公平。[2]

---

[1] 最高人民法院民法典贯彻实施工作领导小组主编:《中华人民共和国民法典合同编理解与适用3》,北京:人民法院出版社2020年版,第2725页。

[2] 最高人民法院民法典贯彻实施工作领导小组主编:《中华人民共和国民法典合同编理解与适用3》,北京:人民法院出版社2020年版,第2718-2719页。

思考题

1. 中介合同的法律特征有哪些？
2. 中介合同、行纪合同及委托合同之间的异同有哪些？
3. 如何理解中介合同的法律效力？

第二十九章 合伙合同

【本章概要】 通过本章的学习,了解合伙合同的概念、特征和主要条款,区分民事合伙与商事合伙的不同,掌握合伙合同的效力以及终止的原因。

【本章难点】 合伙人的利润分配和亏损承担;合伙的终止。

【引　题】 甲律师与乙律师及其他律师共同成立了律师事务所,丙公司与丁公司因专利问题进行了诉讼活动,丙公司聘请甲律师为其辩护,由于甲律师个人的原因导致丙公司败诉。丙公司是否可以向乙律师或者律师事务所要求赔偿?如果律师事务所承担了全部的赔偿责任,其他律师是否可以向甲律师追偿?

第一节　合伙合同概述

一、合伙合同的概念和特征

根据《民法典》第967条的规定,合伙合同是两个以上合伙人为了共同的事业目的,订立的共享利益、共担风险的协议。合伙特别是商事合伙是由合伙合同和合伙组织两部分组成的,合伙合同是合伙产生的基础,规制的是合伙人之间的法律关系,而合伙组织则是对外与第三人产生各种法律关系的主体。合伙是一种比较灵活且便利的创业投资形式,早在罗马法时期就已经成为一种重要的合同形式。在《民法典》通过以前,我国的法律中没有对合伙合同作出专门规定。1997年制定合伙企业法仅规范以合伙协议为基础成立的合伙企业,属于典型的商事主体法,而将各个民事主体之间的合伙排除在外。为了规范实践中大量存在的没有设立合伙企业的合伙关系,《民法典》合同编专章规定了"合伙合同",确立了合伙合同的基本规则,以保护合伙人的合法权益,从而促进经济社会的有序发展。

合伙合同具有下列法律特征:

(1)主体资格的特殊性。合伙合同的合伙人不限于两个以上的自然人,还可以是其他民事主体。由于普通合伙人要对合伙企业债务承担无限连带责任,所以《合伙企业法》第3条规定:"国有独资公司、国有企业、上市公司以及公益性的事业单位、社会团体不得成为普通合伙人。"同时,这种契约型合伙(协议型合伙)虽然较为松散,并不必然先由合伙财产承担合伙债务,但是仍然具有一定的组织性。

(2)合伙合同属于共同行为。合伙合同的成立是基于合伙人之间的互相信任,合伙人之间可以互为代理人,且全体合伙人对合伙债务承担连带责任。因此,合伙具有较强的人合性。合伙人必须有共同的事业目的,这是合伙合同与一般以财产关系为内容的合同的显著区别之一。而且合伙人之间具有利益的共同指向,是合作而非对立和竞争的关系,这也是合伙合同与其他合同不同的地方。

(3)合伙人必须参加合伙事业的经营管理。只提供资金而不参加合伙事业的经营管理,不能成为合伙人。也就是说合伙关系要求合伙人共同出资、共同经营、共享利益、共担风险,这也是合伙合同区别于借款合同的重要特点。

(4)合伙合同属于继续性合同。因为合伙合同中约定的权利义务不可能一次性履行完毕,须随着时间的推移不断产生,因此属于继续性合同,其在解除效力等方面也不同于一般的合同。例如,《民法典》第976条对不定期合伙合同解除的规定:"合伙人对合伙期限没有约定或者约定不明确,依据本法第五百一十条的规定仍不能确定的,视为不定期合伙。合伙期限届满,合伙人继续执行合伙事务,其他合伙人没有提出异议的,原合伙合同继续有效,但是合伙期限为不定期。合伙人可以随时解除不定期合伙合同,但是应当在合理期限之前通知其他合伙人。"

(5)原则上合伙合同属于不要式合同,如果合伙人通过合伙合同设立合伙企业则需要订立书面合同。

二、合伙合同的分类

(1)民事合伙合同与商事合伙合同。民事合伙合同是指不以设立合伙企业为目的的合伙合同,是《民法典》调整的重心;而商事合伙合同是指以设立合伙企业并从事营利性营业活动为目的而达成的合伙合同,也是《民法典》合伙合同调整的一种类型。

(2)持续合伙合同与偶然合伙合同。持续合伙合同是指合伙人订立的在较长时间内存续的合伙合同,往往有一个较为稳定的经营目标;而偶然性合伙合同是合伙人为了特定事项而临时组成的持续时间较短的合伙关系,往往不具有稳定持续性。

(3)定期合伙和不定期合伙。定期合伙存在明确固定的合伙期限,而不定期合伙中没有明确约定合伙期限,这种不定期合伙中的合伙人享有任意解除权。

第二节 合伙合同的法律效力

一、合伙的内部关系

(1)合伙人的出资义务。合伙人的出资是合伙经营的基础,也是合伙对外承担责任的财产基础。《民法典》第968条规定:"合伙人应当按照约定的出资方式、数额和缴付期限,履行出资义务。"根据《合伙企业法》的有关规定,合伙人可以用货币、实物、知识产权、土地使用权或者其他财产权利出资,也可以用劳务出资。合伙人以实物、知识产权、土地使用权或者其他财产权利出资,需要评估作价的,可以由全体合伙人协商确定,也可以由全体合伙人委托法定评估机构评估。合伙人以劳务出资的,其评估办法由全体合伙人协商确定,并在合伙协议中载明。无论是出资方式、数额和缴付期限都应当在合伙协议中约定。

(2)确定合伙财产的归属。《民法典》第969条规定:"合伙人的出资、因合伙事务依法取得的收益和其他财产,属于合伙财产。合伙合同终止前,合伙人不得请求分割合伙财产。"可见,合伙财产在性质上属于共同共有[1],具有一定的独立性,应当由全体合伙人共同管理和使用,在共同共有的基础关系消灭,即合伙合同终止前,合伙人不得请求分割合伙财产。除此之外,合伙人也不得擅

---

[1] 王利明著:《合同法》(下),北京:中国人民大学出版社2021年版,第439页。

自向合伙人以外的第三人转让合伙份额。《民法典》第 974 条规定:"除合伙合同另有约定外,合伙人向合伙人以外的人转让其全部或者部分财产份额的,须经其他合伙人一致同意。"

(3)依照法律和合伙合同的约定执行合伙事务。与法人专门设有执行机构不同的是,合伙事务原则上由全体合伙人共同执行,这体现了合伙更强的人合性。《民法典》第 970 条规定:"合伙人就合伙事务作出决定的,除合伙合同另有约定外,应当经全体合伙人一致同意。合伙事务由全体合伙人共同执行。按照合伙合同的约定或者全体合伙人的决定,可以委托一个或者数个合伙人执行合伙事务;其他合伙人不再执行合伙事务,但是有权监督执行情况。合伙人分别执行合伙事务的,执行事务合伙人可以对其他合伙人执行的事务提出异议;提出异议后,其他合伙人应当暂停该项事务的执行。"合伙人执行合伙事务原则上是无偿的,但合伙合同有约定的除外。

(4)依照法律和合伙合同的约定进行利润分配和亏损分担。"有福同享,有难同担"是合伙人应有的基本常识,这一常识上升到立法,就是利润分配和亏损分担问题。《民法典》第 972 条规定:"合伙的利润分配和亏损分担,按照合伙合同的约定办理;合伙合同没有约定或者约定不明确的,由合伙人协商决定;协商不成的,由合伙人按照实缴出资比例分配、分担;无法确定出资比例的,由合伙人平均分配、分担。"

(5)依照法律和合伙合同的约定承担债务。《民法典》第 973 条规定:"合伙人对合伙债务承担连带责任。清偿合伙债务超过自己应当承担份额的合伙人,有权向其他合伙人追偿。"由于合伙本身并不是独立的民事主体,所以合伙债务直接由合伙人对外承担连带责任。但是,任何连带责任对内其实都是按份的,所以清偿合伙债务超过自己应当承担份额的合伙人,有权向其他合伙人追偿。

二、合伙的外部关系

(1)合伙人与第三人发生法律关系时的效果归属。合伙事务执行人代表合伙组织与第三人发生的法律关系之效果归属于合伙组织及全体合伙人,即使合伙人对合伙事务的执行作出了约定和限制,该约定和限制仅属于内部约定,不能对抗善意第三人。这也是出于对善意第三人合理信赖的保护,是维护交易安全的需要。

(2)合伙人原则上对外承担无限连带责任。《民法典》第 973 条规定:"合伙人对合伙债务承担连带责任。清偿合伙债务超过自己应当承担份额的合伙人,有权向其他合伙人追偿。"

(3)合伙财产的转让原则尚需要经过全体合伙人的同意。《民法典》第974条规定:"除合伙合同另有约定外,合伙人向合伙人以外的人转让其全部或者部分财产份额的,须经其他合伙人一致同意。"

(4)合伙人的债权人不得代位行使合伙人的合伙权利。合伙人在合伙以外以自己的名义为自己的目的所从事的经营或交易等民事活动产生的债务,属于其个人债务,应由合伙人独自偿还。因该债务与合伙无关,所以合伙人的债权人一般不得就该债务主张合伙人对合伙或者合伙财产的权利。因此《民法典》第975条规定:"合伙人的债权人不得代位行使合伙人依照本章规定和合伙合同享有的权利,但是合伙人享有的利益分配请求权除外。"

三、合伙的终止

合伙终止的原因主要有以下几种:

(1)合伙期限届满,合伙人决定不再经营。

(2)不定期合伙的任意解除。《民法典》第976条规定:"合伙人对合伙期限没有约定或者约定不明确,依据本法第五百一十条的规定仍不能确定的,视为不定期合伙。合伙期限届满,合伙人继续执行合伙事务,其他合伙人没有提出异议的,原合伙合同继续有效,但是合伙期限为不定期。合伙人可以随时解除不定期合伙合同,但是应当在合理期限之前通知其他合伙人。"

(3)合伙人约定的解散事由出现。

(4)合伙的目的已经无法实现。

(5)全体合伙人决定解散。

(6)合伙人死亡、丧失民事行为能力或者终止。《民法典》第977条规定:"合伙人死亡、丧失民事行为能力或者终止的,合伙合同终止;但是,合伙合同另有约定或者根据合伙事务的性质不宜终止的除外。"

合伙解散后为了厘清其对内对外的财产关系,往往需要对其财产进行清算。《民法典》第978条规定:"合伙合同终止后,合伙财产在支付因终止而产生的费用以及清偿合伙债务后有剩余的,依据本法第九百七十二条的规定进行分配。"也就是按照合伙合同的约定办理;合伙合同没有约定或者约定不明确的,由合伙人协商决定;协商不成的,由合伙人按照实缴出资比例分配、分担;无法确定出资比例的,由合伙人平均分配、分担。

【疑难问题论争 21】

合伙财产的归属。

关于合伙财产的归属,《合伙企业法》第 20 条规定合伙财产为合伙企业的财产,合伙企业是独立的民事主体,享有相对独立的合伙财产。《民法典》第 104 条也承认了"非法人组织的财产"。因此,在合伙企业的情形中,合伙财产归属于合伙企业,而非合伙人。在未形成组织的合伙中,《中华人民共和国民法通则》第 32 条区分了出资财产和合伙经营积累的财产,后者明确规定为合伙人共有,而对前者仅规定为"由合伙人统一管理和使用";《民法典》第 969 条第 1 款则对此未作明确规定。在学说中,对于合伙财产的归属也存在很大争议,有观点认为属于全体合伙人共同共有;有观点认为属于全体合伙人按份共有;也有观点认为根据《中华人民共和国民法通则》第 32 条区分合伙人出资和合伙运营财产,是混合共有。①

思考题

1. 合伙合同的特点有哪些?
2. 如何理解合伙合同的效力?
3. 合伙合同终止的情形有哪些?

---

① 朱虎:《〈民法典〉合伙合同规范的体系基点》,载《法学》2020 年第 8 期,第 26 页。

第四编
准合同

  无因管理和不当得利都是债产生的原因,属于法定之债。虽然《民法典》总则编第121条、第122条分别对无因管理和不当得利制度作了原则性规定,但远不能完全规范该制度。

  由于此次《民法典》的编纂没有设置债法总则,而是保持合同法总则体系的完整性,以合同编发挥了债法总则的功能,因此借鉴法国等部分大陆法系国家和英美法系国家将无因管理和不当得利作为准合同对待的经验,又将无因管理和不当得利以准合同的形式加以具体化的规定。

第三十章 无因管理

【本章概要】 通过本章的学习,了解无因管理的概念特征及构成要件,掌握无因管理的效力。

【本章难点】 无因管理的定义及法律效果;无因管理的构成要件;管理人的义务;受益人的责任。

【引　题】 甲、乙邻居,甲外出长时间未归,房屋闲置。甲外出前曾留房屋钥匙一把于乙,乙为增加甲收入,将房屋出租于丙。乙是否构成无因管理?

第一节　无因管理的概念及构成

一、无因管理的概念

无因管理是指没有法定的或者约定的义务,为了避免他人利益受损失而进行管理或者服务的行为。《民法典》第 979 条规定了无因管理的定义和构成要件,管理人没有法定的或者约定的义务,为避免他人利益受损而管理他人事务的,可以请求受益人偿还因管理事务而支出的必要费用;管理人因管理事务受到损失的,可以请求受益人给予适当补偿。管理事务不符合受益人真实意思的,管理人不享有前款规定的权利;但是,受益人的真实意思违反法律或者违背公序良俗的除外。管理事务的当事人被称为管理人,事务被管理的一方当事人被称为本人,因本人一般从管理事务中受益,所以又可称为受益人。

从无因管理的定义中,我们可以看出法律的价值取舍,一方面法律鼓励他人的互助行为;另一方面,法律禁止过度干预他人的生活以实现保护私权的目的。立法者也试图找到两者之间平衡的界点。从性质上说,无因管理不以意思表示为要素,不属于民事法律行为,它是一种合法的事实行为,是一种法律事实,不适用民法关于意思表示和法律行为的规定。如果是对"事务管理的实施"进行分析,或者说考察一个具体的管理行为,某个或者某些具体行为可能是法律行为,如招工修缮房屋、代人清偿水电费等。不过,该法律行为只是为管理事务所采取的措施和方法,因而未能改变无因管理为事实行为的本性。[①]

二、无因管理的构成

无因管理虽然是法律所鼓励的合法行为,但是它毕竟具有干涉他人事务的特征,为了避免被滥用,必须明确无因管理的构成要件:

1.在客观上管理了他人事务

管理的对象须是他人事务,但管理人在管理他人事务的过程中可以同时兼顾自己的利益。此处的管理事务,是指有关人们生活利益并能成为债务的一切事项,而无论是涉及他人经济利益的事项还是涉及他人非经济利益的事项,无论是管理财产的事项还是提供服务的事项。但是应当注意的是这里的"管理事务"比委托合同中处理的事务含义狭窄得多,仅限于"为避免他人利益受损失"而进行管理且能够产生债务关系的管理。无因管理重在管理事务本身,目的是否达成,不影响无因管理之成立。

还需要注意的是在合同无效、被撤销或者不成立的情形下,双方当事人之前的行为均是履约的行为,而非为管理他人事务,所以不构成无因管理,但属于不当得利的,按照不当得利制度处理。好意施惠的行为虽具有管理他人事务的表象,但因管理人没有受约束的意思,属于社会应酬行为,原则上受道德规范,不应纳入无因管理范围。

2.在主观上是为了他人利益而管理事务

有为他人谋利益的意思,也是无因管理阻却违法性的根本原因。为他人管理事务的含义是指管理人认识到其所管理的事务属于他人事务,并欲使管理事务所生利益归属于他人(受益人),需对他人事务有管理的意思。通常认为,管理人为自己之意思与为他人之意思可以并存,为他人管理事务兼具为自己利益者,不碍无因管理之成立。只要管理行为在客观上避免了他人利益受损且管理人不纯粹是出于为自己谋利的目的,就构成无因管理行为。

[①] 崔建远著:《债法总论》,北京:法律出版社2013年版,第316页。

3.实际上没有法定或约定的义务

无法律上之义务是指既没有法定义务(如监护、赡养、财产代管、消防警察救火),也没有约定的义务(如委托、雇佣等)。管理人对管理他人事务是否有法定或者约定义务,是认定是否构成无因管理的前提条件。

4.关于当事人的行为能力

受益人不必具备行为能力,故受益人为无行为能力人或限制行为能力人的,并不妨碍无因管理的成立。

管理人是否须有行为能力?通说认为无因管理本身属事实行为,故原则上不要求管理人有行为能力;但在管理的事务为法律行为(如代人还债)时,管理人应具有相应的行为能力。①

需要注意的是,虽然符合本人的意愿不影响无因管理的构成,但是应当充分尊重民事主体处分自己权利的意愿,如果管理行为违背了本人的真实意思且管理人知道或者应当知道该真实意愿的,则其管理行为就构成不适当的无因管理,不享有向本人请求偿还必要费用和请求损害补偿的权利。

三、特殊的无因管理

1.不适当的无因管理

不适当的无因管理是相对于我们所介绍的适当的无因管理而言的,是指管理人没有法定的或者约定的义务,虽然为避免他人利益受损失而管理他人事务,但不符合受益人真实意思的管理行为。根据《民法典》第979条第2款的规定,除受益人的真实意愿违反法律或者违背公序良俗外,不适当无因管理的管理人原则上不享有请求受益人偿还必要费用和补偿损失的权利。但是从公平的角度讲,考虑到这种管理虽是违背受益人的意愿,但是管理人仍有为本人利益进行管理的意愿,而且本人也享受了管理利益,所以有义务偿还管理人在管理事务中所支付的必要费用;管理人因管理事务受到的损失也可以请求本人给予适当补偿,但是不应超过管理人在管理中获得的利益。

2.不真正的无因管理

不真正的无因管理是相对于真正的无因管理而言的,是指管理人的管理只是具有管理行为的外观,而非真正为他人利益进行的管理。不真正的无因管理主要包括三种情况:一是不法管理,即明知是他人事务而是为自己利益而为管理,如无权处分行为。这种管理因管理人没有为他人管理的意思,本就不属于

---

① 李建伟著:《民法六十讲》,北京:人民日报出版社2020年版,第451页。

无因管理的范围,但考虑到本人依据侵权行为或者不当得利请求损害赔偿或者返还利益时,请求范围反倒不如依据无因管理请求管理人请求的利益范围大,因此若不准用无因管理的返还请求权制度,不但对本人不公正,还有可能诱使更多的不法管理行为发生。因此对于不法管理这种不真正的无因管理,可以准用真正的无因管理返还制度,即本人可以向管理人主张不法管理所获得的利益。二是误信的无因管理,即将他人的事务误认为是自己的事务而进行管理的行为。这种误信无论是因本人、管理人还是共同的原因导致的,均应当适用不当得利或者侵权行为制度进行处理,具体的处理结果因发生原因的不同而不同。三是幻想管理,即误将自己的事务作为他人事务进行管理的行为,因不满足无因管理中为他人管理事务的实质要求,也不构成无因管理,而属于不当得利或者侵权行为。[1]

第二节 无因管理的法律效力

无因管理一经成立,当事人之间即形成法定之债的关系。

一、管理人的义务

1.管理人的善良管理义务

首先,管理人的事务管理不应当违背受益人的管理意思。《民法典》第979条第2款规定:"管理事务不符合受益人真实意思的,管理人不享有前款规定的权利;但是,受益人的真实意思违反法律或者违背公序良俗的除外。"其次,管理人应当按照有利于受益人的方法进行管理。《民法典》第981条规定:"管理人管理他人事务,应当采取有利于受益人的方法。中断管理对受益人不利的,无正当理由不得中断。"此条规定了管理人在管理事务的过程中必须尽到善良管理人的义务。如果在管理事务的过程中,没有注意到该义务而侵害了被管理人的权利,则可能要承担侵权责任。

2.管理人的通知义务

《民法典》第982条规定:"管理人管理他人事务,能够通知受益人的,应当

---

[1] 黄薇主编:《中华人民共和国民法典合同编解读》(下),北京:中国法制出版社2020年版,第1563页。

及时通知受益人。管理的事务不需要紧急处理的,应当等待受益人的指示。"通知义务是指管理人开始管理时,如能通知受益人,应当及时通知受益人;如无急迫情事者,应依受益人指示。如果受益人指示继续管理,视为对管理事务的承认,若被管理人指示停止管理,而管理人仍未管理时,应认为违反了受益人之意思,自其违反指示而未管理时起,适用不当的无因管理规定。《民法典》第979条第2款对此有规定。

3.管理人的报告及转交财产义务

《民法典》第983条规定:"管理结束后,管理人应当向受益人报告管理事务的情况。管理人管理事务取得的财产,应当及时转交给受益人。"管理人向本人报告管理事务的形式没有限制,书面形式、口头形式或者其他方式均可。有管理事务相关资料的应当一并交付给本人,以确保本人全面了解管理的过程和结果。而且,因为管理人不得因无因管理而获取利益,所以在管理事务结束后,管理人应当将因管理事务所收取的财务、孳息等财产以及以自己名义为本人所取得的权利返还给本人。

二、管理人的权利

(1)支出必要费用偿还请求权。管理人为管理事务支出必要费用,可以请求受益人偿还。

(2)清偿负担债务请求权。管理人因管理事务而对第三人负担的债务,可以请求受益人代为清偿。受益人拒绝的,管理人可对第三人自行偿付,然后再向受益人行使代位求偿权。

(3)损害赔偿请求权。管理人因管理事务而受损害的,可请求受益人给以适当补偿。

《民法典》第984条规定:"管理人管理事务经受益人事后追认的,从管理事务开始时起,适用委托合同的有关规定,但是管理人另有意思表示的除外。"这是本人对管理人管理自己的事务予以追认的规定,这种追认原则上应当以明示方式进行,不排除特殊情况下默示方式的追认,但本人请求管理人返还因管理所获得利益的行为本身不构成追认。本人通过追认行为不但认可管理人的管理行为符合自己的意愿而且通过追认行为事实上授权管理人对自己的事务继续进行管理。一旦本人追认管理人与本人之间的权利义务,除非管理人另有意思表示,则法律关系就由无因管理制度调整为由委托合同制度来调整。

【疑难问题论争 22】

无因管理人是否享有报酬请求权？

无因管理人是否享有报酬请求权？学界一直存在着不同的学说，有否定说、有限肯定说、完全肯定说。其中，支持否定说的学者以梁慧星等学者为主要代表。梁慧星教授认为："无因管理本为社会善良行为，法律鼓励社会成员从事无因管理，但不鼓励社会成员通过无因管理为自己谋利。如果管理人因无因管理行为而收取报酬，与无因管理制度为他人利益而存在的基本目的不合。"基于否定说观点，如果承认无因管理人因管理行为而享有报酬请求权，无疑是在鼓励社会成员通过无因管理为自己谋取利益，此结论显然不合适。如上文所述，我国民事立法也暂不承认无因管理人享有报酬请求权。

有限肯定说为德国和我国台湾地区通说。该学说认为，管理人通常不能就其为他人管理事务而请求报酬，但倘若管理事务系管理人之职业范畴时，如医师救助遭遇车祸之人，应肯定其有报酬请求权。基于有限肯定说的观点，管理人享有报酬请求权的前提，是无因管理的事务本身与管理人的职业行为有关。郭明瑞教授也认为："无因管理人一般不享有报酬请求权，但如果管理人的报酬能计入必要费用，则应当允许请求偿付……管理事务系在管理人的职业范围内的，可认为有间接财产支出，得请求通常的报酬的赔偿。"

完全肯定说以郑玉波等学者为主要代表。郑玉波教授认为："无因管理制度一方面保护了本人利益，一方面谋取社会利益，若对管理人赋予报酬请求权，不更具有重要之意义乎？"基于完全肯定说的视角，只要是行为人认真从事了无因管理事务，便应肯定报酬请求权的存在，不因管理事务是否系职业行为而不同。[①]

思考题

1. 无因管理的构成要件有哪些？
2. 如何理解管理人的效力？

[①] 孙毅：《无因管理人报酬请求权的合理性分析》，载《黑龙江生态工程职业学院学报》2020 年第 1 期，第 79~82 页。

第三十一章 不当得利

【本章概要】通过本章的学习,了解不当得利的概念、特征以及构成要件,掌握不当得利的法律效果。

【本章难点】不当得利的构成要件;不当得利的法律效果。

【引　题】村民陈某在耕田时捡到一匹马,并牵回家饲养,同时等待马的主人来认领。时隔一年,仍未有人来认马,陈某也要搬到县城里居住,经人介绍,陈某将马在县交易所以市场价格卖给了邻村的赵某,但卖马时陈某并未说明马是他人的。几天后,马的主人郭某来找陈某认领马。问:如果陈某捡到马后故意隐蔽信息,意在占有,与郭某构成什么民事法律关系?

第一节　不当得利的概述

一、不当得利的概念

不当得利是指没有法律根据,使他人受到损失而自己获得利益的事实。正因为不当得利没有法律根据,因此虽属既成事实也不能受到法律的保护,取得利益的人应将不当利益返还给受损失的人,这种权利义务关系就是不当得利之债。其中,取得不当利益的人为受益人,是不当得利之债的债务人,负有返还不当得利的债务;财产受损失的人为受害人,是不当得利之债的债权人,享有请求受益人返还不当利益的债权。

不当得利制度起源于罗马法,用于调节和平衡当事人之间的财产流转关系,以恢复当事人之间在特定情形下所发生的非正常的利益变动,如拾得遗失物。不当得利与无因管理不同,从性质上说他是一种法律事实,法律规定不当得利的目的并不是对某人或某行为的非难,而是在于消除没有法律上的原因而取得的利益,消除当事人之间利益不当变动的事实状态,恢复正常的民法秩序。除非受领不当得利的人在明知的情况下仍然占有不当利益的才应当受到法律的谴责。

二、不当得利的构成要件

根据《民法典》第122条的规定:"因他人没有法律根据,取得不当利益,受损失的人有权请求其返还不当利益。"不当得利的构成要件包括以下四个方面:一方取得利益;另一方受到损失;取得利益与受到损失之间有因果关系;无法律上的根据。

1.一方取得利益

根据《民法典》第985条的规定,得利人没有法律根据取得不当利益的,受损失的人可以请求得利人返还取得的利益,得利人没有法律根据取得不当利益是不当得利的一个构成要件。所谓取得利益,是指因为一定事实使财产总额增加。增加有积极的增加和消极的增加两类。财产的积极增加,是指权利的增强或义务的消灭,使财产范围扩大。财产消极的增加,是指当事人的财产本应减少却因一定事实而没有减少。①

2.另一方受到损失

损失,包括现有财产利益的减少,即直接损失或积极损失,以及财产利益应当增加而没有增加,即间接损失或消极损失。就间接损失而言,只要在通常情况下财产可能增加而实际没有增加即为损失。这是因为不当得利制度的功能在于使得利人返还其没有法律上原因而取得的利益,而非填补损害。②

3.取得利益与受到损失之间有因果关系

要成立不当得利,还需要受害人损失与受益人取得利益有因果关系。此处的因果关系是指受益人的利益取得建立在受害人损失的基础上。就因果关系而言,存在直接因果关系和非直接因果关系两种学说。

直接因果关系说认为,受益和损失须基于同一事实而发生。如果损失和受益系基于两个不同的事实,即使这两个事实之间有牵连关系,也不应视为具有因果关系。非直接因果关系说认为,如果受益与受损之间具有牵连关系,依社

---

① 王利明,杨立新等著:《民法学》,北京:法律出版社2020年版,第875页。
② 王利明著:《民法》,北京:中国人民大学出版社2020年版,349页。

会观念,也应成立不当得利。①

4.无法律根据

根据《民法典》第985条的规定,具备了损失和受益有因果关系这一条件,并不必然成立不当得利,还需要"无法律根据"这一要件。不当得利中的"无法律根据"是指受益人取得利益并非基于法律规定,也非基于其他合法方式。

三、不当得利的类型

(一)给付不当得利

给付不当得利是指得利于他人基于给付行为而移转利益,因欠缺给付目的而发生的不当得利。给付不当得利主要包括以下几点主要类型:

(1)给付目的自始不存在。又称为自始欠缺给付目的,是指当事人给付之时就不具有给付的原因而构成不当得利。包括非债清偿;民事行为不成立、无效以及被撤销所产生的不当得利。

(2)给付目的嗣后不存在。它是指在给付时明确有法律上的原因,但之后该原因已经不复存在。包括因合同解除产生的不当得利;其他给付目的嗣后不存在的给付不当得利。例如,附解除条件或终期的法律行为,因不可归责于双方的事由致使不能实现对待给付的。

(3)给付目的不达。它是指为实现将来某种目的而为给付,但日后因某种障碍不能达到目的。例如,附停止条件的债务而条件不成就的,得利人所受的给付即为不当得利。

(二)非给付不当得利

非给付不当得利是指因给付之外的事由而发生财产利益变动的不当得利。包括人的行为以及法律规定。

(1)因侵害发生的不当得利。又称为得利人行为发生的不当得利,它是指得利人以自己的行为侵害他人合法权益而发生的不当得利。此种不当得利对受损人损失的判定应当依照得利人是否因此获得利益作为标准,得利人因其行为获得利益的即可判定受损人受到损失。此种不当得利通常会构成侵权行为,当然并不尽然。如果该行为既构成不当得利又构成侵权行为的,当事人可择一请求权行使。因侵害行为发生的不当得利主要形式如下:

①无权处分他人之物。一是无权处分人有偿处分,受让人为善意时,依照

---

① 江平主编:《民法学》(第四版),北京:中国政法大学出版社2019年版,601页。

《中华人民共和国物权法》(以下简称《物权法》)第106条规定,构成善意取得,受损人和处分人之间构成不当得利并侵权责任,受损人既可主张不当得利返还也可主张侵权赔偿;二是无权处分人有偿处分,受让人为恶意时,受让人不能取得让与物的所有权,所有人对受让人可主张物权请求权,当然也成立不当得利和侵权损害的竞合;三是无权处分人无偿处分,受让人为善意时,依照《物权法》第106条规定,不构成善意取得,受损人既可向受益人主张不当得利返还也可向无权处分人主张侵权赔偿;四是无权处分人无偿处分,受让人为恶意时,处分人未获利益构成侵权,受让人不能取得所有权,所有人可以依照物权请求权主张返还。

②无权使用或者消费他人之物。例如,乘坐交通工具、看电影不购票、租赁期满不返还租赁物等行为,造成物的所有人可得利益的损失,构成不当得利。

③擅自出租他人之物。这一行为构成不当得利和侵权行为的竞合。

④侵害他人知识产权或者人格权。侵害他人知识产权或人格权具有财产利益的权利时,构成不当得利和侵权责任的竞合。

(2)基于受损人发生的非给付不当得利。最典型的是受损人为他人之物支出的费用,如误将他人事务作为自己的事务进行管理的行为,不包括已经构成无因管理的行为。

(3)基于第三人发生的非给付不当得利,即债务人对债权准占有人进行清偿而使债权人债权消灭的行为。同样,第三人以甲的饲料喂养乙的家畜等行为也构成此种不当得利。

(4)基于添附发生的非给付不当得利。例如,以自己的材料装修他人的房屋的行为构成此种不当得利。

(5)基于事件发生的非给付不当得利。例如,因洪水致自己鱼塘的鱼冲到他人的池塘即构成此种不当得利。需要注意的是坠落的果实归土地所有人所有,不构成不当得利。

第二节　不当得利的法律效力

一、不当得利的返还

不当得利的要件具备后,在受益人和受害人之间产生法定的债权债务关

系。即受害人有请求返还不当得利的权利,受益人有返还不当得利的义务。其具体规定如下:

(1)善意得利人返还义务免除。如果得利人不知道且不应当知道取得的利益没有法律根据,取得的利益已经不存在的,不承担返还该利益的义务。这是得利人为善意的情形。得利人为善意,即在得利人取得利益时不知道且不应当知道没有法律根据,其返还利益的范围以利益存在的部分(现存利益)为限;如利益已不存在,则不负返还义务。《民法典》第986条规定:"得利人不知道且不应当知道取得的利益没有法律根据,取得的利益已经不存在的,不承担返还该利益的义务。"所谓现存利益不限于原物的固有形态,如果形态改变,其财产价值仍然存在或者可以代偿,仍然属于现存利益。①

(2)恶意得利人返还义务。《民法典》第987条规定:"得利人知道或者应当知道取得的利益没有法律根据的,受损失的人可以请求得利人返还其取得的利益并依法赔偿损失。"这是得利人为恶意的情形。得利人为恶意,即在取得利益时知道或者应当知道没有法律根据,其返还利益的范围应是得利人取得利益时的数额,即使该利益在返还之时已经减少甚至不复存在,返还义务也不免除,并应当依法赔偿损失。之所以如此,是因为得利人明知其取得利益没有合法根据,却仍然置受损失的人合法利益于不顾,法律对此没有加以特别保护的必要。② 应当注意的是,一得利人在取得利益时为善意,事后为恶意的,其返还范围应以恶意开始之时存在的利益为准。

(3)第三人返还义务。《民法典》第988条规定:"得利人已经将取得的利益无偿转让给第三人的,受损失的人可以请求第三人在相应范围内承担返还义务。"

二、不当得利请求权的排除

《民法典》第985条规定了不属于不当得利的三种例外情形:一是为履行道德义务进行的给付。例如,以金钱接济朋友、婚庆礼金等在法律上并无法定义务,但符合社会的一般道德观念,受损人不得请求返还其利益。二是债务到期之前的清偿。因为此时受领人的受领并非没有合法根据,而且这种受领也发生债务消灭的后果,所以为避免增加不必要的法律繁琐程序,受损人不得主张不当得利;三是明知无给付义务而进行的债务清偿。这种明知无给付义务而为

---

① 王利明,杨立新等著:《民法学》(第六版),北京:法律出版社2020年版,第876页。
② 王利明著:《民法》,北京:中国人民大学出版社2020年版,351页。

的清偿,法律推定为故意抛弃。

思考题

1.不当得利的构成要件有哪些?
2.不当得利的法律效果有哪些?

参考文献

中文著作类：

[1] 王家福.中国民法学·民法债权[M].北京:法律出版社,1991.

[2] 李永军.合同法[M].北京:法律出版社,2004.

[3] 李永军.合同法[M].6版.北京:中国人民大学出版社,2021.

[4] 崔建远.合同法[M].北京:法律出版社,2010.

[5] 崔建远.合同法[M].7版.北京:法律出版社,2021.

[6] 崔建远.合同法[M].北京:法律出版社,2016.

[7] 崔建远.合同法学[M].北京:法律出版社,2015.

[8] 崔建远.合同法总论(中卷)[M].北京:中国人民大学出版社,2012.

[9] 崔建远.债法总论[M].北京:法律出版社,2013.

[10] 王利明.合同法研究(第2卷)[M].北京:中国人民大学出版社,2003.

[11] 王利明,杨立新,王轶,程啸.民法学[M].6版.北京:法律出版社,2020.

[12] 曾宪义,王利明.民法(上)[M].8版.北京:中国人民大学出版社,2020.

[13] 王利明.合同法(下)[M].北京:中国人民大学出版社,2021.

[14] 王利明.合同法研究(第3卷)[M].2版.北京:中国人民大学出版社,2015.

[15] 韩世远.合同法总论[M].北京:法律出版社,2008.

[16] 韩世远.合同法总论[M].4版.北京:法律出版社,2018.

[17] 史尚宽.债法总论[M].台北:荣泰印书馆,1978.

[18] 孙森焱.民法债编总论[M].北京:法律出版社,2006.

[19]张广兴.债法总论[M].北京:法律出版社,1997.

[20]梅仲协.民法要义[M].北京:中国政法大学出版社,1998.

[21]最高人民法院民法典贯彻实施工作领导小组.中华人民共和国民法典理解与适用1[M].北京:人民法院出版社,2020.

[22]最高人民法院民法典贯彻实施工作领导小组.中华人民共和国民法典合同编理解与适用2[M].北京:人民法院出版社,2020.

[23]最高人民法院民法典贯彻实施工作领导小组.中华人民共和国民法典合同编理解与适用3[M].北京:人民法院出版社,2020.

[24]最高人民法院.司法解释理解与适用全集·合同卷2[M].北京:人民法院出版社,2018.

[25]全国人大常委会法制工作委员会.中华人民共和国合同法释义[M].3版.北京:法律出版社,2013.

[26]杨立新.中华人民共和国民法条文要义[M].北京:中国法制出版社,2020.

[27]江平.民法学[M].4版.北京:中国政法大学出版社,2019.

[28]耿林.强制规范与合同效力·以合同法第52条52项为中心[M].北京:中国民主法制出版社,2009.

[29]梁慧星.民法总论[M].北京:法律出版社,1996.

[30]董安生.民事法律行为·合同、遗嘱和婚姻行为的一般规律[M].北京:中国人民大学出版社,1994.

[31]尹田.法国现代合同法[M].北京:法律出版社,1995.

[32]王轶.中国民法典释评[M].北京:中国人民大学出版社,2020.

[33]肖学治.融资租赁合同[M].北京:中国民主法制出版社,2003.

[34]郭丁铭.融资租赁实务精讲与百案评析[M].北京:中国法制出版社,2017.

[35]黄薇.中华人民共和国民法典合同编解读(下)[M].北京:中国法制出版社,2020.

[36]王泽鉴.民法学说与判例研究[M].北京:北京大学出版社,2015.

[37]江必新.融资租赁合同纠纷[M].北京:法律出版社,2014.

[38]邓基联.房屋租赁合同纠纷[M].北京:法律出版社,2010.

[39]郭明瑞,王轶.合同法新论·分则[M].北京:中国政法大学出版社,1997.

外文著作类：

[1][德]海因·克茨.欧洲合同法(上)[M].周忠海,译.北京:法律出版社,2001.

[2][美]布拉德福德·斯通.统一商法典[M].大连:辽宁电子图书有限公司,2003.

[3][日]北川善太郎.债权各论[M].东京:有斐阁,1995.

[4][日]我妻荣.债法各论.(中卷二)[M].周江洪,译.北京:中国法制出版社,2008.

[5][德]迪特尔·梅迪库斯.德国民法总论[M].邵建东,译.北京:法律出版社,2000.

中文期刊类：

[1]刘贵祥,吴光荣.关于合同效力的几个问题[J].中国应用法学,2021(06):1-18.

[2]朱晓喆,冯洁语.保理合同中应收账款多重转让的优先顺序:以《民法典》第768条为中心[J].法学评论,2022,40(01):172-182.

[3]梁慧星.《物权法司法解释(一)》解读[J].法治研究,2017(01):3-19.

[4]谢鸿飞.《民法典》实质担保观的规则适用与冲突化解[J].法学,2020(09):3-20.

[5]谢在全.担保物权制度的成长与蜕变[J].法学家,2019(01):36-56.

[6]刘保玉.民法典担保物权制度新规释评[J].法商研究,2020,37(05):3-18.

[7]黄喆.民法典背景下承揽合同验收制度的教义学展开[J].苏州大学学报(哲学社会科学版),2020,41(04):46-54.

[8]孙科峰,杨遂全.建设工程优先受偿权主体的争议与探究:《合同法》第286条之分析[J].河北法学,2013,31(06):126-134.

[9]福建省泉州市中级人民法院民二庭课题组,王经艺,戴剑萍.关于物流运输合同纠纷若干疑难问题的调研报告[J].人民司法,2013(21):72-78.

[10]万建华.《中华人民共和国合同法》第378条之理解与完善:兼论我国货币保管合同的民商分立[J].法商研究,2010,27(02):75-82.

[11]武腾.委托合同任意解除与违约责任[J].现代法学,2020,42(02):

62-77.

[12] 薛源.民法典新增物业服务合同效力探讨[J].学术界,2020(10):152-160.

[13] 孙毅.无因管理人报酬请求权的合理性分析[J].黑龙江生态工程职业学院学报,2020,33(01):79-82.

[14] 朱虎.《民法典》合伙合同规范的体系基点[J].法学,2020(08):19-36.

[15] 沈四宝,汪渊智.我国外贸代理制度的法律冲突及其消解[J].暨南学报(哲学社会科学版),2007(06):10-16.

[16] 石佳友.《民法典》建设工程合同修订的争议问题[J].社会科学辑刊,2020(06):98-110.

[17] 李婷婷.仓储法律制度研究[D].湖南大学,2006.

其他类：

[1] "工银金融租赁有限公司、铜陵大江投资控股有限公司融资租赁合同再审案",最高人民法院(2018)民再373号民事判决书。